中等职业教育国家规划教材
全国中等职业教育教材审定委员会审定

秘书基础

（第3版）

主　　编　杨忠慧　杨擒龙
责任主审　李保初
审　　稿　周　靖

中国财政经济出版社

图书在版编目（CIP）数据

秘书基础/杨忠慧，杨擒龙主编．—3 版．—北京：中国财政经济出版社，2011.4
中等职业教育国家规划教材
ISBN 978－7－5095－2788－7

Ⅰ.①秘…　Ⅱ.①杨…②杨　Ⅲ.①秘书学－职业高中－教材　Ⅳ.①C931.46

中国版本图书馆 CIP 数据核字（2011）第 041342 号

责任编辑：郭慧珍　　　　　责任校对：杨瑞琦
封面设计：华乐功

中国财政经济出版社出版
URL：http：//www.cfeph.cn
E－mail：jiaoyu@ cfeph.cn

社址：北京市海淀区阜成路甲 28 号　邮政编码：100142
发行处电话：88190406　财经书店电话：64033436
北京财经印刷厂印刷　各地新华书店经销
787×1092 毫米　16 开　13.75 印张　324 000 字
2013 年 3 月第 3 版　2013 年 3 月北京第 1 次印刷
定价：19.00 元
ISBN 978－7－5095－2788－7/C·0014
（图书出现印装问题，本社负责调换）
本社质量投诉电话：010－88190744

中等职业教育国家规划教材

出版说明

为了贯彻《中共中央国务院关于深化教育改革全面推进素质教育的决定》精神，落实《面向21世纪教育振兴行动计划》中提出的职业教育课程改革和教材建设规划，根据教育部关于《中等职业教育国家规划教材申报、立项及管理意见》（教职成［2001］1号）的精神，我们组织力量对实现中等职业教育培养目标和保证基本教学规格起保障作用的德育课程、文化基础课程、专业技术基础课程和80个重点建设专业主干课程的教材进行了规划和编写，从2001年秋季开学起，国家规划教材将陆续提供给各类中等职业学校选用。

国家规划教材是根据教育部最新颁布的德育课程、文化基础课程、专业技术基础课程和80个重点建设专业主干课程的教学大纲（课程教学基本要求）编写，并经全国中等职业教育教材审定委员会审定。新教材全面贯彻素质教育思想，从社会发展对高素质劳动者和中初级专门人才需要的实际出发，注重对学生的创新精神和实践能力的培养。新教材在理论体系、组织结构和阐述方法等方面均作了一些新的尝试。新教材实行一纲多本，努力为教材选用提供比较和选择，满足不同学制、不同专业和不同办学条件的教学需要。

希望各地、各部门积极推广和选用国家规划教材，并在使用过程中，注意总结经验，及时提出修改意见和建议，使之不断完善和提高。

教育部职业教育与成人教育司

第3版前言

秘书基础是中等职业学校文秘专业的一门主干专业课程。通过向学生传授秘书工作的专业基础知识、传统秘书工作的基本内容以及在新的历史条件下秘书工作的新内容、新要求，使学生掌握秘书工作必需的基础知识、基本内容和一般的工作方法，训练从事秘书工作的基本技能，培养从事专业工作的综合职业能力，为日后从事本专业及其他岗位工作打下一定的基础。

本教材的编写，坚持了理论联系实际、按需施教、学用一致、讲求实效的原则，概要阐述秘书工作的基本理论，具体讲述各项秘书工作的实际内容。同时，特别注重了现代秘书工作操作技能的传授，将理论与实践相结合，突出学生实践操作能力的培养。

本教材的编写内容注意避免与文秘应用写作、文书管理、行政管理、档案管理等学科内容的交叉，对有关课程已讲授的内容，本教材一般不再涉及，尽量避免教材间知识内容的重复。

本教材自出版以来，得到广大师生的肯定和好评。为不负大家厚爱，根据形势发展的需要，我们对该教材进行了修订。

这次修订是在《国家中长期教育改革和发展规划纲要（2010—2020年）》发布之后，为此，我们对照国家职业教育发展的要求和中等职业教育的实际，收集了大量来自教学一线的反馈意见，对教材的有关内容做了适当调整，使教材能更加切合中职教育层次培养的秘书人才在工作岗位上的实际需求。

主要修订情况如下：

每章开始增加了一个导读案例，案例切合本章内容，帮助学生在学习具体内容之前，先获是一个初步认识。

每一章第三节部分将原着眼于政府秘书机构的内容做了修改，使之更突显商务秘书的特点。

考虑到第三章原第二节“机关行政事务管理”的机关内容不太适应目前市场经济下的社会实际，故改为第二节“办公室日常事务工作”，将后面有些章节的内容调至这里，以更符合知识教学的规律，新增了“工作日程管理”和“办公用品管理”两个内容。

将第五章第二节中关于“印章管理”的内容调整至第三章第二节中。

将第十一章第二节中“秘书接打电话的艺术”这部分移至第三章第二节中改为“接听与拨打电话”。

另外考虑到中职学生的实际知识水平和未来岗位的实际，对附录部分做了一些调整：将附录三《信访条例》换成《标点符号用法》；将附录四国家《关于国家行政机关和企业事业单位社会团体印章管理的规定》改为《国家行政机关公文处理办法》。

本教材始编于2002年，由杨擒龙任主编，杨忠慧任副主编，参加编写的人员有：杨擒龙（第一、九、十二章），杨忠慧（第五、七、八章），胡海玉（第二、六、十章）；冉光学（第四、十一章），管军（第三章）。2006年曾进行修订，杨擒龙，杨忠慧，胡海玉，冉光学参加了修订工作。这次修订由杨忠慧承担。

本教材在编写和修订过程中，参考、借鉴了一些专家学者的专著、论文等有关资料，另有一些材料来自于网络，在此一并表示最深切的感谢。

由于时间仓促，编者水平有限，不足之处，敬请批评指正！

编　者

2013年1月

目　录

第一章 秘书工作概论

学习目标

通过本章的学习，了解和掌握秘书的概念，秘书工作及其性质，我国现代秘书工作的特点、地位和作用，当代秘书工作的主要内容及原则，秘书工作有关方针、政策，现代办公室工作机构与制度，办公室的科学化管理等知识。了解影响秘书工作的环境种类，它们是如何影响秘书工作的效率以及如何适应与改善这类环境。了解未来社会对秘书和秘书知识与素养、工作方法与手段等方面的要求。

导读案例

公司里的秘书小姐，在文学作品里，往往被描写成这样一个特殊群体：外表靓丽，谈吐高雅，讲一口流利的英语，鲜亮时尚的装束，丰厚的收入……容易给人一种错误的认识——秘书是花瓶，是吃青春饭。事实上，现代秘书更注重能力与悟性，除了具备基本的技能和相关的知识外，还需要具备良好的组织、协调能力和一定的辅助决策能力以及解决问题的能力。国外的高级秘书多为三四十岁的成熟女性，比如比尔·盖茨的秘书露宝女士，就是一位42岁有4个孩子的母亲。露宝以她的教养、经验和能力在微软享有很高的地位，深受比尔·盖茨的器重和员工的尊敬。有人说，比尔·盖茨是微软的董事长，露宝是微软的家长。

导读：这是一个著名的案例，通过查阅图书和网络资料，给秘书下一个较准确的定义。你是否曾看不起秘书工作，觉得它没有意义，没有价值？上述案例对你有何启示？

第一节 秘书及秘书工作

一、秘书概念的历史演变

“秘书”的概念，经历了长期的历史演变过程，在不同的国家、不同的社会制度下、不同的历史时期里，它所包含的内涵和外延是各不相同的。

在我国古代，“秘书”这一概念大致有三个方面的含义：首先，它是指“宫廷里的秘密藏书”，是指一种物。其次，“秘书”又指禁人阅读的一类书籍，即谶纬图篆等书，也是指一种物。其来源为：中国古代的谶纬图篆之类书籍，常用隐语来预决吉凶，对未来做出预言，推算气数。而古代的农民运动，往往利用这类迷信书籍中的术语、口号发动和组织起义队伍。这样，统治者便严厉禁止这类书籍在民间流传，而其中不少都在宫廷内部保存着，称之为“秘书”。最后，“秘书”一词自东汉后期开始用来作为官员职务的名称，指一种职业或职务，也用于称呼从事该职业或该职务的人。自汉以来，历代封建王朝曾设有秘书监、秘书令、秘书郎等官职，掌握官员向皇帝奏事的奏章函牍，皇帝宣布命令的宣示以及宫禁的图书工作。

由此可见，中国古代“秘书”概念的变异，经历了一个由指物转为指人的过程，即由指一种物（宫中密藏的书籍和谶纬图篆一类的书籍）转变成了指掌管这种物的一种人。可以说，这是一次质的意义上的变异。

“秘书”概念在我国真正具有现代含义当以清朝的灭亡、中华民国临时政府的建立为标志。当时政府实行总统制，下设秘书处，有秘书长一人，秘书若干；政府各部局也设秘书室、秘书科和秘书官；各省都督府也设秘书。这时的秘书才真正成为现代意义的秘书职务了。这时的“秘书”概念是指担任某种职务的人或由某种人从事的职业。同时，它也不同于古代以“秘书”命名的秘书监、秘书令、秘书丞、秘书郎等官职，都是以执掌图书典籍为主要职能的特点。从此时起，冠以“秘书”或命以“秘书”的官职，才真正具有了现代“秘书”的职能。

社会主义制度建立后，一直到改革开放初期的“秘书”，主要是一种“干部”或公务员的职务名称概念。“秘书”主要是为领导中枢和领导者提供综合性、辅助性服务的公务人员。在中央到地方的各级党政机关、经济部门和文化部门以及社会人民团体等社会组织中都设有秘书处、秘书科或办公厅、办公室。在这些机构内，往往设有若干秘书工作人员，其职责是协助领导综合情况，研究政策，协调关系，办理文书、档案、人民来信来访、会务工作及其他日常事务和交办事项。

随着社会主义市场经济的发展，特别是我国加入“WTO”之后，面对市场经济新形势，秘书概念发生了重要的变化，秘书社会职业化的进程与速度大大加快了。秘书概念正由“职务”向着“职业”方向转化，在协助领导做好发展决策、市场运作、经营管理及办公室日常工作等方面，发挥着积极的作用。

综上所述，“秘书”这一概念经历了一个漫长而又复杂的演变过程。它的内涵随社会发展的不同时期的不同界定而发展变化。这虽然在客观上对“秘书”概念的界定造成了一定的困难，但是有一点是比较明确的，即当“秘书”这一概念由指一种物转变为指执掌事务的一种人后，秘书便在国家政治生活中占据了一个特殊的地位。这种特殊地位决定了他们在历史进程中扮演了特殊的角色，起了特殊的作用。他们既在权力领域占据一席之地，又非真正的权力握有者；他们须臾不离地周旋于统治者、领导者身边，为他们服务，又置身于统治者与被统治者、领导者与被领导者、这个社会集团与那个社会集团之间，成为连接它们的桥梁和纽带；他们既是沟通上下、联系各方的枢纽，又是各自所在领导集团接触外界的前沿和窗口；他们始终要为自身所在的领导者、统治者、社会集团服务，为他们的决策和指挥运转服务。

即使在现代，随着社会主义市场经济的建立和发展，教育、科研、文化、卫生、社会服务等绝大部分事业单位的转制和实行企业化管理，传统的“职务”型的秘书逐步向“职业”型方向转化。但是，其为统治或领导机关、团体或个人进行服务性、辅助性工作，为其决策和指挥运转服务的工作本质是不会改变的。

由此，我们不妨对秘书的概念做这样一个解释：秘书是处在统治或领导机关，依附团体或个人，通过掌管文件、处理信息、辅助决策、处理日常事务等工作来完成对其所依附的机关、团体、个人的服务职能的执行和承办人员。

二、秘书工作及其性质

从秘书制度的产生与变化来看，当社会生产达到一定水平，社会上有了文字、产生了国家以后，作为掌握权势的人需要有人协助其处理事务，秘书和秘书工作便产生了。由此，我们说，秘书工作最根本的特性是从属于设立它的集团并为其服务。不管是国家统治还是社会其他集团、地方政权还是社会人士，谁设立它，它便为谁服务。但是，它的这种服务并不是一般的社会服务，而是有着极为重要的规定性，即：在国家统治集团，是为其统治事务服务；在政党机关或政权机关，是为其政务服务；在社会其他集团或个人，则为该集团、个人的公务或事务服务。这种性质古今中外都是一样的。而且，秘书工作的这种服务是围绕着被服务者的活动进行的。如果说领导者的主要工作是决策和指挥，那么秘书工作就是为领导者的决策服务，为领导者实施决策的工作运转服务。如果说领导者的主要工作是进行市场运作、经营管理等方面，那么秘书工作就应在高质量的信息分析上下工夫，为领导的正确决策和科学的经营管理献计献策。这种服务，随时代的发展，越来越明确、具体。

同时，综观历代秘书机构的设置、秘书部门的工作，除极少数时期因臣官专权等原因使得秘书机构或人员具有决策权利外，绝大多数的秘书机构、秘书工作不处于决策地位，而是依附于、从属于一定的国家、统治集团或社会其他集团、个人，为其做参谋、服务工作。这便是秘书工作的又一主要特性——秘书工作的辅助性。各种各样的秘书机构都分别依附于或从属于各自的集团领导，它不能自成体系，但渗透到一切机关、单位的各级组织中。它不独立分掌某方面的工作，而是为所属集团领导服务。它没有决策的权力，却为决策所必需或影响决策，即主要是协助领导在决策前综合情况、调查研究、拟定方案；在决策后将决议形成文字，并督促将决策贯彻落实到有关部门；在决策实施中，收集反馈信息等。这种在所属集团内部所处的枢纽性的位置和秘书人员同领导工作的关系决定的辅助特性，也是秘书工作的根本性质之一。

当然，秘书工作的辅助性和服务性是很难截然分开的。服务中含有辅助，辅助也是一种服务，二者是紧密相连，不可分割的。

通过分析，我们不妨对秘书工作及其性质做以下的理解：秘书工作是由秘书或秘书人员从事的、为领导决策和领导机关工作直接提供辅助性和服务性管理活动的一种社会职业工作。它明显地具有辅助性和服务性的基本性质。

三、我国现代秘书工作的特点

秘书工作辅助性、服务性的基本性质，决定了秘书工作的一系列特点。这些特点，是秘书工作性质的外在表现，也是秘书工作区别于其他部门工作的独特之处。

（一）从属性

秘书工作历来就从属于某一政党或政权，它的一切活动都是为了给领导机关和领导人员的工作提供方便条件，都是为了保证领导机关和领导人员顺利进行工作，即它始终处在领导机关或领导人身边，围绕着领导人的需要而工作。但是，我国现代的秘书工作，从属于各级领导工作，为领导工作服务，是一种组织上、工作上的关系，而不是秘书人员个人对领导人个人的依附关系。在社会主义市场经济建设的今天，认清秘书工作从属性的特点，有助于摆正秘书人员和秘书工作与领导同志和领导工作的位置，更好地做好“三服务”工作。

（二）政治性

秘书工作是一项政治性很强的工作，秘书工作部门做为领导机关的一个组成部分，处在首脑机关的要害部位，常辅助领导的决策活动，而领导的决策又总是通过秘书部门形成文字，传达贯彻。有时秘书部门还代表领导出席会议，听取汇报，处理工作，传达指示等。这些工作有很强的政治性、政策性，关系着国家和人民群众的利益。秘书工作做得好坏，直接影响到领导机关工作的质量、效率和工作作风，影响到党和国家方针政策的落实，影响到人民群众的根本利益。

（三）事务性

秘书工作的事务性，主要体现在为领导机关和领导同志服务时对各种事务性工作的处理上。秘书工作的各种事务性工作具体而又繁杂。电话、接待、值班、收发文件、登记、打印、抄写、会务办理、活动安排，等等，总是与“细、繁、杂、忙”连在一起。但虽琐碎杂乱，却又不可缺少，工作时稍有不慎，便可能出现大的失误，带来重大损失。可以说，秘书工作处处是事务，事事是要务。

当然，在肯定秘书工作事务性的同时，我们也应注意到，传统的秘书工作，多是抄抄写写，收收发发，值班守摊，迎来送往，办事打杂，在参谋辅助上很少发挥作用。而在改革开放建设社会主义市场经济的今天，秘书要善于学会利用和发挥内外信息网络的功能和作用，围绕中心工作进行信息处理，提出预案，供领导参考；扩大秘书的活动范围，充分发挥秘书的聪明才智。

（四）被动性

秘书工作的被动性，是由秘书工作的从属性特点和服务性宗旨决定的，是一个客观存在，虽然在实际工作中，秘书人员也能主动做一些事情，主动提出一些建议，主动安排一些工作，但总的说来，秘书工作总是围绕着领导工作的需要而进行，很少能完全按照自己的意愿安排工作，常常处于被动的地位。这是由于在多数情况下谁也无法事先计划出下一个月或下一年度要处理多少问题，办理多少事情，做多少工作。往往是来了文件办文件，来了电话接电话，领导叫办什么事就办什么事。有时刚要做某事，一个新的指令或新的情况来了，只得改做新的事。这就需要秘书工作人员正确地认识秘书工作的被动性，掌握一些秘书工作的客观规律，尽可能地发挥自己的主观能动性，力争变被动为主动，提高自己的工作能力，适应秘书工作的需要。

（五）综合性

秘书工作的综合性特点，是由秘书部门的综合性和秘书工作内容的综合性决定的。秘书部门是综合服务部门，它不同于单纯的业务、技术部门，只管理自己分掌的工作。秘书部门处在整个机关工作的交叉口上，联系上下内外、四面八方，起着一个枢纽的作用。就秘书工作的内容而言，它也不是单纯从事某一项专门业务或技术工作，而是几乎涉及到领导机关工作的各个领域，政治的、经济的、文化的、人事的、外事的等，要做大量、细致、周密的工作，综合性的特点是鲜明的。在社会主义市场经济建设迅速发展的今天，社会分工越来越细化，秘书工作出现了日益向专业化发展的趋势。但专业化的发展，必然会带来更高层次、更高要求的综合性，这就需要秘书工作人员提高对自己综合服务能力的要求，加强自己的综合服务能力的培养。

（六）机要性

秘书工作是机要工作，秘书人员是机要人员。秘书工作就其任务来说，大量接触和涉及到重要文电、方针政策、经济机密；从服务对象来说，最直接的和大量的是为领导机关和领导工作服务；秘书部门还是机关内部和机要核心部门。所以，秘书工作人员对保密比一般工作人员具有更加重大的责任，如稍有不慎，造成失密、泄密，便会造成重大损失。因此，严守保密纪律是对秘书工作的基本要求之一。秘书工作者必须具有良好的保密观念，养成良好的保密习惯。

四、秘书工作的地位和作用

从前面所讲内容，我们不难看出，秘书工作处在非常重要的地位上。随着生产的社会化，管理工作的科学化，秘书工作的社会地位越来越显得重要。我国秘书工作的重要地位问题，在 1990 年 1 月全国省、自治区、直辖市党委秘书长座谈会上明确了三点：第一是领导机关、领导工作的“左右手”（即参谋助手）；第二是领导机关、领导人沟通上下、领导左右、协调各方的枢纽；第三是核心要害部门。在 1985 年中央办公厅召开的全国秘书长、办公厅主任会议上，将秘书工作的作用概括为：参谋作用、助手作用、提供信息作用、协调作用。结合当前我国社会主义市场经济建设和加入 WTO 组织后我国秘书工作新理念的形成，思想观念的转变，对秘书工作的作用概述如下。

（一）参谋作用

参谋作用是秘书工作的重要作用，它是领导和领导工作对秘书工作提出的客观要求，也是由秘书工作在领导机关体系中的地位所决定的。秘书工作的参谋作用体现在秘书工作的各个方面，最突出地体现在对领导决策的辅助工作上。换句话说，虽然各项工作的成败最终取决于领导决策的正确与否，但是，再精明的领导者个人的经验能力也毕竟是有限的。一个最优决策的制定离不开秘书工作者的出谋献策，即秘书工作人员在办文、办事、办会的各项具体工作过程中为其提出工作建议、提出决策的参考方案、提供决策的参考依据。只有如此，领导才能作出科学化的决策，运筹帷幄，决胜千里。当然，这需要秘书工作者的参谋工作要做到：首先，在领导决策前要做好收集决策所必需的信息，提供有价值的可供参考的建议和办法，做好准备工作。在决策过程中，根据情况变化，提出调整、补充意见，做好控制工作。在决策执行以后，要收集反馈意见，及时总结经验等。其次，秘书工作的参谋作用是建立在日常办事的基础上的。在秘书工作范围内，在其各个工作环节中，秘书工作的参谋作用时时处处都有体现，草拟文件，处理信息，提供办事、办会的预案，提供办事的建议并去完成等。最后，秘书工作参谋作用的一个重要方面是为领导工作提供咨询服务，即秘书部门应当成为整个组织的信息中心。当领导决策需要各种信息资料时，能够提供有关的全部情况，并提供相应的咨询建议，且使这种咨询服务经常化，充分发挥秘书工作的参谋作用。

由此可见，在现实生活中，那种以为秘书工作只具有办事的职能，而不具有参谋作用的说法是不正确的。当然，如果夸大秘书的参谋作用，混淆领导决策与秘书工作是为领导决策服务的界限，以为秘书部门和秘书人员是参与决策、参与领导，或进一步认为是领导的一部分等，也是不正确的。因为，决策是领导行为，是领导行使职权；秘书部门和秘书工作是为领导决策服务的。两者是不同职权、不同性质的，这一界限必须划分清楚。参谋是为领导决策直接服务，不论是提出建议、提出预案、提供信息依据等，都是为领导决策、断事服务的，它本身没有权力拍板决策。就目前我国的主要情况来看，在事业上，秘书人员同与他们共处的领导人员间相互是同志关系，政治上完全平等，人格上完全独立；从其作用和职权上看，他们之间则是参谋与主裁、协助与主管、服务与被服务的关系。秘书工作人员只有明确二者的关系，摆正自己所处的位置，才能够更好地发挥秘书工作在领导决策中的参谋作用。

（二）助手作用

秘书工作的助手作用主要是针对秘书工作为领导服务中的办事而言。它具体体现在为领导机关服务的各项事务之中，包括办文、办会、办调查、办信息、办协调、办信访、办接待、办交通、办值班，办电话等各项具体事务性工作。秘书工作的助手作用十分重要，它关系到领导工作的正常运转。充分发挥秘书的助手作用，可以创造条件让领导集中精力抓大事，提高领导的工作效率。举个例子说，文书处理是秘书工作日常事务的一个重要内容。在办理过程中，秘书工作人员要想方设法节约领导同志的时间，帮助领导同志对来自各方面的信息进行加工处理，对过多的文件进行筛选，把确实需要送领导同志批阅的文件送上去，给篇幅过长的文件写出提要，以便那些最重要、最急的大事能够及时地传送到领导同志面前。同时，为了使送给领导看的文件文字清楚、准确，还要对领导机关发出的文件把关核正，使文字准确，能正确地反映出领导的意图，一个字、一个标点都不能错。这样，把领导机关、领导同志的文件资料高效率、高质量地办理好，创造条件让领导集中精力抓大事，为领导工作的高效率起到应有的助手作用。因此，秘书工作者应当充分认识到助手工作的重要性，积极认真地做好事务工作，提高办事效率，做到准确和迅速相统一。同时在具体工作中，又要注意变被动服务为主动服务，不断提高工作的主动性、预见性。只有这样，才能更好地发挥秘书工作的助手作用。

有必要指出的是：秘书工作的参谋作用和助手作用是一种辩证关系，助手作用是参谋作用的基础，参谋作用中包含有助手作用的成分，是在助手作用的基础上实现的，两者互相包含。例如文书处理工作中的文件筛选、批注分发，会议组织中的日程安排，公务接洽工作中的组织协调，领导活动的具体安排、组织服务等，都是秘书工作中一些具体的事务性工作。但在进行这些事务性工作中，秘书人员需要按照领导意图和有关规定提出具体拟办意见，经领导同意后具体落实。这便是寓参谋作用于办事之中，参谋作用与助手作用相辅相成，实现秘书工作的有效服务的一个很好说明。秘书参谋作用与助手作用的统一，要求在秘书工作中每一个工作人员既要有较强的参谋意识和较高的参谋水平，又要有较强的助手能力和较好的应变能力。

（三）提供信息作用

信息是领导决策的基础。向领导提供信息是秘书工作的重要任务，也是秘书人员发挥参谋助手作用的重要方式之一。

在现代化管理的社会中，领导者和管理者依靠信息做决策的程度越来越高，需要的信息量也越来越大。秘书在工作中提供信息的作用越来越被重视。作为秘书人员，应当清醒地认识到信息在领导工作中的地位和作用，不断强化自己的信息意识，充分发挥其提供信息的作用。这主要包括：

1. 作为领导的耳目，秘书要把听到的、看到的情况及时反馈给领导，把调查研究和搜集来的信息结合起来，高效率地将这些信息进行综合处理，从中筛选出有价值的成分。

2. 秘书工作的信息作用不仅仅是单向的耳目作用，而且是双向的，既要把听到的、看到的情况及时反馈给领导，也要把领导的决策、意图及时传达出去。在传达领导意图时要做到主动、准确、及时、迅速。

3. 为了更好地发挥秘书工作的信息作用，秘书人员应尽量熟悉现代的信息传递知识，利用先进的信息传递渠道，采用现代化的传递工具和手段，摆脱过去的手工作业方式，提高提供信息、进行信息传递的效率。

（四）协调作用

协调作用在秘书工作中有着比较突出的地位。在日常工作中，个人之间、上下级之间、部门之间，地区之间的不同主张、不同意见和矛盾是经常发生的。秘书部门是单位的综合办事机构，处于枢纽的位置，协调好内部关系和外部关系便成为秘书工作的基本职能。因此，秘书工作的协调作用是否得到良好的发挥，就成为衡量秘书工作好坏的一个重要标志。作为一个秘书工作人员，在进行协调工作时应着重注意以下几方面的内容：

1. 注意围绕领导重大决策的制定和实施做好协调工作。

2. 做好单位内部各方面的工作进展、各职能部门之间的工作关系的协调。

3. 注意本单位与外单位、本单位与社区之间关系。

4. 注意上下左右的人际关系等的协调。

如何做好这些协调工作。我们将在第十章的内容中做专门阐述。

以上，我们讲述了秘书工作的重要地位、基本作用及对秘书工作人员的一些要求。当然，在当代社会生活中，随着秘书工作管理活动职能的不断强化，秘书工作还发挥着其他方面的作用，我们将在以后的章节中逐步涉及。

第二节 秘书工作主要内容及原则

一、秘书工作的主要内容

各部门、单位的秘书工作，因其所担负的具体工作或分工不同，有不同的任务或不同的侧重。根据1985年1月全国秘书长、办公厅主任座谈会上对秘书工作提出的新任务、1990年1月10日在省、自治区、直辖市秘书长座谈会上江泽民同志的指示、1994年年底全国秘书长座谈会上提出的党委办公厅工作的基本思路、1996年12月全国党委秘书长办公厅主任座谈会上关于秘书工作的基本思路等，结合我国目前秘书工作的实际情况，秘书工作的任务概括起来讲主要有以下几方面：

（一）辅助决策

决策是领导的职责。秘书部门不是决策机构，不能代领导决策，但在决策过程中，必须充分发挥辅助、参谋作用。诸如做好调查研究，搞清情况，为领导出谋献策、提供决策依据、参考方案、撰拟决策文稿、组织和监督决策的实施等。在社会主义市场经济建设的今天，秘书的辅助、参谋作用对秘书的智慧、知识、能力和水准提出了更高的要求。秘书的参谋、辅助是智能化和事务化的高度统一，要逐步改变过去那种“承上启下、收收发发、接传电话、写写报报”的事务性辅助工作，提高自己运筹策划、组织协调、随机应变和综合分析等能力。

（二）文书处理和撰制、文书立卷和档案管理工作

文书是各机关行使职权，进行指挥管理、联系、商洽工作的工具。文书工作是秘书部门重要的、经常的工作。它主要包括按文书工作的程序，进行收文的处理和发文的撰拟等。应注意的是，加入WTO以后，对秘书文书处理和撰制工作也提出了更高的要求，办文的程序性要求更高，办文的规范化要求更严。在严格按照《国家行政机关公文处理办法》和党的《机关公文处理条例》两个文件进行文书处理和撰制外，还必须重视经济商务类公务文书的处理和撰制，诸如经济合同、项目建议书、立项报告、技术开发报告、经济形势分析、合资和合作协议、各种经济规章制度等。加入WTO以后，秘书还应具有一定的外语水平和处理涉外文书的能力。

文书立卷和档案管理工作是对机关内部的重要文书，办理完毕后进行立卷归档。立卷是办文的终点，归档是管理的起点。已经处理完毕的文书，经过立卷，定期移交机关档案室，以备日后查找利用。具体内容将在第五章中进行阐述。

（三）信息工作

秘书部门要建立自己的信息网络，保持畅通的信息渠道，处理好各种信息的收集、甄别、筛选、整理、反馈、追踪等工作。随着知识经济的到来、社会信息化和管理工作的复杂化，秘书、秘书部门的信息工作越发显得重要。领导的正确决策和科学管理特别需要秘书或秘书部门提出高质量的信息分析和献计献策。为此，秘书要善于学会利用和发挥内外信息网络的功能和作用，准确领会领导意图，围绕中心工作采集信息并做好分析、加工、处理工

作，提出预案，供领导参考。这既是领导管理决策的需要，也是秘书人员的重要职责之一。具体内容将在第七章中进行阐述。

（四）调查研究工作

即调查情况、听取意见、研究政策、向领导反映并提出建议等。调查研究是秘书工作的基本功，也是辅助决策、做好各项工作的不可缺少的环节。具体内容将在第七章中进行阐述。

（五）会务工作

包括发会议通知、准备会议文件材料及会场服务等。会务工作通常由秘书部门承办。大型会议则可设专门的会议机构，由秘书部门参与其中，秘书部门常成为会务机构的组织者。具体内容将在第六章中进行阐述。

（六）保密工作

秘书工作是一项机要性工作，整个部门、单位的保密工作多由秘书部门承担。包括保密制度的制定，保密工作检查，保密教育工作，失密、泄密事故的处理等。具体内容将在第二章中进行阐述。

（七）督查工作

即秘书部门依据领导机关和领导人赋予的职权，对党和国家的路线、方针、政策、重大部署安排及领导交办批示的重要事项，进行自上而下的督促检查，促进承办单位认真办理，落实到位。具体内容将在第十章中进行阐述。

（八）信访工作

即对人民群众来信的处理、来访的接待等。这是一项直接面对群众的工作，对密切与人民群众的关系意义重大，是秘书部门一项很重要的工作。具体内容将在第八章中进行阐述。

（九）印信证章管理工作

印信证章代表一个机关的权力和身份，是行使指挥、管理的重要凭证。保管和按规定使用机关印章和领导人印章，其工作历来由秘书部门负责。具体内容将在第五章中进行阐述。

（十）机要交通和通讯工作

即负责机要文书、信息的传递收发。高级机关设机要交通局（或处、科），一般单位则有专职或兼职人员掌管。具体内容将在第五章中进行阐述。

（十一）值班门卫和接待工作

一般机关都设有门卫和接待室，管理进出人员和接待来访者。有平时值班与节假日值班。有些高级领导机关要求有 24 小时昼夜值班，并兼管书信、电文、报刊的收发等。具体内容将在第四章中进行阐述。

（十二）机关内部管理工作

即管理本机关人员的思想、教育、生活、娱乐、福利、财物等事宜，保障机关工作的正常运转。有些机关设有行政处、行政科专司其职或兼职人员掌管。具体内容将在第三章中进行阐述。

（十三）领导交办的其他工件

如临时找人、找资料，代表领导接待客人，探望、慰问病人，了解、处理某些临时问题等。这些是秘书部门经常的工件任务，常常有临时性和偶发性，有时也有突击性。

二、秘书工作的基本思路

在1985年1月中央办公厅召开的全国秘书长、办公厅主任座谈会、1994年底全国秘书长座谈会、1996年12月全国党委秘书长办公厅主任座谈会上确定的当前和今后秘书工作的基本思路的具体内容有：

（一）“一项基本任务”

即坚持以邓小平同志建设有中国特色社会主义理论和党的基本路线为指针，全面贯彻党的十五大精神。办公厅室的工作要紧紧围绕邓小平同志建设有中国特色社会主义理论和党的基本路线，当好领导的参谋助手。

（二）搞好“三服务”、实现“四个转变”、加强“三化”建设

1985年1月，中央办公厅召开了全国秘书长、办公厅主任座谈会。这次会议明确了秘书部门“三服务”的指导思想，即中央办公厅工作为中央服务，为中央各部门和各省、自治区、直辖市服务，为人民服务；各地区、各部门办公厅（室）工作为中央领导工作服务，为当地领导机关和各部门服务，为下级机关服务，为人民服务。提出了秘书工作要实现“四个转变”，即从偏重办文、办事转变为既办文、办事又出谋献策；从单纯收发传递信息转变为综合处理信息；从单凭老经验办事转变为科学化管理；从被动服务转变为主动服务。提出“三化”建设要求，即加强科学化、规范化、制度化建设。

（三）实行“两个结合”

“两个结合”即“一般和个别相结合，领导与群众相结合”。要求秘书部门在信息调研、督促检查等工作中，深入群众，深入实际，抓好典型，以点带面。

（四）突出“三项重点工作”

即信息调研、督促检查和保证日常工作运转。这是根据新形势提出的，使复杂多样的秘书工作有了明确的重点方向。

（五）搞好“四项建设”

即秘书队伍的思想建设、组织建设、业务建设和作风建设，以加强自身建设来保证把办公厅工作提高到一个新的水平。

三、秘书工作的原则

秘书工作的原则，是指秘书人员在秘书工作中必须遵循的规则、要求和道德规范。早在革命战争年代，周恩来同志就为我们党的工作提出了“第一要保密，第二要准确，第三要迅速”的要求。后来又把这三条作为秘书工作的基本原则。当前，随着我国形势的发展变化，秘书工作的职责、任务、作用也相应发生了很大的变化。应遵循的基本原则是：

（一）准确原则

秘书是领导的助手。秘书部门的任何工作都关联着领导机关的工作。秘书工作是领导工作的重要组成部分。可以说，秘书工作的准确性，相当程度地保证了领导工作的准确性，保证了机关领导工作的正常运转。

秘书工作的准确性，涉及的方面很多，总的要求是：办文要准，办事要稳，情况要实。切忌丢三落四，粗枝大叶，马马虎虎，心中无数。秘书工作的质量如何，代表着一个机关、单位的面貌。

（二）迅速原则

迅速，就是要求工作及时、高效、不延误，切忌拖拉松散。秘书工作的迅速原则是由秘书工作的特点决定的。秘书处理工作的快慢、效率的高低，往往会直接影响到领导工作的进展，关系到整个工作机器的运转。因此，秘书部门必须科学地组织、安排时间和工作，并尽可能使用先进的技术和设备，使中转过程加快，极大地提高办事效率。只有这样，秘书工作才能适应当前经济快速发展的需要。

以上讲的准确、迅速原则实际上是一项要求，即高效率。准确是对秘书工作质量的要求。准确和迅速合而构成高效率，而高效率是对秘书工作、办事职能的根本要求，是秘书部门对各项工作进行管理的基本原则。

（三）保密原则

秘书部门处在核心要害部门，接近领导核心，处理要务，管理文件，知密范围很深很宽，失密泄密危害极大。因此，秘书部门、秘书工作必须遵守保密的原则，牢固树立“保守机密，慎之又慎”的思想，在言行中切实注意保密，遵守各项保密法规和制度。特别是建设社会主义市场经济的今天，更加要求秘书工作必须时刻保持清醒的头脑，保持高度的警惕性，严格遵守一切保密纪律。同时，为了保证机密的安全，还要制定和健全严格的保密制度。

（四）实事求是原则

坚持实事求是是一切工作的原则。这一原则对于秘书工作来说，更有它特殊的重要意义。因为秘书工作是为领导决策提供依据，如果在工作中没有坚持实事求是的原则，就可能会造成领导工作的失误，甚至会严重损害机关和单位的声誉。因此，实事求是是秘书部门一切工作必须遵循的原则，也是秘书人员必须具备的职业品德。把它贯彻于秘书工作的实践，就是按照事物的客观规律办事，真实地反映情况，一是一，二是二，不夸大，不缩小，老老实实，实实在在；切忌脱离实际，主观臆断，弄虚作假，谎报情况，夹杂个人情感，报喜不报忧，甚至不惜捏造事实等。只有这样，才能向领导提供正确决策的依据，才能协助领导避免决策的失误，才能算做好了为领导服务的工作。

第三节 办公室工作机构与制度

一、办公室机构的设置

（一）办公室机构设置的原则

现代办公室组织机构的设置应随着办公室工作任务的变化、职能的变化、办公手段的变化不断调整、完善。机构设置应遵循以下原则：

1. 精干必要。精干的原则要求在设置办公室机构时，一是要减少内部管理的层次。层次多了容易产生内耗，造成信息交流受阻、指挥不灵、办事拖拉。二是机构要精干，定编要合理，这样既便于统一调配力量，减少人员，避免相互扯皮、人浮于事，又利于发挥办公室人员的群体功能。人员编制应根据它的实际任务，本着精干、高效的原则，合理确定。

必要的原则要求现代办公室的机构设置首先要与整个管理系统相适应。对于企业的办公室设置来说，要从实际出发，不套用行政机关或上级主管部门对口机构设置，也不必模仿其他企业的机构设置。三是现代办公室的机构设置要保持相对稳定，不可随意变动或增减，更不能因人设事、因人设职。

2. 高效有力。高效是指工作的数量、质量和效果要求。办公室工作的特殊地位和职能需要讲究工作的高效有力。在机构设置上，应在确定工作任务、职责范围和人员编制的同时，从上到下逐级分解任务，授予权力，明确每一位管理者和工作人员应完成的任务，应有的权限和应负的责任，做到“四定”，即定任务、定人员、定责任、定奖惩，层层建立责任制，形成一个有机的层次分明的工作责任制体系。这是使组织机构具有高效能的必备条件。

3. 整体规划。高效率的管理必须在整体规划下进行明确的分工，处理好整体与个体的关系，为办公室工作建立高效运转机制、发挥最佳整体功能奠定组织基础。因此，设置机构时，首先要注重组织机构的优化，力求做到建制合理、机构配套、设岗恰当、职责明确，使机构工作前后衔接，协调配合。其次要注意人员结构的优化，针对学历、素质、能力、年龄等的不同合理地配备各种人员，使他们能够各得其所，扬长避短，优势互补，达到办公室管理的最优化。

4. 合理原则。所谓合理，是指机构设置和人员配备应符合领导工作的实际需要和工作的客观规律。适用合理原则应注意：一要依据职能变化设置机构。当前，机构设置要适应社会主义市场经济建设和中国加入 WTO 的形势的变化；二要依据实际需要特别是满足当前经济、政治和社会发展的需要设置机构；三要依据办公室对内外指挥控制方式的变化设置机构。

5. 层次管理。在不同层次的单位，设有不同规模和规格的办公机构。同时，应根据具体的工作性质、工作任务及工作量，合理地划分各个层次，设立若干必需的内部办事机构，做到层层负责，分级管理，上下配合，左右协调，形成一个完整的有机系统。

（二）办公室的机构设置

1. 我国现行办公室的体制，一般分为 5 个层次：

（1）中央一级的办公厅。

（2）省一级的办公厅。

（3）厅一级行政机关或大型企、事业单位的办公室。

（4）厅以下机关及中型企、事业单位的办公室。

（5）基层单位的办公室。

2. 办公室组织机构的繁简、层次和人员的多少，由它所属机关或单位职权大小决定。

3. 企业的秘书机构设置情况。从管理的角度看，商务秘书部门是工商企业的中枢机构，重要性不言而喻。但由于所在企业的性质不同，与行政机关的秘书部门相比，秘书部门的配置、秘书人员的任务也随企业体制、规模和管理模式的不同而有所区别。总体来说企业秘书部门的设置和人员构成主要取决于企业经济活动的需要，即使是大型国有企业在体制改革后，内部机构的设置也有较大的调整，改革开放后涌现出来的大量民营企业，在机构设置上更明显以效益为基础，而且受领导人的领导风格和工作习惯影响较大。于是不同规模的各类工商企业中秘书部门的设置和秘书人员的配置差别较大。

但一般而言，秘书部门作为单位的行政总管部门在各类稍具规模的企业中均有设置。这些部门有的与党政机关相似，称为办公室，有的则称为行政事务部或行政部，还有的由于企业规模不大，将人事、财务与商务秘书事务合在一起，机构统称为综合管理办公室，或行政事务部。

商务秘书是指在各种工商企业中从事秘书工作的一类人员的总称，除以上在专门秘书部门工作的秘书之外，还包括为董事会服务的董事会秘书，为总经理服务的总经理秘书或总经理助理，以及为各部门服务的经理助理或文员，他们虽然与企业专门设置的秘书部门没有直接的隶属关系，但他们从事的工作仍属于商务秘书的范畴，这种不同的岗位分布还在一定程度上体现了商务秘书职业道路的任职阶梯：前台（接待）文员—行政文员（秘书）—行政助理—行政主管（办公室主任、行政总监）—总经理助理。

二、办公室科学管理

办公室的科学管理，主要是加强制度建设和队伍建设，从而实现办公室工作的规范化和制度化，提高办公室的工作效率。

（一）强化职能

1. 强化参谋职能。注意把信息、调研、督促检查等参谋性工作列为重点工作日程，并在此基础上切实组织协调好办公室的各项工作，保证机关的正常运转，发挥办公室的应有功能，完成好领导交办的各种任务。

2. 完善日常办文办事职能。包括机关日常性工作和领导临时交办的事项。这方面工作具有繁杂、经常、面广、量大的特点。要做好这方面工作，必须坚持两点：一要树立严肃认真的工作态度。办文办事是办公室工作的基础工作，是整个领导机关赖以正常运转的前提和标志；二要建立和完善各项规章制度，做到各司其职，各负其责、赏罚分明，从而使办公室人员高效有序地做好各项工作。

3. 改进管理职能。办公室的管理工作头绪繁多，要深化改革，打破各种滞后的不利工作的管理制度，对管理体制和机构进行大胆改革，包括文书管理改革、档案管理改革、人事管理改革、后勤管理改革，等等。

4. 加强协调职能。办公室具有承上启下、协调左右、联系内外的功能，担负着协助领导做好协调的职责，办公室协调工作具有广泛性的特点。因此，在协调过程中，既要坚持原则，又要讲究方法。

（二）目标管理

目标管理就是通过确定本单位的工作奋斗目标，激励和引导全体人员更加有效地进行工作并对整个过程实施控制，最终实现既定工作目标的一种管理方式。办公室实施目标管理主要有：

1. 建立科学合理的目标体系。实施目标管理，首先要建立科学合理的目标体系。制定目标既不能设置过高，以致目标无法达到而流于形式；又不能过低，以致目标失去鞭策效应和约束力。

2. 实行“三定”。“三定”，指定岗、定员、定责。定岗，即根据办公室的职责任务科学合理地设置工作岗位；定员，即做到人数适当，结构合理；定责，即对每个岗位的工作性质，任务大小进行认真研究，对其职责力求表达准确、恰当、具体，避免含糊不清。

3. 建立目标定期考评检查制度。一般来说，定量目标便于考核，因其工作进度和工作质量具有直观性，因此只需要进行阶段性检查，每季度或半年一次即可；而定性目标则需要进行经常性的考核检查，并做好记录，以便及时发现工作中存在的问题，掌握目标进度，并及时反馈实现目标过程及状况的信息。

4. 进行总评奖惩。实施目标管理的目的是激励和调动工作人员的积极性，从而促进人们自觉地完成任务。应及时总结交流经验教训，对实现目标的个人和单位分等级给予奖励、表扬，未实现的给予批评、处罚。

（三）制度建设

办公室科学管理的实施，与能否健全各种必要的规章制度，实现制度管理有很重要关系。加强制度建设，能有效地控制和保证机关运转的有序性，实现领导决策的科学化，消除机关内耗，提高工作效率，充分调动和发挥秘书工作人员的积极性、主动性、创造性，达到办公室科学管理的目的。办公室制度建设主要包括以下内容：

1. 调查研究制度。秘书办事、办文、办会、做助手、当参谋，干任何事都离不开调查研究。所以，秘书部门应当建立和完善调查研究的制度和措施。

2. 建立健全岗位责任制。建立健全岗位责任制的目的在于使人人明确自己的职责权利，从而发挥各自的主动性，更好地做好工作。岗位责任制内容一般包括：工作目标，工作范围，职权与责任，科室之间、人与人之间的分工合作界限，考核与奖惩等。

3. 请示和报告制度。秘书工作虽然是一种从属性、服务性较强的工作，但也有一些非原则性问题，在不违反领导意图的前提下，可以在未经请示批准的情况下做出处理决定。所以必须明确分清哪些性质的问题必须事前请示，哪些可以事后报告，以便既发挥主动性，又防止越位擅权。只有严格遵守和执行请示和报告制度，才能既辅佐好领导，又充分发挥秘书部门和秘书人员的作用。

4. 建立各种专业制度。秘书部门的工作涉及面广，包罗万象，要实施科学管理，对方方面面的工作都应建立严格的工作制度。同时，工作制度的建立应遵循上级的相关条例要求，充分发动群众讨论，按照一定的程序公布（如经领导批准、职工代表会通过等）。

第四节　秘书工作环境

一、秘书工作环境含义及其分类

秘书工作是在一定的环境中进行的，这个环境叫秘书工作环境。秘书工作环境是客观存在的，是多方面、多层次、多种因素的总和。它会直接或间接影响秘书工作效率。在工作中，我们要了解影响秘书工作的环境有哪些种类，它们如何影响秘书工作的效率，应如何适应与改善这类环境，从而提高秘书工作效率。影响秘书工作的环境有宏观环境，中观环境和微观环境三种。

（一）秘书工作的宏观环境

宏观环境，又称一般环境或大社会环境，指处于组织之外，并对组织发生影响的外部环境。它是一种必须监测和适应的不可控制的环境，由社会政治、社会经济、社会文化等要素所决定的。

1. 社会政治环境主要指国家政治制度、政治体制、政治目标、方针、政策、法律、法规等方面的政治文明程度。

2. 社会经济环境是指国家和地区经济发展的条件和水平、市场状况、经济结构、资源配置状况、经济运行机制、经济政策、产业布局、基础设施及收入分配状况等。经济环境对各类社会组织的生存和发展有着极为重要的影响。

3. 社会文化环境包括社会成员的受教育程度、价值观念、宗教信仰、道德观、伦理观、社会风气、社会习俗等。社会文化环境具有民族性、地区性、稳定性。它影响着社会成员的知识文化素养、思想意识、思维模式、价值取向、行为方式，也对各管理组织的组织气氛、组织观念、管理规范等的认同程度产生不可低估的影响。它影响秘书的综合素质、影响秘书事务辅助、影响秘书工作的效率。

（二）秘书工作的中观环境

秘书工作的中观环境是指秘书所在组织的内部环境，主要包括秘书机构内部环境和组织内环境。它对秘书发挥其职能作用有着极为重要的影响。

1. 秘书机构内部环境。秘书机构是秘书开展业务活动分工合作的基本单元，是各类管理领导机关的日常办公部门即办事机构。秘书机构内部环境包括秘书机构的人员构成、管理制度、分工协作状况、气氛和谐状况、人际关系、秘书部门负责人的影响力等。

2. 组织内环境。秘书所在组织内部环境，是秘书所在组织内部一切影响秘书、秘书机构工作的各种因素的总和，其中主要有以下几方面：组织的结构要素、组织动态运行要素、组织生态要素、组织心态要素、组织物质要素、组织信息要素。

（三）秘书工作的微观环境

微观环境，又叫办公室环境，是指秘书部门工作所处的自然环境。

1. 办公室环境的种类及对秘书工作效率的影响。办公室环境包括：办公室的空间环境，指房屋建筑与分配、办公空间的大小、办公设备的布置等；办公室的视觉环境，包括色彩、光线等；办公室的听觉环境，指办公处所的有益或无益声音等；办公室的空气环境，指由生理空气因素（湿度、温度、空气流通与净化）造成的办公室的整个气氛等；办公室的健康与安全环境等。

2. 办公室环境对秘书工作效率的影响：一是作业方面。办公环境对秘书人员的器官功能，知觉感受，体力消耗，心理反应都有直接影响，比如光线不足，足以使人的辨别力降低，眼力消耗较大而生疲倦，使注意力难以集中，则效率降低等；二是生理方面环境变化必然会引起生理变化。办公环境不适宜，会增加秘书的体力消耗，体力消耗过多则生疲劳，疲劳生则工作兴趣减低，兴趣低，工作效率必随之下降；三是心理方面。办公环境的不适宜，会引起秘书对工作厌烦的心理反应。这种心理反应自然降低工作效率。心理厌烦导致人的精神苦闷及抑郁和怒怨之感。这些心情对工作效率皆有不良影响。

二、秘书工作的微观环境的管理、设计和控制

在秘书工作的环境中，微观环境即办公环境对秘书工作的影响最为直接。所以在此对其管理、设计和控制重点讲述。创设、协调和控制好的宏观环境、中观环境将在第三章和第十一章中进行阐述。

（一）办公环境的管理原则

办公环境的管理是指对办公室环境加以合理的设计、组织和控制，使其达到最符合秘书工作的需要，进而提高工作效率，完成组织欲达到的使命。在对办公环境进行设置和管理的

过程中，要坚持以下的原则：

1. 方便，即办公室的布局应该力求方便省时，如相关的部门及设备应尽可能安排在相邻的地方，以避免不必要的穿插迂回，便于工作的协调和同步进行。

2. 舒适整洁，即无论是办公室，办公桌椅，还是抽屉等，不要放置与办公无关的东西。办公文具的摆放要井然有序。

3. 和谐统一，即办公桌椅、文件柜、办公自动化设备等的大小、格式、颜色等协调统一，这不仅能增加办公室的美观，而且能强化成员之间的平等观念，创造出和谐一致的工作环境。

4. 安全，即布置办公室时要留意附近的办公环境和办公室存放财物的安全条件；信息，如纸质文件，存储在计算机里的数据等的安全和保密能否得到保障；电器的电源、电线、器物的摆放是否对人员造成生理上的危害等。

（二）办公室的空间设计

办公室的空间设计要注意在节省成本的前提下，有效地利用空间，缩短工作流程，迅速处理信息，提供良好工作环境，促进秘书与其他工作人员的沟通与协调。

（三）办公室的视觉环境

办公室的视觉环境包括办公室内覆盖物的颜色和照明。应做到：

1. 覆盖物（包括墙壁、天花板、地面、门窗、支柱等）应有效地使用好颜色。地面覆盖物的颜色和类型应与墙壁、天花板的颜色协调一致，尽量保持环境的统一、和谐。

2. 应注意照明（指为完成办公室的指定工作而提供适当的光线系统）系统的质量。

（四）办公室的听觉环境

1. 消除噪音的来源。

2. 用吸音的材料以减少噪音的影响。

3. 适量音乐的播放。

（五）办公室的空气环境

1. 注意温度的控制。

2. 注意空气的净化。

（六）办公室的保健与安全环境

办公室的健康环境对秘书人员具有不可忽视的意义和重要性。秘书人员保持良好的健康的身体，足以促进工作效率的提高。可谓“健全的精神寓于健全的身体中”。同时应注意办公室的防火、防盗和防止意外伤亡。

总之，要正确认识秘书的工作环境，强化环境意识，以求更好地发挥秘书工作的效能。可以说，在建设和谐社会的今天，秘书工作的环境和谐了，办公室的效率、办公室的职能目标才可能得到更大的提高和更好的实现。

第五节　秘书工作的展望

改革开放以来，秘书逐步走上了规范化、制度化、科学化的轨道。进入21世纪后，随着社会变革、经济的迅速发展，特别是我国加入 WTO 后，我国秘书工作遇到新的挑战，需要秘书和秘书工作能够适应新形势、新要求，进一步做好服务工作。

一、要适应秘书工作内容、工作重点的变化

（一）适应工作范围、工作内容的变化

上面的内容中提到过，传统的秘书工作，多是抄抄写写、收收发发、值班守摊、迎来送往、办事打杂，在参谋辅助上发挥作用较少。未来的秘书和秘书工作，须适应扩大了的秘书工作范围、工作内容，如涉及科技、金融、经济等领域的知识。只有这样，才能担负起新时期秘书工作的重任，也才能更好地发挥秘书和秘书工作的参谋助手作用。

（二）适应工作重点的变化

当今社会是经济社会。经济问题是所有领导人都关心的问题，秘书和秘书工作就要为领导当好经济助手。所以，未来的秘书必须懂经济、有经济头脑，将处理经济信息当做工作的重点之一，做好为领导提供经济信息的工作。同时，我国加入 WTO 后，涉外活动成为许多单位都经常发生的领导行为。这样，熟悉涉外事务与外事工作任务，自然成为了秘书的一项重点工作。

二、秘书应注意知识与素养的提升

我国加入 WTO 后，各行各业的秘书工作无疑将面临严峻的挑战，秘书人员必须提升自己的知识层次和业务素养才能适应中国融入世界经济的要求。

（一）掌握经济理论知识，丰富和提高自己的管理知识和能力

未来的秘书，应掌握经济理论知识，关注经济理论研究、发展的新动向，探索适应中国特点的新的经济管理模式与方法，不断丰富和提高自己的管理知识和能力，以适应加入 WTO 后的新形势，为领导决策当好参谋、助手。

（二）充实现代科技知识，提高利用科技手段处理信息的能力

未来领导工作中的许多方面，都与科技信息有关。未来的秘书信息工作中的科技因素将会越来越多，科技因素将会渗透到党政机关中的政务信息处理和企业中的经济信息处理中去。因此，秘书必须不断充实现代科技知识，提高利用科技手段处理信息的能力。

（三）学好外语，增强对外沟通能力

加入 WTO 后，对我国政府秘书和企业秘书的英语水平也提出了新的要求。秘书工作者对外沟通能力的强弱，首先表现在沟通语言工具的掌握上。英语是国际上公认的“普通话”，是国际经贸交往的语言工具。各级各类秘书都要逐步掌握英语，有条件的更要精通英语，这是全球多边贸易的基本要求。这样，可以更快地提高现代化办公效率，加快信息处理的速度，成为本单位、本行业领导人参谋的行家里手。

三、办公自动化与秘书工作手段、方法的变化

随着人类科学技术的迅猛发展，秘书部门、秘书工作的工作手段、工作方法已由手工方式迅速向现代化的办公自动化转变。办公自动化必然会促使秘书人员由事务型向智能型转化。它要求事务性秘书必须具备使用自动化办公设备的技能，能够熟练地操作电脑、复印机、打印机等去处理各种程式化、重复性的事务。同时，越来越多的秘书职责随着办公自动化的发展而逐步转向综合管理、辅助决策，起到参谋顾问作用。

2000年5月，国办发［2000］36号文件《关于进一步推进全国政府系统办公自动化建设和应用工作的通知》为我国政府机构改革，政府机关转变工作职能、转变工作方式、转变工作作风，进一步提高工作质量和效率，建立办事高效、运转协调、行为规范的行政管理体制起到了很好的指导作用。

目前，连接全国的办公室系统的信息网，为实现办公自动化构筑了一个很好的平台。利用“信息高速公路”快速获得和处理信息；运用电脑查找和处理文档；“电子政府”的“文件网上阅，公文无纸化”；日趋火热的电子商务；网上开设的“网上论坛”、“政务公开网”、“网上市长信箱”；省钱、省力、富有人情味的“家庭办公”形式等。可以说，办公自动化解决了各种类型的政府和企业的无纸化办公问题，实现了包括领导办公、公文处理、日程安排、会议管理、档案管理、公共信息收集与处理、财务管理、信访管理、商务管理、企业管理等的高效工作的方式、方法，使传统的办公形式，实现了飞速的跨越。

可以预测，21世纪，人类科学技术将有更大的飞跃。这一飞跃势必进一步提高办公自动化的程度，从而要求秘书人员必须进一步掌握办公自动化知识，向智能化发展。将来的秘书将是善于收集、分析信息，足智多谋，能熟练使用现代化办公设备，时间观念强，效率极高的助手和参谋。

复习思考题

1. 解释秘书与秘书工作的概念。
2. 我国现代秘书工作的特点、地位和作用各是什么？
3. 当代秘书工作的主要内容有哪些？
4. 现代办公室组织机构设置的基本原则是什么？
5. 办公室人员配备的原则是什么？
6. 办公室科学管理的主要内容是什么？
7. 对办公环境进行设置和管理的原则是什么？
8. 试述未来秘书工作的新理念。

实训题

［实训1-1］　结合所学知识，职系有一定规模的企业，了解、分析其秘书机构的设置、办公室制度建设、目标管理、办公环境设置和管理等情况。

［实训1-2］　到自己所在地的企事业单位，调查了解秘书工作办公自动化情况，加深对掌握办公自动化知识的重要性认识。

第二章

秘书修养

学习目标

通过本章学习，明确秘书应具备的职业道德、作风修养及心理品质，增强学生思想品德修养的自觉性；了解秘书应具备的知识结构、智力结构、能力结构及技能要求，明确秘书智能结构的完善方向，激发启迪学生学习专业知识、掌握专业技能的积极性和主动性。认识保密工作的重要性，增强自觉的保密意识。

导读案例

新力公司是一家大型的、产品具高科技含量的保健品公司，创建于1990年。它是在一个只有一百多人的乡镇企业的基础上建立起来的。

一天，总经理召集中层干部开会，先给大家讲了这样一件事："……公司与德方的谈判即将进行，双方将就今后的合作达成协议，这是公司向国外扩大销售市场的又一重要举措。谈判开始后，大家发现坐在李总一旁的秘书小张穿着非常休闲，T恤衫，牛仔裤，白色的旅游鞋。负责送水的秘书小王更是花枝招展，耳环闪闪发光，手镯晃来晃去，高跟鞋叮当作响，每当她进来送水，会谈都不得不中断几分钟，外国客人通过翻译开了个玩笑：李总，最好让这位漂亮小姐参加选美去。大家听后有什么感想呢？"大家就这件事展开了讨论，一致认识到，公司这几年在提高科技含量、保证产品质量方面都下了大力气，在科技人员队伍的培养上也下了很大功夫，但随着公司规模的扩大，职员自身的素质并未随之跟上，因此必须加强职员的岗位培训，以提高员工的综合素质。会议最后决定，公司从现在开始用两年时间对员工进行轮训，从管理人员的个人礼仪开始，通过训练要求职工牢固树立"公司荣我荣、公司耻我耻"的意识。

导读：请对此案例进行分析，讨论合格的秘书工作人员应具备的职业基本素质有哪些？

第一节　秘书的思想品德修养

秘书思想品德修养涵括了秘书的职业道德、秘书的作风修养和秘书的心理素质等多方面的综合概念。

一、秘书的职业道德

职业道德，是从事一定职业的人员，在职业活动中应遵守的行为规范。秘书职业要求秘书从业人员具备较高的职业道德规范。

（一）忠于职守

忠于职守就是忠诚，即忠于秘书职责，忠于国家的利益，忠于本单位的政治利益和经济利益，对所从属的领导负责。这一点，可以说是秘书职业道德中最重要的。几乎所有国家的政府、企业乃至私人都把忠诚列为秘书人员的必要条件。这也可以说是秘书的立身之本。

（二）奉献精神

秘书工作的特点决定了秘书人员必须具有奉献精神，不计较个人得失。这是职业的需要，也是做好秘书工作的前提。

（三）廉正守纪

秘书虽不是领导，但由于其特殊的身份和地位，使秘书又可以轻而易举地假领导之名而谋私利。这就要求秘书应该廉洁自律、克己奉公，不用领导人的名义谋取私利，不徇私情，一身正气，秉公办事。

（四）服务意识

秘书人员是为领导工作服务的，秘书必须牢固树立服务意识，始终将自己摆在助手的位置上，认真为领导做好各项服务性工作。秘书人员应能对领导从精力、知识、能力、心理等方面形成一定的补偿，以完善管理活动。秘书人员甚至应该熟悉领导的个性特点、工作作风以及各种习惯等，以达到配合默契，服务主动。

（五）谦虚谨慎

秘书人员在领导机关和领导身旁工作，有时还代表领导处理问题、检查工作、传达指示。在有些群众心里，他们甚至是领导的化身。秘书人员的这种地位，决定秘书人员要有比平常人更加谦虚谨慎的品格，避免官腔官调，趾高气扬。

（六）保密习惯

秘书部门位居单位机关中枢，秘书常年在领导身边工作，秘书人员接触机密文件多，参加重要会议多。所以，秘书人员要牢固树立保密意识，养成保密习惯，严格遵守执行有关保密的法规法纪，严守机密。

二、秘书的作风修养

作风是指个人在思想上、工作上以及生活上表现出来的态度、行为。秘书职业要求从事秘书工作的人员必须具有良好的作风修养。主要有：

（一）尊重实际，实事求是

秘书工作为领导决策服务，尤其应该实事求是，否则有可能造成决策失误。秘书工作的各个环节都应准确如实地反映客观实际，不弄虚作假，不捕风捉影，不主观臆断，不能只报喜不报忧。

（二）踏实细致、一丝不苟

秘书工作千头万绪，事关重大。所以，秘书做工作必须脚踏实地、耐心细致、一丝不苟、准确周密。事无巨细，都要准确细致地妥善办好。切忌粗枝大叶、轻率浮躁，否则容易酿成大祸、追悔莫及。

（三）雷厉风行，讲求实效

秘书部门作为机关的枢纽部门，必须加强效率意识。办文，确保公文处理的及时、准确与安全；办会，要协助领导把关，精简会议，端正会风，提高会议质量；办事，对所有的事务性活动，都要高标准、高质量、迅速及时。当然，高效率的最高要求还体现在秘书应及时向领导提供反映社会趋势变化的信息，为领导决策做好超前服务等方面。

（四）尊重同志，善于合作

秘书机构贯通上下、协调左右，必不可免地要与周围发生大量广泛的联系。秘书工作往往是环环相扣、层层相因的，非一人之力可以做好，需要各方面、各部门的协作配合。秘书人员必须培植整体意识，处理好与各方面的关系，获得众人的支持与合作，完成各项工作。

（五）思想敏锐，勇于创新

随着我国社会主义市场经济的完善与发展，全球经济一体化的进程加快，社会发展日新月异。新时期必然对秘书人员的作风修养提出新的更高的要求，那就是解放思想，勇于创新，培养创新能力，创造性地为领导提供最佳服务。同时，加强超前意识，提供超前服务，时刻追踪社会变化的新动向、新趋势，增强形势发展的预见性。

（六）仪表庄重，举止文雅

秘书部门作为对外交往的重要窗口，常常要与外界发生广泛的接触联系。秘书人员应当注意自己风度气质的修养和外观仪表的修饰。具体要求详见第十一章“秘书的交际与公关”。

三、秘书的心理素质

秘书的心理素质，是指表现在秘书人员身上的那些经常的、稳定的、本质的心理特征。心理是人们行为的基础，有什么样的心理品质，就会有什么样的行为反映。秘书人员是否具有健全良好的心理素质，是能否胜任秘书工作的基本条件之一。秘书人员可以从以下几个方面加强自己的心理素质修养。

（一）秘书的性格修养

性格是指一个人对事物所表现出来的比较稳定的、习惯化了的态度和行为方式。它是秘书心理素质的核心部分。

现代社会，各种职业对它的从业人员的性格都有特定的要求。秘书工作纷繁复杂，需要应付多种人和事，性格也要求因不同的任务、场合表现出不同的特征。正因为如此，有些国家把“性格完美”作为对高级秘书的要求之一。为了使自己成为合格的秘书人才，应该努力培养自己具有如下性格：

1. 机敏。秘书工作事关全局，智力性强，需要秘书具有非常机智敏捷的性格特征。秘书应思维敏锐，善于接受新知识、新思想、新事物，及时捕捉社会的各种信息；秘书办事应敏捷干练，在众多事务面前忙而不乱、有条不紊，显出一种举重若轻的从容；在协调关系和处理突发事件时，要求秘书精明老练、灵活变通。

2. 稳重。身居枢纽要地，代表领导和组织处理各种事务，秘书应加强历练，使自己显得稳重成熟。要戒除那些浮躁轻率、易变无常等情绪化的表现，学会心平气和，冷静泰然地面对各种难事、琐事，表现出一种成竹在胸、应付自如的老练风度。

3. 细致。秘书工作千头万绪，忙时秉烛达旦；有些事务烦杂琐屑，稍有倦怠疏忽则易出现差错；秘书常与各种人打交道，人心微妙，千人千面。秘书要学会细致细心，办事要细致，对人善于体贴体谅。

4. 谦和。秘书出入于多种场合，与上下左右的人际发生联系，周旋四面，调解八方。秘书应谦虚和蔼，随和平易、易于相处。

5. 开朗。秘书人员应具有开朗热情的性格，时刻以饱满的情绪接纳各种人和事。开朗有助于秘书人员接受复杂艰巨的工作而无抱怨之心和牢骚之言，遇到困难也不会垂头丧气，而是满怀信心勇敢地去战胜它。

6. 幽默。幽默是智慧、学识、机敏和风趣的综合体现。秘书的幽默能够以自我解嘲的方式排遣在领导和众人面前难以表露的情绪，使自己显得乐观、机智、豁达。

（二）秘书的意志培养

意志，是人确定目的，并为达到目的而努力支配和控制自己行动的心理活动。意志有自觉性、坚韧性和自制性等积极的品质，也有盲目性、脆弱性和顽固性等消极的品质。积极的意志品质是秘书人员取得事业成功的重要心理因素。

1. 自觉性。根据秘书部门的工作特点，秘书主观能动性的发挥对搞好秘书工作作用很大，这就要求秘书人员加强意志自觉性的培养。它要求秘书人员应自觉使自己的行为纳入组织目标中，根据外界环境的变化而自觉地调节自己，使自身具有较强的适应性。

2. 坚韧性。秘书活动的特点决定了秘书人员往往处于各种矛盾的汇合点，经常要面临各种困难，承受较大的心理压力；有时，枯燥、重复的事务性工作和高度紧张的工作节奏，也容易使秘书产生厌倦心理，从而降低工作热情。因此，一个优秀的秘书，必须具有顽强的意志和坚韧不拔的毅力，敢于直面矛盾和困难，乐观地对待挫折、曲解甚至屈辱。

3. 自制性。自制是高度理智的表现。它要求秘书善于运用理智来控制自己的情绪、情感和行为。在成功面前自制，不喜形于色，溢于言表；在挫折面前自制，不垂头丧气，萎靡不振；在屈辱面前自制，不勃然大怒，暴跳如雷；在权利和欲望面前自制，不借工作之便，谋取私利。

（三）秘书的意识培养

意识是一种特殊的心理功能，对人的其他心理活动起着特殊的调节作用，影响着人的行为倾向。

秘书职业对秘书的意识培养有许多要求，如秘书必须培养服务意识、奉献意识、全局意识、保密意识、信息意识等。而这些意识的培养，都植根于角色意识的培养之上。所以，我们主要谈秘书如何加强角色意识培养。秘书的角色意识，是指从事秘书工作的人员对所担任角色的社会地位及由此所规定的职责的知觉理解和体验。

在完成秘书角色意识培养之后，秘书其他意识的培养就有了坚实的基础和保证。

（四）秘书的心理健康

秘书应时刻注意克服孤僻、焦躁、厌倦的心理障碍，保证心理健康。秘书心理健康体现在如下方面：

1. 专注工作，积极进取。事业是人生的支柱，工作着是美丽的。一个专注工作、积极进取的人，说明他对人生充满着乐观的向往、热烈的追求。注意排除工作中的诸多干扰，防止工作烦琐时的厌倦怠惰，始终陶醉在工作的欢快中。

2. 心态平衡，宠辱不惊。伴随在领导身边，肯定不乏结交捧场之人。但有时笑脸掌声簇拥着领导，秘书却默默在后、受冷落。耕耘肯定是为了收获，但有时付出却未必得到相应的回报。有时荣誉会瞬时降落，有时也可能挫折接踵而来，这一切，都要保持心态平衡，学会自我调节，能屈能伸，宠辱不惊。

3. 宽容忍让，关系和谐。秘书的工作使其牵绊在上下纵横的关系网中，陷身在众多复杂的矛盾之中。但各方的关系都得协调处理好。有时，领导的批评倾头而来，明明是冤枉的，还得忍气吞声。所以秘书必须学会宽容、学会忍让、学会体谅、学会设身处地，让各方关系都和谐融洽。

4. 情绪稳定，举止稳重。秘书应学会控制情绪，做到举止稳重，要保持一种积极乐观的心态，不让外界变化轻易影响自己的情绪。

另外，秘书心理素质有一种新提法，就是加强情商培养。所谓情商（EQ），是相对智商（IQ）而言的心理学概念，指一个人控制自己情绪、承受外界压力、把握自己心理平衡的能力，即人的性格、情绪、意志、社会适应能力等非智力因素。现代心理学研究表明，一个人生活和事业的成功，20%取决于智商，80%取决于情商。由此可见，情商培养是秘书心理素质训练的重点。情商培养的关键是提高自觉意识，控制住不良情绪，树立乐观精神和不断进取的精神，善于理解别人，有同情心。情商培养包括两个方面：一是情绪训练，即了解和控制自己的情绪以及辨别他人的情绪；二是处理人际关系，即协调好与上级、同事以及周围人群的关系。而这些都是可以通过后天的学习、培养和锻炼形成的。

第二节　秘书的智能结构

一、秘书的知识结构

知识结构，是指人们所学的知识在头脑中的有机联结和组合，也即一个人知识层次的构成情况。作为秘书人员，要求的不是简单的知识渊博，而应根据秘书职业的需要，建立起为秘书工作服务的合理的知识结构。结构决定功能，只有合理的知识结构，才能发挥最佳的整体效能。

现代社会要求秘书具备由基础知识、相关知识、专业知识三大层次组成的知识结构。

（一）基础知识

秘书具备的基础知识，主要包括：

1. 社会科学知识，即语文、政治、地理、外语知识。

2. 自然科学知识，即数学、物理、化学、生物知识。

3. 作为自然科学与社会科学知识结晶的哲学知识。

其中，对秘书工作有直接作用的是语文、历史、地理、外语以及马克思主义哲学、政治经济学知识。

（二）相关知识

秘书人员需掌握的相关知识主要包括：经济学、法律学、心理学、社会学、领导科学、新兴软科学（系统论、决策学、预测学等）知识。

其中比较重要的有：

1. 经济学知识，包括经济学基础、管理学、会计学、统计学、市场营销学、金融学、以及有关工商税务和保险、证券方面的知识和WTO组织的各项运作知识等。

2. 法律学知识，包括宪法、民法、刑法、诉讼法、行政法、企业法、公司法、劳动法、合同法、涉外法规、治安管理处罚条例等。

其中还包括与秘书工作密切相关的各项政策法规和与秘书工作行业相关的政策法律法规知识等。

3. 心理学知识，包括普通心理学、领导心理学、管理心理学、社会心理学、秘书心理学等。

（三）专业知识

专业知识是秘书人员知识结构的核心部分，也是区别于其他专业人才知识结构的主要方面。包括：

1. 秘书学、行政管理学等专业基础理论知识。

2. 文书档案管理、应用写作、会务组织、调查研究、信访工作、信息工作、办公自动化等业务工作知识。

3. 逻辑学、美学、公关礼仪、演讲与口才、书法、速记等直接提高秘书专业素质能力的各种知识。

二、能力结构

秘书的能力结构是秘书智能结构的主体方面，它决定秘书人员从事秘书工作的实际本领。秘书工作具有很强的智能性，对秘书人员的能力要求很高。

（一）辅助管理能力

决策与管理是领导的基本职能，秘书作为领导的参谋与助手，自然要参与辅助管理。它要求秘书具有：

1. 辅助决策能力。从图2－1“科学决策程序图”了解秘书与决策的关系。图中A、B、C三段中，A、C两段以领导为主，但整个B段工作主要由秘书部门会同有关职能部门承担。即使在A、C两段中，秘书也承担大量的工作：如在A段中，秘书部门负有为领导决策提供可挑选的预备方案任务；在C段中，论证方案时组织专家、撰写文稿等事务工作由秘书承办。可以看出秘书与领导决策的关系密不可分。所以，秘书必须提高辅助决策能力。

2. 协调能力。协调本身是领导的职责。由于秘书是领导的助手，所以有相当部分协调工作由秘书担当。秘书由于身份特殊，故协调有它自身的特点，尤其强调讲究协调艺术，运

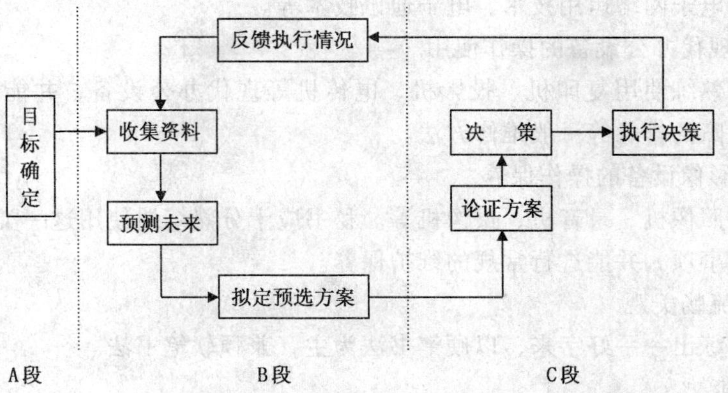

图 2－1 科学决策程序图

用灵活有效的协调方法。秘书协调主要包括人际协调、会议协调和事务协调。

3. 信息处理能力。秘书部门负有向领导提供信息的任务，这是秘书辅助管理的重要体现。秘书人员必须加强自身信息处理能力的培养。一要加强密切关注社会、时刻不忘收集信息的意识；二要锻炼自己敏锐感知信息、迅速捕捉信息的能力；三要培养自己整理加工信息、提供有效信息的能力；四要掌握利用自动化办公手段、高效处理传递信息的技能。

（二）文字口语表达能力

1. 口语表达能力。口语表达能力即运用口头语言表达事物、传达信息的能力。在工作中，秘书人员使用口头语言的机会很多，汇报工作、回答问题、提出建议、传达指示、协调工作、接待来访等。总之，很多工作是通过用口头语言表达来进行的。在这里应注意说话的科学性和艺术性，应注意场合，并要求口齿清晰、语音规范、观点明确、中心突出、条理分明、逻辑严密、用词准确、表达简练、应对敏捷、语言得体。

口语表达能力，除与天资生理条件有关外，更主要与一个人的文化水平、才干修养有关，同时还与是否经过培养和训练有关。秘书人员，应主动学习语言学、逻辑学、演讲艺术，并经常进行口语表达方面的训练。

2. 文字表达能力。因在应用写作等课程中详细学习，在此不再赘述。

（三）办事能力

秘书部门是办事机构，承担着大量的事务性工作。不管是哪一项事务，秘书人员都能妥善出色、高质高效处理好，这就是办事能力。办事能力可以说就是秘书人员的工作能力，它以知识扎实、经验丰富、头脑清晰、思维敏捷、手脚勤快为基础。

值得强调的是，秘书人员在日常事务工作中，常会遇到一些临时性、突发性的事件和情况，需要秘书及时处理。这就更需要秘书人员具备灵活机动的应变能力。

（四）处理人际关系能力

人际关系是指在生产、工作、社会活动中，人与人之间的交往关系。秘书的人际关系将在第十一章“秘书的交际与公关”中详细阐述。

三、秘书职业技能

（一）电子计算机的操作

秘书应能熟练掌握在电脑上进行文字录入、编辑处理以及各种通用的办公软件程序的操作使用，应掌握电子网络运用技术、电子通讯技术等。

（二）常用现代办公设备的操作使用

秘书应学会熟练使用复印机、投影机、电传机等现代办公设备，并能对其进行常规保养，并掌握小故障的排除等一般维修方法。

（三）现代影像设备的操作保养

主要包括：照像机、录音机、摄像机等。秘书应十分熟练地使用这一类设备，掌握操作方法，明确注意事项，并能进行常规的维护保养。

（四）书法流畅美观

秘书应努力练出一手好字来，以硬笔书法为主，兼顾软笔书法。

（五）速记能力

现代记录方式由于有了录音摄像机，直观便捷多了。但有时一些保密性质的会议，明令不准录音，还有一些领导随时随地的报告指示，都得借助于速记。

（六）唱歌舞蹈才艺

秘书应当学会唱歌跳舞，它在礼仪社交场合中十分重要。或在歌厅里一展歌喉，或在舞池里翩翩起舞，既能培养你潇洒优雅的形体风度，展示你多才多艺的一面，又有利于交际感情的融洽密切，促进公务事务的顺利办理。

（七）旅行安排

秘书还需提供一些特殊的服务，像事业单位中领导有时要开会出差，企业中领导经常进行商业旅行。秘书应当熟悉必要的准备工作，应能根据旅行目的地选择最合适的旅行方式，办理好旅行用的各项手续，熟悉旅行中的各种注意事项，做好旅行的各种材料物资准备。

（八）驾驶技术

秘书学会驾驶技术，一来为自己创造便利主动，不必时时求助于人；二来更为领导工作带来便利，不必另行配备司机，便于保密事务的进行。

第三节　秘书的保密工作

保守秘密，是秘书人员的职业道德，是秘书工作的重要纪律，是秘书部门的重要职能。

一、保密工作概述

每个国家、政党、企业单位都有自身不可让外界知晓的秘密。对于这些秘密采取必要的手段、方法和措施予以保护，这就是通常意义上的保密工作。

（一）保密工作方针

《中华人民共和国保守国家秘密法》（以下简称《保密法》）规定：“保守国家秘密的工作实行积极防范、突出重点、既确保国家秘密又便利各项工作的方针。”根据这一方针，我们把秘书工作的保密方针概括为以下几点：

1. 积极防范。积极防范是指保密工作要把立足点放在积极预防上，以防为主，防患于未然。

2. 突出重点。保密的范围比较广泛，涉及到各级机关、部门、行业和领域，应坚持保住国家机密和涉及到单位经济命脉机密的方针，保密工作才能卓有成效。

3. 有保有放。这一方针的要求是：该保的秘密一定要保住、保好，不该保的一定要放开、公开。

4. 内外有别。包括三个方面：一是国内国外有别；二是党内党外有别；三是干部群众有别。

（二）保密工作的特点

加入 WTO，全面对外开放，意味着保密工作将面临许多新情况、新问题和新考验，给保密工作带来新的特点。

1. 经济情报空前重视，经济泄密问题突出。由于对外开放，国外企业集团纷纷涌进，某些国外企业为加强在中国市场的竞争能力，一方面不惜利用情报间谍机构收集我国经济情报，另一方面采用“人才本地化”战略，高薪聘请国内科技人才和技术骨干。这些人才的跳槽常常伴随着企业商业机密的泄露。同时，由于我国部分企业和国民保密观念淡薄，防护意识缺乏，使得经济泄密事件大量发生，应引起我们高度的警惕。

2. 互联网传递信息，计算机保密管理成新课题。面对全球信息网络化的发展趋势，我国也建立了纵向横向及开放式的网络交流体系，并与国际互联网接通。互联网给我们的信息收集与传递带来极大便利，但也给保密防范工作带来新课题，如疏于管理或管理技术手段跟不上，国家秘密就很有可能网上泄露。

3. 保密法规不健全，现行保密规则难与世界接轨。按国际规则和接轨要求，我们的保密法律法规难以适应，有的与 WTO 规则要求不一致，有的甚至是严重抵触。面对许多商业秘密泄露问题，现行的法律法规却无力保护，反映出保密法规的不完善。

4. 窃密手段现代化，反窃密技术相对滞后。由于现代科学技术的迅猛发展，窃密手段也日益现代化，窃密工具向小型化、微型化、多样化发展，许多新的先进的科学技术几乎都被应用于窃密活动，如窃听、激光、定向电话、人造卫星、遥感技术、光导纤维和电子计算机等。而我们的保密手段、保密措施、保密技术设备还比较落后，这就增加了防范的难度，使原来觉得万无一失的保密手段变得不那么保险了。如何尽快实现保密手段的现代化，是摆在我们保密工作面前的迫切课题。

二、保密内容

（一）国家秘密

国家秘密，是指《保密法》规定的，关系国家安全和利益的秘密事项。根据保密法的规定，国家秘密的范围和内容包括以下七个方面：

1. 国家事务的重大决策中的秘密事项。

2. 国防建设和武装力量活动中的秘密事项。

3. 外交和外事活动中的秘密事项以及对外承担保密义务的事项。

4. 国民经济和社会发展中的秘密事项。

5. 科学技术中的秘密事项。

6. 维护国家安全活动和追查刑事犯罪中的秘密事项。

7. 其他保密部门确定应当保守的国家秘密事项。

（二）秘书工作保密内容

根据秘书的涉密范围，秘书工作保密内容主要包括以下方面：

1. 电子计算机保密。目前，电子计算机已经成为现代化办公的基本手段和设施，用作文字处理、办公室管理以及信息传递等方面。它信息储存量大，是单位机密的集中地。各项保密内容都有可能利用电子计算机来存储处理。所以，电子计算机保密将成为保密内容的重中之重。

2. 文档保密，包括文件和档案保密。文件保密指秘密文件、内部刊物、电报信函、图纸图片、录音录像等内部资料的保密；档案保密指人事档案、文书档案和科技档案的保密。

3. 会议保密。具有秘密内容的会议的日期、议题、议程、讲话、发言、记录、录音和录像的保密。

4. 科技与经济情报保密。单位科学技术的发明制造、特有的工艺技术以及有关单位经济命运的经济活动信息、核心技术、主导产品均属于商业机密范围。秘书人员应视为重要的保密内容，树立并强化保密观念。

5. 电讯通信保密。这类保密指的是秘书在利用电话（有线和无线）、电报（密码和明码）、电台、对讲机、电传机等进行通讯联络过程中的保密以及密码、密码机和有关附属设备的保密。

6. 新闻报道及出版保密。为树立组织形象，扩大组织影响，秘书经常利用电视、电台、报刊等对组织进行宣传。在宣传时，要特别注意防止泄露机密的情况发生。

三、保密工作管理

（一）电子计算机保密管理

应重视电子计算机系统管理，制定科学、严密、有效管理措施，采用一系列信息安全技术手段，使电子计算机保密收到良好效果。如网上传输采用双密钥码在电子文件上进行数字签名以防非法截获；为防止无关人员有意接触电子文件，可以利用身份验证技术对其访问权限进行限制或利用防火墙技术阻止等。另外，由于网上窃密手段的高科技化，我们的保密手段也须向高科技方向发展，才能使保密措施行之有效。

（二）文件保密管理

文件保密是秘书部门保密工作的重点。从文件的拟写到文件的销毁，整个过程都必须注意保密。重要文件，不准擅自复印、翻印；机密文件应通过机要传递系统或派人专程递送；文件收发要详细登记，确切地掌握每份文件的收发情况及其去向；传阅文件的过程中，不许横传，也不得随意抽走；文件应集中保管，特别是机要文件；所有文件应按规定定期清理收回，杜绝文件缺损、走失；有关文件应按规定定期向档案室移交归档，建立查阅审批制度；凡属要销毁的文件，应先登记造册，经县团以上单位领导批准，方能销毁；运送和销毁时，应至少指派两人监督执行。

（三）会议保密管理

包括会前、会中和会后保密。秘密会议召开的时间、地点、日程安排、会议议题及有关会议内容应注意保密；秘密文件应配置保密柜、保密室，由专人管理，一般不得带出会议地点，并要注意会后清退收回；注意对会场、会场扩音和录音设备进行保密检查，严禁与会人员携带无线电设备录音；会议内容不允许记录的，不得记录，允许记录的要用保密手册记录；会议结束后，应对会议场所、住宿地点进行认真清查，以防有会议文件遗失。

（四）科技情报保密管理

要严防科技情报泄密事故发生。首先，应明确科技情报保密范围，即凡是国家批准的发明、可能成为发明的阶段性成果、我国独有的技术诀窍、产品生产技术和传统工艺技术以及规定属于保密范围的其他科研成果。其次，不在宣传、报道和展出科技成果时公开属于保密性质的科技成果；不在科技交流和外事活动中泄露科技秘密；科技保密项目严禁参观和拍照；严禁携带科技秘密资料参加外事活动；对需要保密的科技成果应及时地申请保密专利；对保密专利进行有偿转让时，要在专利合同中明确对方要承担的保密义务。

（五）电讯通信秘密管理

要切实加强对保密电讯通信的安全防范，做到掌握秘密通讯的基本知识和常识、防止泄密的技术措施；不得使用普通电讯通信设备传递秘密事项；普通电话或未经审的密码电报中，严禁传递国家秘密事项；秘密文件资料，不能用普通邮政传递；秘密通讯内容必须使用装备有保密技术设施的专用设备，党政机关通常使用专用保密电话网，应与市话和其他单位的自动电话网严格分开；一般秘密若发传真，应注意加密。

（六）新闻报道及出版保密管理

加强新闻出版物的管理，做到各种报告会、演讲会、新闻发布会都需遵守保密法规，不得泄露国家机密；秘书人员对要发布的新闻稿件，要严格审查它的保密性，凡涉及到国家秘密的内容、相片、数据，一律不得公开发表；秘书收集的社会动态、民情风情等内部消息，都只允许在内部汇报传递，不能随意扩散；对涉及秘密的内容要先报经领导确定报道范围，并对内容进行适当处理。

案例研习

案例2-1：美国《韦氏秘书手册》对秘书素质规定了21项要求：1. 有礼貌；2. 举止文明；3. 友好；4. 公正；5. 考虑周密；6. 合作；7. 谦虚；8. 宽容和体谅；9. 忠诚；10. 敏感；11. 勇敢；12. 诚实；13. 自制；14. 灵活性和适应性；15. 交际中严守礼节；16. 注意边幅；17. 准时；18. 乐意培养别人接替自己的工作；19. 有幽默感；20. 热情；21. 负责。

案例2-2：英国语言学家利奇于1983年提出了6项礼貌准则：

1. 得体准则：减少有损他人的观点表述。①尽量少让别人吃亏；②尽量多使别人受益。

2. 慷慨准则：①尽量少使自己得益；②尽量多让自己吃亏。

3. 赞誉准则：①尽量少贬低别人；②尽量多赞誉别人。

4. 谦逊准则：①尽量少赞誉自己；②尽量多贬低自己。

5. 一致准则：①尽量减少双方的分歧；②尽量增加双方的一致。

6. 同情准则：①尽量减少双方的反感；②尽量增加双方的同情。

案例2-3：通过以下案例，了解一些现代化的窃密手段，认识保密的重要性和必要性。

利用苍蝇窃密。在苍蝇上装一大头针般大小的无线发射器，让苍蝇飞进会场，会议所讨论的内容通过声波由苍蝇背上的无线发射器接收，达到窃听目的。

利用长钉窃密。将一支特殊的话筒装置在一根长钉上，把这根长钉钉入墙内，会议室或办公室中的人讲话时，其声波沿墙壁传到话筒。

利用激光技术窃密。办公室有人讲话时，声波振动门窗玻璃，从而可以利用激光发射和接收装置，对门窗玻璃的震动信号进行接收处理，还原成讲话人的声音。

手机打电话很容易被拦截窃听。俄罗斯车臣反政府武装头目杜达耶夫，因为手机被跟踪，其无线电波引导俄罗斯导弹准确击中住所而毙命。意大利头目乔瓦尼·布鲁斯卡也因为手机被警方窃听，确定住所被抓获。

1992年某日，在报刊“大扩版”、“大写真”的浪潮冲击下，某省省报周末版上赫然刊出了“武警大写真”，该省国家战略储备地点的方位、警力配备等军事状况，竟被报界公诸于天下。

对于单位的经济情报保密，法国米其林公司是很好的榜样。在法国克莱蒙费朗市，有个米其林公司，它以生产轮胎闻名遐迩。1964年的一天，法国总统戴高乐因外事活动途经克莱蒙费朗市，他兴致勃勃地提出，要带外宾参观该公司轮胎厂。这本来是顺理成章的事，不料这家公司却婉言拒绝了总统的要求。其原因仅仅是担心总统的众多随员中，可能有猎取情报的外国商业间谍。

据有关资料表明，目前情报机构有80%以上的情报是从报刊等公开出版物中获得的。比如日本的“中国问题研究所”就是研究我国报刊来收集中国情报的机构，不少来华人员与驻华人员都大量选购我国的报刊进行分析研究和整理归纳，日本的民间情报机构“海外贸易振兴会”曾通过我国报刊积累了大量的我国经济方面材料，经过分析研究后还出了一本《关于中华人民共和国国民经济情报》。

复习思考题

1. 秘书人员的职业道德，作风修养有哪些？
2. 秘书人员需要具备什么样的性格特征？
3. 为什么角色意识在秘书的意识培养中居首要地位？
4. 秘书知识结构的特点及主要内容有哪些？
5. 当前保密工作有哪些特点？
6. 秘书工作保密内容有哪些？

实训题

［**实训2-1**］　姜总的照片

于雪是一家以家电制造为主业的上市公司总裁的秘书。最近，公司为了实现产业升级，正在收购一家上市的生物制药公司的股份。为了避免两家公司在二级股票市场上的大幅波动，两家签订了严格的保密协议，规定这件事双方只能让少数人知道。

这天，负责与对方秘密谈判的公司副总从对方的所在地来电话，说谈判已经完成，让于雪赶紧用快件寄3张公司法人代表姜总的照片过去，以办理有关手续。这天姜总正好在市政府开会，于雪一时找不到姜总的照片。就在于雪不知怎么办时，看到挂在自己胸前的胸卡，想起上个月公司为了实施CI战略，公司公关部统一为公司每个员工拍照制作胸卡，估计公关部留有姜总照片。于是于雪给公关部打电话，接电话的正是于雪中学的同学小诺——公关部的办事员，公司所有人的照片都是她拍的，她说他们那儿有姜总的照片，并答应马上送过来。当于雪刚刚松口气，公关部的雷部长来电话了，问于雪要照片做什么用。于雪有这么几种回答：

1. 是姜总要的，我不知道！
2. 可以告诉你，但你不能对别人说。
3. 拿到报纸上发表（因为姜总前几天刚接受一家财经报纸的采访）。
4. 对不起，我暂时不能说。
5. 你问那么多干什么？

请从以上5个选项中找出合适的回答，并对每个选择做出评述。

［**实训2-2**］　根据秘书修养的各方面要求（职业道德、作风、性格、意志、知识、能力、技能等），分析自己有哪些适于秘书工作的长处，有哪些不利于秘书工作的短处，并就今后如何在学习工作中扬长避短，提出你的具体措施办法。

第三章 办公室事务工作

学习目标

通过本章学习，了解值班工作的地位与作用、任务和要求，增强对值班制度制定、值班工作重要性的认识；了解机关行政事务管理工作的内容、原则及具体要求；掌握接待工作的制度，提高自己的接待工作水平。

导读案例

小李在一家港资企业任生产科长已有两年。前不久，听说公司打算在企业内部公开招聘一名总经理助理，小李自认为自己条件不错，就信心十足地去人事部参加了考试。

人事经理拿出一张试卷放在他面前，让他在正确的地方打勾。小李接过试卷一看，上面是一道测试题——有一天，气象预报说会刮台风下暴雨，总经理恰好不在公司，就打电话告诉你说："今天有暴风雨，顶楼有几扇窗户还没有关，你去关上吧。"答案共有三个：(1) 好的，我马上去关；(2) 我已经把那扇窗户关好了；(3) 我正在关窗户。小李不假思索就在第二个答案上画了勾。心想，能为上司分忧的下属就是好下属，提前想到了上司问题，解决了上司想解决的问题，不就是为上司分忧吗？人事经理接过答卷，马上就奔总经理办公室走去。好一会儿才出来，他不无遗憾地说："不好意思，老总看了你的试卷后，认为你的心理素质不太适合做助理，你还是安心于目前的岗位吧。"

回来后，小李想了好几天也没有想通自己到底错在哪儿。一周后，小李实在忍不住，就把人事经理约到一家饭店，人事经理说："你错就错在太主观了，你的测试答案没有突出老总。换句话说，老总刚想到的问题你却早已做好了，这岂不说明你比老总还聪明？你想一想，老总会同意吗？""那我应该选哪个答案呢？""应该选第一个'好，我马上就去关！'""要是我确实已关好了窗户呢？""也要这样回答，你应聘的是助理嘛！你的职责主要是协助你的上司，在他背后默默无闻地工作，而不能喧宾夺主。"

导读：读完这则案例，你有什么认识？你知道办公室工作有什么特点吗？你怎样理解办公室的辅助性工作？

第一节 值班工作

值班工作是每个组织不可缺少的一项日常事务工作。这项工作与协助领导进行正确决策，改进机关工作作风和提高工作效率有很大关系。它是机关的“门面和窗口”，起着联系上下、沟通内外、处理一般事务、汇集和传递信息的枢纽作用。值班是在固定的时间、岗位和场所从事的日常事务工作，是秘书事务处理的重要方式之一，也是一个组织不可缺少的经常性工作。

一、值班工作的地位与作用

（一）值班工作是一个单位对外联系的枢纽

值班工作，“细”、“繁”、“杂”、“忙”，有时不分份内、份外，上班、下班。值班，能够保证各项工作有条不紊、前后衔接、不漏项、不拖延、不误事，充分发挥秘书工作承上启下、沟通信息的枢纽作用，领导机关的耳目作用和门面作用，更好地为领导工作服务。

（二）值班工作是协调各部门、保证领导指挥畅通的关键

值班室是一个单位所辖的地区或系统的信息总汇处、联络中心点，是沟通上下、左右、内外的神经中枢。

当今世界，无时无刻不在产生大量信息，并处在不断流动的过程中。信息是一种普遍联系的形式，与一个单位相关的、重要的信息必须及时传递。上级机关随时可能下达指示；基层单位、职工群众随时有新情况、新问题发生，需要汇报或请求处理办法；平行机关交互错杂，也需要经常沟通。而值班室是传递信息、沟通网络联系的重要渠道之一，信息工作做好了，有利于领导及时掌握情况、正确分析判断，在控制过程中做出有效的指挥。

因此，值班室要根据本机关的职能及时传递和本机关相关的信息，时刻保证上下左右的网络联系，这对于秘书部门当好领导的耳目和参谋具有重要作用。

（三）值班是机关、单位的窗口

值班室是一个机关特定时间的窗口。基层单位有事，职工群众来访往往先找值班室，外地到本地的人员也要找值班室。在一定的条件下（如在机关上班以外的时间），值班室作为一个机关的总代表，直接处理经常性的接待工作，可以为单位赢得信誉，产生良好的社会影响。

（四）值班工作关系机关、单位的安全

“安全”和“事故”相对，任何一个单位都有自己的安全问题。或因人为原因、自然原因，或因季节性、偶发性，或白天、夜晚，事故的发生不以人的主观愿望为转移，而是不可避免的客观存在。因此，秘书部门组织好单位的值班工作，确保单位的机密和安全是一种积极措施。

安全防范既是值班室的职责，也是保卫部门的工作。但前者侧重于值班室上下内外的沟通，后者侧重于室外的侦察巡逻，两者协调配合，相辅相成，更能确保一个单位的秘密和安全。

二、值班工作的基本任务和要求

（一）办理领导交办事项

承办领导者的交办事项，是值班室工作的一项重要任务。这项任务具有明显的临时性、繁杂性和随机性。如完成某项工作的阶段性任务；检查、督促领导某项指示的落实情况；通知领导召集临时性会议；受领导委托，通知有关人员接送某位客人等。值班人员应积极主动地为领导服务，不论难易程度如何，值班人员都应认真对待，及时处理，办好领导交办的事情。

（二）上传下达，沟通内外，应接处理突发事件

收到的文件、资料，应登记在册；接到反映情况的电话、电传做好记录；对来自各方面的自然信息，做整理、鉴别、筛选等初步加工，分清有用信息和无用信息，提取有用信息传送领导和有关部门。遇到紧急情况，或转告有关承办部门，或紧急情况紧急处理，依据轻重缓急、主次有序的原则进行处理。

（三）认真处理来文来电

值班秘书收到急件、电报要及时拆阅，重要的、紧急的应立即送交领导或收件者本人。接到电话，应做好完整、准确的记录，并转有关部门或领导人。如情况紧急，来不及请示，秘书可先做适当处理，同时立即向领导汇报，并将领导指示和处理情况记录在案。应注明具体处理的负责人，以明责任。

（四）做好来访接待工作

值班人员接待因工作或业务联系的来客，必须遵循礼貌、负责、方便、有效的原则。对不同情况的来访者，值班人员应弄清其意图，尽可能给予满意的答复和合理的安排。有必要者，可引见给领导或其他部门洽谈解决。

来人来访有两种情况：一种是外单位来联系工作的，如业务学习、调查研究、参观访问等。凡符合规定手续的要认真接待，包括派车接送、安排住宿、联系好有关单位等；另一种是基层单位职工群众来访，如偶发性的工伤车祸事故或因其他特殊困难来值班室反映情况、提出要求等。对这些来访者，要热情接待，按政策规定解释答复。值班人员要认真填写接待登记表，直接解决不了的要及时报请领导或转交有关部门处理。接待来访时要做到“一听二记三问四分析”。

（五）电话应接处理

值班人员要坚守岗位，记录、传达、承办上级电话指示和通知，负责下级部门的电话请示、报告的传递和答复。接到上级机关的重要电话，要认真做好电话记录。如有条件，可以使用录音电话，先录音，再核对，然后根据电话内容和缓急程度，送有关领导阅处。领导批示或口头答复后，再送有关方面处理。对于下级机关、同级机关或不相隶属的机关电话，凡重要的，都要认真做好记录，向有关领导及时汇报，或向有关方面及时传达。对于电话中询问的情况，能回答的要明确回答，不能回答的要问清情况，尽快请示领导后回答，以免误事。

三、值班工作的组织实施

（一）值班人员的素质要求

值班的任务对值班人员有一定的素质、条件要求。具体内容如下：

1. 应当较多地掌握本机关单位各项职能的有关专业知识和工作情况，这样就可以在值班中果断地处理有关问题。

2. 值班人员与单纯的门卫不同，应当责任心强，忠于职守，有一定的政策水平和工作经验，熟悉机关内外上下情况，有一定文字、口头表达能力。

3. 要有相应的身体条件。值班人员有可能要熬夜处理问题，没有相应的身体条件是难以胜任的。特别是负责安全保卫的值班人员，要定时到各保卫点巡视，更要身强力壮。不能随便派老弱病号或临时工、退休工人担任值班工作。

（二）值班室的组织形式

值班室的组织形式有一般性的值班室和专设性的值班室两种。

一般性的值班室，是党政机关、社会团体和企事业单位普遍设置的，其建制多在秘书部门之内，由秘书长或办公室主任直接领导。值班人员一般是兼职的，个别设专职人员。值班时间通常在单位下班后的时间和节假日。

专设性的值班室，是某些重要机关（如部队、公安、交通等）特设的机构，也叫总值班室。其建制有的在秘书部门内，归秘书长领导；也有的和秘书部门平等，由行政首长直接领导，值班人员大多是专职的，一般都配备科级以上的干部，负责本机关、单位每昼夜（二十四小时）及星期日、节假日的全部值班工作。

（三）建立健全值班制度

值班工作制度，就是值班人员共同遵守的行为准则。它是保证值班工作顺利进行和圆满完成值班任务必不可少的有力措施和保障。其主要制度有以下几个方面：

1. 岗位责任制度。值班室的岗位责任制度，是对值班工作的职责范围及值班纪律的明确规定。它要求值班人员必须坚守岗位，尽职尽责，努力完成各项值班任务。在规定的值班时间内，做到人不离室，人不离机（电话机），始终保持通讯渠道的畅通，绝不能因一时无事而离开。值班人员如有要事需离开岗位，必须事先请假，并安排好接替人员。

2. 交接班制度。值班室的交接班制度，是对值班人员上下班交接工作及其手续的明确规定。它要求上一班的值班人员把值班情况，特别是重要情况和待办事项，逐项交待给下一班的值班人员，并按规定的时间、程序做好交接工作，以保证值班工作的连续有效。

3. 请示报告制度。值班室的请示报告制度，是对值班人员在处理重要情况与问题时所持态度的明确规定。它要求值班人员对于没有把握答复和处理的重要事项，要先请示、报告，不可自作主张；对于值班期间发生的重要情况，要及时报告，不得拖延或不报；对于特殊应急情况，也应边办理边报告，以免给领导工作造成被动。

4. 保密制度。值班室的保密制度，是对值班人员保守和保护单位秘密，特别是国家秘密的明确规定。它要求值班人员树立保密观念，认真执行有关保密规定，接到需要保密的电话、电报、文件等，要直接报送主管领导，不该看的绝对不看，不该说的绝对不说，不在值班室与外来人员谈论秘密事项，不得在普通电话中传递秘密事项，不得将文件、资料堆放在办公桌上，不得将领导人的活动告诉无关人员，以防止失密、泄密和窃密事件的发生。

5. 防范制度。值班室的防范制度，是对值班人员保卫安全有关措施的明确规定。它要求值班人员提高警惕，搞好防特、防盗、防火、防自然灾害的四防工作，以保证机关工作的正常运转。

（四）认真做好值班记录

由于值班室处在信息交流的中心位置上，值班人员要有较强的信息观念，要及时为领导和有关职能部门提供动态性信息。为此，值班人员要记录和撰写各种值班材料。如值班日志、值班报告、接待记录和值班动态等。见表3－1。

表3－1 值班日志

年 月 日 星期	值班人：
事项 1. 2. 3.	备注

（五）及时办理各项事务

值班室是机关的信息枢纽，值班人员获得上下左右各方面的信息最及时、最直接，时刻起着机关领导工作的耳目作用。值班人员获得重要信息，应立即写出“要事急报”，送有关领导，以便及时处理，做出正确的决策。

第二节 办公室日常事务工作

一、拨打与接听电话

电话作为一种现代化的通讯工具，在秘书工作中是必不可少的联络手段。接打电话虽然看似很容易，但是秘书的接打电话是公务活动，代表着自己单位或领导，在“仅闻其声，不见其人”的电话里，秘书一视同仁地给予对方满腔热情的态度，不仅有利于交际双方彼此的融洽沟通，也体现了秘书人员的职业道德和文化素养，同时，也在一定程度上表现出了一个单位的面貌和形象。因此，秘书掌握一些使用电话的艺术，有助于秘书工作的顺利进行，有助于在社会上树立秘书及所在单位的良好形象。

（一）拨打电话的要求

秘书人员在拨打电话以前必须做好充分的思想和物质准备，要有高度的责任心和认真耐心的态度，并保持愉快、饱满的情绪。同时还要熟悉所在办公室的电话设备、使用方法。电话机旁应备有号码簿和常用的电话号码表，以及做记录的笔和纸，通话的常用礼貌用语应非常熟练，自然而然地养成习惯。

在打出电话前，应将要讲的事情思考清楚，或在工作日记本上写下要点，以免临时罗嗦不清或有所遗忘。如果是领导交办的电话，应有登记，挂发电话的主要内容要记录在本子上，以备立档查考。如果是领导向下级单位发电话通知、指示等，更应该严格记录，并请领导审查签字，然后挂发。

电话拨通后，秘书应先说一声："您好，"然后自报家门，我是"某单位某某人"然后请对方讲话。若需要哪一层领导讲话也要讲清楚，在拨通电话后，再证实一下："你是某某局长吗?"以便确保传达到位。如果电话内容可以别人替接，也一定要问清接话人的职务、姓名，并进行登记，以便备查。通常情况下，当你要找的人来接电话时，他会自报姓名的，你问一声好并自报姓名后，接着便可以讲正事。

讲述时，要注意简明扼要、清楚明白。不妨先讲要点，时间允许再讲细节。应避免先说客套话、聊家常，然后才绕到正题，这样既浪费时间，又可能会使对方不耐烦，重点反而被忽略。如果其间对方插问，你要做必要的补充，而不能像背书一样只管自说。讲完以后，说一声"再见"，结束通话。

（二）接听电话的要求

秘书在接听电话时，铃声一响就应拿起话筒，免得对方久等。拿起话筒之后，应专心致志，再也不能与别人谈话，否则即表现出了你对来电话客人的不尊重。接电话后，应先主动道好，并自报单位姓名，而不应先查问对方。如果问也应该说："我能知道您是哪位吗?"如果秘书有较强的听辨能力，对方曾来过两三次电话，一开口你即能听出他的话音，你就可以直呼其名："喔，您是某某同志吗?"这将给对方留下受到特别重视的印象。

在接电话时要努力听清对方的话，必要时请对方再重复一遍。秘书人员打电话时应养成一手拿起听筒，另一手拿起笔准备记的习惯。在接上级单位的电话通知、指示、命令时，应将记录重读一遍，然后告之处理办法，如"我马上通知经理"、"争取今天就传达到每一位职工"等。每一次重要的来电都要记下时间、来电人单位、姓名、回电号码，讲话内容记录更要具体而条理清楚，涉及的人、事、物、地点、时间、数据都必须经过复核，准确无误。

如果通话中途你必须去取有关资料的话，那么你应尽量在半分钟之内返回。如果估计时间更长一些，你要先告诉对方，或者他愿意耐心地等待，或者你查到了资料再打电话告诉他。

秘书在通话过程中，要始终保持轻松、愉快、礼貌、得体的语调，讲话要不快不慢，恰当地使用好"您好"、"谢谢"、"请再联系"、"再见"等联络情感的语言。当接到突如其来的电话时，要注意尽量让对方先讲、多讲，你可以利用对方讲话的时间来考虑怎么回答。而不必很快地表示肯定或否定。如果你一时无法回答，或者正在思考重要问题不愿被打扰，也不要勉强地答复，可待对方讲完之后，另约时间给对方回电，在交谈中即使是话不投机，也不能冷言冷语或恶语相加，更不能发脾气，突然挂断或摔听筒。

（三）传呼电话的要求

传呼电话时，先要请对方等一下。如果人就在附近，你也不能大声呼喊，而应用手捂住话筒才能叫人。如果你在其他办公室，你可请对方稍等，然后把话筒轻轻放在桌上才可去找人。如果找的人不在，你可以征求对方意见，是否愿意将内容告诉你，由你转达，或另约时间再打来。对于找领导的电话，秘书要分别情况酌情处理，要看打电话的是什么人、什么事，也要看领导的时间和精力。“某某领导正在开会，请您半小时后再来电话”，“关于这方面问题，某某部门有专人负责，请找他们联系，电话是某某”，“您反映的情况某某局长很忙，目前抽不开身，您跟我讲行吗？我一定转达给某局长”等，都是处理方法。对一些事务性电话，秘书应尽量协助领导解决，不要轻易上交，重要电话可将内容全部或摘要记录在《重要电话处理记录》本上，交领导过目处理。如果遇到秘书在职权范围内解决不了的问题，或电话执意要找领导的，在问明情况、请示领导后，再接通电话。

总之，一部小小的电话使秘书与四面八方的关系联系起来。接打电话是秘书工作的重要内容之一，也是秘书处理人际关系能力的重要表现。

以上讲述了秘书在人际交往中常见常用的一些社交礼仪和交际技巧。秘书工作者需要熟悉和掌握这些交际技巧，以此来不断优化自己的形象，推动自己工作的开展。

二、印信管理

印信分别指印章和介绍信，是企事业单位行使职权的凭证和对外联系的标志。印章和介绍信代表了一个单位的权力和利益，一旦出现问题可能会给单位带来重大损失，所以秘书人员有责任将印信管理作为自己一项十分重要的任务。

（一）印章的使用与管理

只有得到法律认可的单位或人员才备有印章，并在印章上以印文的形式标明其法定名称（全称）。印章是单位的标志，按法定程序制发，拥有法律所赋予的权力，对外联系工作均以印章作为标志，各种文件、凭证等不盖章对外一律无效。

1. 印章的刻制及启用。印章的刻制是一项十分严肃的工作，单位印章的规格、尺寸、文字、图案等要严格按照国家有关规定刻制，不得擅自更改；印章的刻制必须持单位证明及公安部门的批准证明，或工商管理局的企业登记许可，到公安部门指定的刻字单位刻制，任何人不得擅自刻制公章。

印章启用时一般经有关部门批准（如工商管理部门的企业登记），由制发单位提前向有关单位发出启用通知，通知中盖上所启用印章的印模，发给有关单位保存，以备查考。废用印章必须封存，并交原颁发印章机关注销。

2. 印章的审批和使用。使用印章时必须经过领导人批准，并进行认真的登记，登记内容包括用印时间、当事人、用印原因和结果，如果有必要可用更详细的说明。秘书人员要严格执行监印制度，对未履行手续或手续不全的用印申请，不得用印。

加盖印章是使文件、材料生效的标志，平时印章要保持清洁。用印时应注意盖在正确的位置，一般应盖在文件成文日期的上方，上不压正文，下骑年盖月；印中的文字要端正、清晰，不得模糊歪斜，字迹清楚，印油均匀。

3. 印章的保管。印章必须由单位的领导指派专人负责保管和使用，严禁擅自使用或外借。遵循保密原则，印章平时要放在安全可靠的地方，随用随取，不把印章随意交给他人代盖。印章如果需要携带外出，要采取必要的防范措施，确保安全。节假日期间，值班人员要加强对印章保管处的安全保卫工作，防止印章失窃事件的发生，如果发生丢失要立即报告公安机关备案，并以登报或信函等形式通知有关单位，声明其遗失或作废。

除单位公章外，领导人公务活动使用的个人名章也按公章统一使用和保管。

（二）介绍信的使用与管理

介绍信是本单位工作人员外出履行公务、联系工作、商洽事宜的重要凭证，具有介绍和证明的双重作用。介绍信与印章一样，应由专门人员管理，一般情况下，介绍信的保管人与印章管理人为同一人。

1. 介绍信的格式

一般单位的介绍信可分为通用介绍信和专用介绍信两种，通用介绍信可以用于各种公务场合，专用介绍信只能用于某一项专门工作，如党团组织关系介绍信、调查材料介绍信、工作调转介绍信等。

形式上有便函式介绍信和固定格式介绍信两种。

（1）便函式介绍信不带存根，一般用印有单位名称的信笺书写，格式与一般书信基本相同，内容包括标题、称呼、正文、结尾、署名和日期。

（2）固定格式介绍信指带有单位名称的专用介绍信，一般按固定格式印刷，装订成册，用时按空填写即可。分两联，一联为存根，一联为介绍信的信文，信文交持有人携带，存根留本单位存查，两联之间有间缝，同时编有号码。存根和信文上都要写清前往单位的名称、被介绍人的姓名、同行人数以及联系事宜等。应分为持出和存根两部分，中间以虚线隔开。持出和存根上都应清楚地填写前往单位的名称、被介绍人姓名、人数以及联系的事宜等项目。

不管哪种形式的介绍信，填写都要用黑、蓝色钢笔或水笔书写，禁止使用铅笔、圆珠笔或红色墨水。书写要工整，字迹要清楚，不能随意涂改。写明有效期，最后加盖本单位的公章方可生效。

2. 介绍信的管理。出具介绍信，申请人应该提出申请，填写申请表，经上司或办公室主任批准才能办理。一份介绍信只能用于一个单位，一般情况下，不得出具空白介绍信，特殊情况下开出的空白介绍信，应归还用后多余的部分。

管理人员要对开出的介绍信负责，对介绍信的内容检查无误后方可用印，盖骑缝章。及时回收开出未用的介绍信，粘贴在存根上。妥善保管好介绍信的存根。

三、工作日程管理

（一）领导活动安排

领导活动安排是指为领导安排的公务活动，主要有对外方面的接见、洽谈和宴请，对内方面的礼仪性庆典、接见、与会、陪同外出参观、下基层视察等。

1. 活动安排的基本原则：

（1）按领导的工作规律安排时间表。

（2）区分轻重缓急。

（3）弹性安排，留有余地。

（4）以需要为准，以适度为宜。

（5）适当分担，各就其位。

（6）每天核对，以防疏漏。

秘书服务领导的重要方面就在于协助领导参与公务活动，因此，每天上班时秘书首先要请领导核对日程表，看看有无疏漏，必须做到领导与秘书的日程表完全一致。

2. 活动安排的方法。

（1）预先安排。办公室应把领导每月、每周、每日的主要活动纳入计划，经领导过目后打印发给有关部门或人员。领导的工作计划一般有月安排和周安排两种。

（2）记好日历和备忘录。日历以台历为宜，可以前后翻动，每页空白处用来记录当天的活动内容；备忘录是一种永久日历，可以是一套小卡片的合订本或是一个可转动的文件夹，上端有突出的索引表明当年的月份，秘书人员还可根据自己的习惯自己制作各种形式的备忘录以供使用。

在日历和备忘录的空白处，秘书人员可将每周的活动日程逐一填写清楚，包括活动名称、具体时间、地点、参加人员、注意事项等。

（3）提醒领导准时。充分发挥日历与备忘录的功能，可前一天在月安排、周安排的基础上将次日的活动事项填写到卡片上，送给领导过目，自己保存一张。最好在每天早上上班时，在领导办公桌上放一份打印好的一天内的活动安排时间提示表。

（4）保证领导顺利参加活动。及时提醒领导准时赴约，有用车方面的需要还要提前通知司机，做好用车、提供资料等准备工作。

（5）做好活动前后的服务工作。除预先安排、事前准备外，活动场所和招待事宜有时亦由秘书人员负责。一般要注意配合领导的时间表；不要在领导出差回来当天安排活动；不要在节假日安排活动；重要活动应在活动开始前与对方联络一次，确认此事；订好或确定好活动的场所；处理好变更的活动安排。

（二）填写工作日志

1. 手工填写的工作日志。手工填写的工作日志通常要准备两本，一本为上司使用，另一本为自己使用。使用的方法是：

（1）提前了解上司工作和活动的信息，并在两份日志上填入，并于当日一早再次确定和补充。

（2）提前在自己的日志上清楚标出自己当日应该完成的工作。

（3）填写的信息要清楚、方便阅读，保持日志整洁，最好先用铅笔填写，确认后再用墨水笔正式标明，还可以使用不同色彩。

（4）填写的信息要完整，标明各项活动的时间、地点、姓名、联络方式等必要信息。

（5）填写的信息要准确，当日出现情况变化，应当立即更新日志，并告知上司和相关人员如司机出现的变化。

（6）在上司日志变化的同时，应更改自己的日志，并做好变更的善后工作。

（7）在自己的日志上要清楚标出为上司的有关活动所做的准备，并逐项予以落实。

（8）协助或提醒上司执行日志计划，在需要时能帮助上司排除干扰。

2. 电子工作日志。电子工作日志指利用计算机程序实现的日历、日志和计划的功能，并应用于联网的计算机中。使用起来具有更为方便、快捷的特点。

3. 上司工作日志填写的信息内容。无论手工填写日志还是电子工作日志，填写的信息内容应相同，上司工作日志内容通常包括：

（1）上司在单位内部参加的会议、活动情况，要记录清楚时间、地点、内容。

（2）上司在单位内部接待的来访者，要记录清楚来访者的姓名、单位、详情、约见时间、地点。

（3）上司在单位外部参加的会议、活动、约会等情况，要记录清楚时间、地点的确切细节以及对方的联络办法等。

（4）上司个人的安排，如去医院看病等，以保证秘书不会在这段时间安排其他事宜。

（5）上司私人的信息，如亲属的生日等，以提醒上司购买生日卡、礼物或按时出席相关活动。

4. 秘书工作日志的内容。秘书的工作日志内容除了包含上司的日志内容外，还需要包括：

（1）上司的各项活动需要秘书协助准备的事宜，例如，为上司的某个会议准备的发言稿、制定会议议程、订机票，为上司的某个会谈草拟合同和订餐等。

（2）上司交办自己的工作，例如为签字仪式联系地点、媒体等准备工作。

（3）自己职责中应做的工作、活动，例如撰写半年工作总结、参加值班等。

5. 处理工作日志的变化与调整。工作的实际状况会随时发生变化，比如有时会因为预想不到的事或对方的原因而必须改变日程安排，这总会造成一些有形无形的影响，严重的甚至影响企业、单位的信誉和双方的信赖关系。因此，秘书应尽量想办法将日程安排的变更限制在最小的范围之内。

（1）一般变更包括：①原定结束时间延长超时。②追加紧急的或新添的项目。③活动项目的时间调整、变更。④活动项目终止或取消。

（2）调整时要注意：①安排的活动之间要留有10分钟左右的间隔或适当的空隙，以备活动时间的拖延或新添临时的、紧急的情况。②进行项目的时间调整、变更，仍然要遵循轻重缓急的原则，并将变更的情况报告上司，慎重处理。③确定变更后，应立即做好有关善后工作，例如通知对方、说明理由、防止误解等。④再次检查工作日志是否已经将变更后的信息记录上，防止漏记、错记。

四、办公用品管理

办公用品是指在办公室日常工作中使用和消耗的物品。对办公用品进行管理是秘书日常事务性工作之一，做好该项工作有助于提高办公效率、合理调配和使用办公经费，对建设节约型单位、节约型社会具有积极意义。

（一）办公用品的分类

办公用品种类繁多，一般可分为：

1. 家具类。包括桌椅、沙发、茶几、文件柜、保险柜等。

2. 纸簿类。包括复印纸、带单位抬头纸、普通白纸、复写纸、便条纸、标签纸、各种型号信封、笔记本、速记本、专用簿册等。

3. 笔尺类。铅笔、圆珠笔、钢笔、毛笔、彩笔、白板笔、橡皮、各种尺子、修正液等。

4. 装订类。打孔机、订书机、订书针、大头针、回形针、橡皮筋、胶带、起钉器、切纸机、碎纸机、剪刀、图钉等。

5. 归档用品。各类文件夹、档案袋、收件日期戳等。

6. 设备易耗品。计算机磁盘、打印机墨盒、色带、录音带、录像带、胶卷、电池、复印机碳粉等。

7. 小型电器设备。计算机、打印机、复印机、扫描仪、电话、投影仪、录音机、摄像机、照相机、计算器、计时器等。

8. 其他类。清洁用具、修理用具、宣传工具、各种刀类工具、装饰类用品等。

（二）办公用品的管理

1. 管理原则。办公用品的管理需要工作人员较强的责任心和严肃认真的态度。建立健全相关管理制度，严格执行国家有关的政策和法律，在保证工作需要的前提下讲求节约和物尽其用，既避免影响工作又防止无端的浪费，同时还应及时跟踪社会发展和设备更新的情况，及时更新装备，提高单位工作的档次和水平。

2. 办公用品的领用。秘书部门应根据有关部门的计划提前做好办公用品的准备，根据实际情况采用领用和分发相结合的方法，保证办公用品能够及时、有效地发挥作用。

在领用和分发的过程中要按有关管理制度严格履行登记和签字手续，不擅自借用、赠送和公物私用。在实际操作中指定专人发放，领用人填写领用表，经授权人审批后再清点发放。

3. 办公用品的保管。作为指定的办公用品管理人应该做到对管理的设备和用品了如指掌，样样精通。

（1）建立货物库存登记制度，做到进货、出货、库存均有登记，账目、数量清楚一致。

（2）物品摆放安全有序，以防物品损坏、浪费或失窃。

（3）各类物品按规格贴上标签，标明类别和存放地，以及库存情况。

（4）新、旧物品适当区分，先来的物品先发出去，避免物品因过期而销毁。

（5）区分物品的体积、大小，存放于适当的地方，以方便取物，避免发生安全事故。

（6）做好防火、防潮、防虫等工作，保持适当的通风、干燥。

第三节　接待工作

接待工作是秘书事务活动中不可缺少的重要内容，也是反映领导机关工作的一面“镜子”。在交往活动日趋频繁的21世纪，接待工作就显得更为广泛而重要了。秘书机构作为领导机关的“门面”、“窗口”和“桥梁”，必须熟悉接待业务，积极、主动、热情地做好这项工作，杜绝那种“门难进、脸难看、话难听、事难办”的不良作风，树立良好的组织形象，保证领导活动的有效开展。

一、组织机构

（一）接待的机构和人员

即接待的主体，包括秘书人员、有关领导者和其他参与接待的工作人员。

（二）确定接待工作方案

重要的接待都应拟定接待方案，作为接待工作的依据和指南。合理的接待方案，来源于对来访者情况的收集和处理，来源于对来访者用意的正确分析和判断。接待方案的主要内容有接待方针、接待规格、接待日程、接待形式、接待经费、生活安排等。接待方案拟出后，要呈报主管领导者审批。必要时，还要征询来宾的意见。

二、规章制度

（一）住宿制度

在接待之前，要根据来宾的人数、性别、职务、年龄等情况，落实好住宿之处。无论住宿费由哪一方负责，都要按照规定安排，条件以清洁、安全、方便、经济为宜。

（二）膳食制度

安排好来宾用膳问题。若是费用由客人自理，任凭客人自己确定标准；若是由接待方负责，也要按有关规定确定标准，切记不要铺张浪费。

（三）用车制度

如果来宾到达时需派车去车站、码头或机场迎接的话，有关文秘人员应当设法了解来宾的到站时间和人数，安排相应的车辆前往迎接。接车时应带标志，以防漏接。

（四）岗位责任制

接待工作作为领导机关的“门面”、“窗口”和“桥梁”，要求接待人员坚守岗位，分工明确，责任到人。本着工作第一的原则，简朴、热情地接待每一位来宾。在接待过程中谨慎从事，不卑不亢，做到有理有节。

（五）统筹安排、督查落实

客人入住之后，机关单位的领导人通常要前往住处看望，这时候也就会商议日程，文秘人员应当认真记录。另外，也可以由文秘人员直接与客人商议。上级机关领导人来检查视察工作或进行调查研究，日程的确定应以客方为主，接待方配合；邀请来的专家或其他客人，日程的安排应以接待方为主，征得客人的同意。掌握客人的工作日程之后，文秘人员应该早做接待或洽谈的准备，需动用车辆的要提早落实车辆，并且协调预订离开时的车、船、机票等工作。

在实施工作日程的过程中，要具体检查下一步日程的落实情况。一般是每天上午检查落实晚上日程的准备情况，每天下午检查落实第二天上午的日程准备情况，以保证日程安排能顺利实施。协调陪同来宾的文秘人员做好现场的联络工作，并负责现场活动的记录。

三、职责要求

（一）坚决执行有关制度和规定

接待宾客，我们应该严格按照有关制度和规定来实施，遵循接待的程序和方法，讲究接待礼仪。

（二）接待态度要和蔼诚恳，回答问题要恰当得体

应该说，接待工作无小事，必须有认真、严谨的态度和细致、周到的作风，才能完成好接待任务。在接待上级机关领导来宾时，本机关领导不在而上级领导又要求秘书介绍情况或

答复询问时，秘书人员一定要端正态度，认真对待，一丝不苟。对所询问的情况、问题，要实事求是地汇报；对那些不了解、不清楚的事宜，不可含糊其辞、敷衍了事，更不能生编硬造，主观臆断。在接待平行机关来宾时，来访者来了解情况，秘书人员要实事求是地予以介绍。

（三）服务工作要主动热情、优质高效

无论是从上级机关下来的，还是由下属单位上来的，或平级机关前来联系工作的访客，秘书都应以诚恳的态度，表示热情的欢迎。因为所有的访客，不论其身份、地位如何都是本机关的公共关系对象。他们对本机关的成功都有或轻或重、或大或小的关系。基于这种正确的认识，才能做到发自内心的诚恳，热情溢于言表。

（四）摸准情况，拟好方案，报领导批准后妥善实施

获取来访者的情况和意图，是做好接待工作的基础。用心判断来访者的用意，是反映情况，还是揭发问题？是调查研究，还是商洽业务？是请示工作，还是要求帮助？弄清了来访者的情况和用意，便于拟定接待的合理方案，准备接待的有关材料。接待方案经主客双方同意后，秘书人员要据此加以精心组织实施。组织工作的重点有迎接、拜会、宴请、会谈、参观、游览、送别以及吃、住、行和安全保卫等。一项接待活动结束后，秘书人员还要主动做好善后工作，如总结本次接待工作的经验教训，向领导者进行报告，结算有关费用，对接待中的文字材料进行处理和立卷、归档等。

（五）严守纪律，廉洁奉公

在接待过程中，要贯彻“不铺张浪费，少花钱、多办事”的原则。在外事接待中，要按对等原则，遵照国家惯例做出安排。

（六）加强培训与学习，不断提高接待人员的素质

（七）加强安全保卫工作

确保接待中的安全，是接待工作的重要任务之一，也是接待工作必须坚持的重要原则。尤其是高层人士的政事来访，接待外宾，特别是重要的外宾，保证安全和保守秘密更为重要。安全包括信息安全、交通安全和饮食安全等；保密包括会谈保密、文件保密和活动安排保密等。秘书人员要有强烈的安全和保密意识，以确保接待工作的顺利进行。

案例研习

案例3－1：浴室建成后为何迟迟不能开放？

某政府机关行政事务科为解决本机关二百多号人洗澡难的问题，兴建了一个机关浴室。浴室开放前夕，这位科长以行政事务科的名义贴出通告：机关浴室自×月×日起正式开放，男职工的洗澡时间为星期一、三、五，女职工为二、四、六，一律免费。通告在机关引起了不同反响，有的同志认为，洗澡时间安排不合理，机关的女职工只有二十多人，却占了一半时间；有的同志对免费洗澡提出非议，认为机关浴室就那么几个浴池，若免费敞开洗澡，亲戚朋友都带来，势必影响本机关职工洗澡，也会给锅炉工增加工作量，倒不如一个月发几张洗澡票，凭票洗澡。这些议论让行政事务科长感到有些道理，于是，他便综合了大家的意见，以行政事务科的名义写了一份请

示，分别呈送主管机关行政工作的副秘书长和主管全面工作的秘书长，请求领导定夺。不料，两位领导的批示却不相同，一位批道：根据群众要求，男职工的洗澡时间要增加，可安排在星期一至星期五，以凭票洗澡为宜。另一位的批示为：女职工的洗澡时间适当压缩，可安排在星期五和星期六，因机关浴室属福利性质，一律免费。科长接到批示后，感到无所适从，只好将开放浴室的事搁了下来，以致久拖不决，机关职工意见很大。

从行政组织原则的角度考察，机关浴室建成后迟迟不能开放原因何在？如果你是行政事务科长准备怎样解决这个问题？

——摘自：中国地质大学网络学院秘书专业

案例 3－2：甲、乙两公司都是西城公司的合作单位。一次，甲公司的王副总经理到西城公司来商谈业务，西城公司的李总经理为了表示友好和重视，亲自出面接待，全程陪同。不久，乙公司也来了一位副总经理谈业务，西城公司的李总经理因为工作太忙，就让公司的赵副总经理出面接待，而乙公司已经知道上次西城公司接待甲公司的是李总经理本人，因此对这次接待非常不高兴，认为西城公司对他们不尊重，没有诚意，本来想商谈的项目就不谈了。

请指出西城公司在接待工作中的失误，他们应该怎么做？

案例 3－3：五洋贸易公司经销部经理近几天一直为订货越来越少、销售额下降发愁，现在正是销售淡季，很难拓展销售渠道。一天下午，经销部经理突然接到法国某集团公司的订单，而且是一笔数额不小的买卖，相当于公司大半年的销售额，可乐坏了，连忙拿了订单到总经理办公室。总经理一看，就明白了，站在一旁的沈秘书更是露出了会心的微笑。这飞来的订单究竟与沈秘书有什么关系呢？按常理，与法国客商订合同、做生意，他销售部经理不可能不知道，真是百思不得其解，最后还是由总经理把这个谜解开了。

一对法国夫妇来华旅游，在北京机场下了飞机后，还要转乘火车去南方某省。这对法国夫妇对一切都很陌生，不知如何是好，于是就在机场乱拨了一个电话，竟打到了我们五洋贸易公司的总经理办公室，接电话的正好是沈秘书。沈秘书从电话里得知对方的身份和困难，对方请求帮助时，马上请示了我，然后用英语回答对方："请不要着急，我们是五洋贸易公司，愿意向二位提供帮助"。于是立即派车到机场，把这对夫妇送去宾馆安顿下来，又陪他们在京游玩了几天，代购了去某省的车票，直到送上火车，热情话别。这一切，沈秘书都做得非常真诚、利落，给两位外国客人留下了深刻的印象。我们收到订单距他们回国正好一个月，看来这宗大买卖正是被接待的法国夫妇促成的，当然这也要归功于沈秘书的公关意识和接待艺术，为本公司塑造了良好的形象。

销售部经理恍然大悟，深有感触地说："看来接待工作中也有公关。搞好接待，不仅可以广交朋友，树立公司形象，而且可以促进产品销售，为公司赢得经济效益。难怪有人说'接待也是生产力'呢！"

结合所学内容，谈谈对这一案例的认识。

案例3-4：一天，两位客人走进华夏商贸有限公司办公室时，已经接近下班时间，秘书小肖正忙着复印一份文件，因为机器正在操作，他没顾得上及时招呼两位客人，5分钟后，他收拾好复印的材料，才转过身招呼客人，问“你们有什么事?”，同时还在忙着自己手里的活，没有仔细听清客人的介绍，只一心想着自己赶紧打发了他们，好按时下班。就随口推脱说客人要找的人现在都不在，让客人明天再来。客人面对这种情况，非常生气，转身离去。事后才知道这其中有一位非常重要的大客户，因这次不愉快的经历对该公司产生了极恶劣的印象，甚至要断绝与他们的合作。华夏公司老板出面，经过多方努力才算挽回了与对方的合作。为此，小肖受到了严肃批评，并被调离了办公室。

请分析这个案例，小肖哪些地方错了？他应该怎么做？

案例3-5：王秘书正在接电话，正好有客人来访，不巧总经理又让王秘书马上去他办公室处理一份急件，这种情况下，王秘书的处理是：

1. 礼貌地与通话人说：“请稍等”，用手盖住送话器，热情欢迎来访者，请客人坐下稍候。
2. 尽快地与通话人结束了电话，并记录好电话内容。
3. 请客人再稍候，马上去总经理办公室迅速处理好急件。
4. 办完急件回来接待来访者，并做好谈话记录。
5. 礼貌地送走客人。
6. 整理好电话内容和来访者谈话内容即电话内容和来访者意见后，向领导者汇报。

复习思考题

1. 值班工作的任务是什么？
2. 如何搞好接待工作？

实训题

［**实训3-1**］　晚上8：00，海滨市人事局办公室的小王正在值班，突然接到同事小李打来的电话，告知出差回来的路上（离海滨市人事局约40公里）遭遇车祸，车上3人中2人重伤，自己负轻伤，请求局里赶紧想办法处理。紧急情况下，请替小王拟订出处理办法。

［**实训3-2**］　假如有一个事先通知的代表团（外省兄弟学校来参观学习3天）即将到来，试拟订一份详细的接待方案。

［**实训3-3**］　联系当地企事业单位，结合所学知识观摩一次接待工作。

[**实训 3-4**]　王秘收正在前台接电话，忽然看见两位客人直接去总经理办公室。王秘书赶紧叫住他们。客人有些耐烦地说："我们上午刚来过，是找你们总经理的。上午的事没有办完。"李华说："对不起，请你们稍等一下。我马上跟总经理联系。"总经理在电话里说："我不想见他们，你帮我挡一下。"

试述王秘书怎样处理这件事，并请设计一份电话记录单。

第四章

秘书参谋及辅助决策工作

学习目标

通过本章学习，了解秘书在领导决策过程中所发挥的参谋作用，明确秘书在决策各阶段的具体工作，注意按照秘书部门的职责和秘书工作的规律做好决策辅助工作，以便更好地做好领导的参谋、助手。

导读案例

某厂一次职工代表大会结束前的分组讨论汇报会上，大多数小组负责人都希望厂党委书记在第二天的闭幕会上做一个全面的总结讲话，以进一步振奋精神，促进下一步工作，党委书记则顾虑时间仓促，难以做好全面总结，但面对大家的热切希望，又不好坚决拒绝。就在这时会议休息，厂办秘书科长找到书记单独进言，补充汇报了与会人员的希望，力陈做好这个全面总结的必要性和可能性。复会后，书记表示力争在闭幕会上做全面总结。

当晚，书记在秘书科长的协助下，连夜准备好素材，拟好讲话纲要，按时在闭幕会上做了全面精彩的总结和下一步的工作部署，受到了大家的热烈欢迎。

导读：从本案例体会秘书的参谋与辅助决策职能。

第一节　秘书的参谋工作

一、秘书的参谋工作

参谋是秘书的重要工作，是领导和领导工作对秘书工作提出的客观要求，也是由秘书工作在领导机关体系中的地位所决定的。在秘书工作范围内，在其各个工作环节中，秘书工作的参谋作用时时处处都可以体现出来，最突出地体现在对领导决策的辅助工作上。新时期秘书工作的“四个转变”之一“从偏重办文办事转变为既办文办事，又出谋献策”，进一步肯定了秘书参谋工作的重要性。

二、秘书参谋的功能

（一）发现问题的功能

由于领导活动的需要，秘书工作与参谋作用有着密不可分的关系。参谋作用发挥的好坏，关键看秘书人员发现问题能力的强弱。秘书人员在工作实践中起着领导与群众的桥梁与纽带的作用，往往比领导更便于调查研究，了解民意，接触下情，接受咨询，因此，他们也最容易发现问题。

（二）科学预测的功能

在现代，社会活动越来越复杂，社会活动越来越多变，社会活动的影响也越来越大。这种情势，不仅要求领导者掌握一整套科学决策的理论、程序和方法，而且要求领导者注重决策的辅助力量。秘书部门和秘书人员就是有着特殊参谋作用的辅助力量，秘书人员特别需要发挥科学预测功能，为领导科学决策提供重要依据。

（三）设计方案的功能

领导者在确定了决策目标后，秘书人员的参谋功能重点转到设计各种备选方案，以供领导者选择上。所谓设计方案，就是为实现决策目标而精心筹划的各种方法和手段，它具有差异和可选择性的特点。

（四）追踪评价的功能

备选方案拟定并提出之后，秘书人员的主要任务就是协助领导者对各种备选方案进行分析、比较、评估，进一步认识各个方案的优劣利弊，以便于领导者从中选出最佳的实施方案。

评价选优必须要有合理的选择标准。首先，要注意整体性原则，这是评选方案的根本性原则。它要求站在全局的高度，进行综合衡量，让局部利益服从全局需要。若某个方案对局部有利，对全局不利，那么这个方案仍是不能选用的；其次，要注意可行性原则，即要认真研究方案在现实实践中的合理化程度。

三、秘书发挥参谋作用应注意的问题

在秘书工作的实践中，发挥参谋作用并非易事，这涉及到传统观念影响、组织关系与体制、领导素质等许多因素。作为秘书参谋活动的主体，秘书人员发挥参谋作用需要注意以下问题。

（一）转变观念

强化秘书工作的参谋作用，是领导决策科学化的必然要求，也是秘书工作现代化的迫切呼唤。在发挥秘书参谋作用时，一定要转变陈旧观念。不少秘书墨守成规，安于现状，缺乏创新意识和参与意识，奉行“忙忙碌碌的事务主义，辛辛苦苦的文牍主义，唯唯诺诺的服从主义”，把领导决策活动看成是与自己毫不相干的事情。这种陈旧观念束缚了他们走上参谋之路的步伐。

（二）夯实基础

古今中外的优秀秘书人才，无一不是勤奋好学、博学多识之士，有着良好的智能结构和知识修养。当今社会，各种新学科、新理论、新方法不断涌现，这种信息爆炸的局面更要求秘书人员奋发学习，夯实基础。只有拥有更肥沃的知识和智能土壤，才能更有效地发挥参谋作用。

（三）定好位置

秘书在参谋过程中，务必明确自己的位置和“角色”，既要使自己的思维活动置于领导思维的同一层次，又要始终牢记自己是“辅助”而非“主导”，是“配角”而非“主角”，是停留在“谋”的阶段而非进入“断”的领地。

（四）有度有方

秘书发挥参谋作用讲究把握一个“度”字。参谋适度，就会事半功倍，取得良好绩效。参谋意识过分膨胀，突破应有的度，发生越轨之举，就会适得其反；同时，还要注意方法和艺术，不但要有正确合理的参谋建议内容，还要有与之相适应的参谋建议技巧，这样才易为领导者采纳，从而实现秘书参谋的最佳效应。

第二节 秘书的辅助决策工作

一、决策的概念、特征、意义

（一）决策的概念

所谓决策，就是人们为达到一定的目标而选择行动方案并付诸实施的过程。决策应包括以下内容：

1. 决策总是为了达到一个既定的目标，无目标便无决策。

2. 决策总是要付诸实施的，不欲实施的决策是多余的。

3. 决策总是寻找优化的目标和优化地达到目标，不求优化的决策是无意义的。

4. 决策总是在若干个有价值的方案中进行选择，无选择即无优化。

决策包括四个要素：

1. 决策者，指承担决策责任的个人或集团，它是决策的核心。

2. 决策对象，指被决策的问题，是决策的基础。

3. 决策机制，指影响决策的各种条件，包括可供利用的决策依据与干扰决策的因素，它是决策的关键。

4. 决策结果，指决策的最终结果，它是决策过程的效能体现。决策结果有两方面：一是意向性决策结果；二是实施性决策结果。

决策的四大要素决定了决策科学性的高低，决策者要把握好决策对象，充分利用决策机制，做出全局性、可行性、效益性的决策结果，以保证决策目标的实现或大部分实现。

（二）秘书辅助决策的特征

与其他辅助力量相比较，秘书辅助决策的特殊性表现在以下三个方面：

1. 辅助的近距离性。秘书辅助的对象是同层次的领导机关和领导者，秘书与辅助对象之间不仅工作的空间相邻，而且工作的关系密切，相互间的了解也比其他人更深。

2. 辅助的全过程性。决策是一个复杂的行为过程，包括准备阶段、制定阶段、执行阶段等若干步骤。秘书人员要参与整个决策过程和决策中的各项活动。

3. 辅助的多功能性。决策系统由信息系统、咨询系统、执行系统、控制系统、监督系统等子系统共同构成，每个子系统都具有特定功能。秘书辅助是一种综合性辅助，兼有各个子系统的某些功能。例如，既要做好事务服务，又要提供决策信息；既要参与拟定备选方案，又要参与制度实施计划。

秘书部门与决策研究部门或咨询机构都属决策的辅助力量，但两者的作用和职责是不同的。首先，研究、咨询机构是典型的智囊机构，其辅助工作具有明显的独立性；秘书部门则是综合办事部门，其辅助工作具有明显的从属性；其次，研究、咨询机构的主要职责是为决策提供依据和方案，而秘书部门则要为决策中的所有活动进行全面辅助和服务；最后，研究、咨询机构主要参与决策制定前的某些工作，而秘书部门则要参与决策活动的全过程。

（三）秘书辅助决策的意义

在领导者决策的过程中，秘书的辅助具有特殊的、不可取代的意义。

1. 秘书辅助决策是对领导工作的必要补偿。现代决策，面临着信息量急剧增加、各种矛盾千变万化、涉及面越来越广的局面，单靠领导者个人的经验和智慧是难以胜任的。领导者必须善于借助他人的优势，弥补自身的不足。秘书人员处于一个组织的信息中枢，有一定的信息和咨询工作经验，对领导者的决策思维较为熟悉，因此应积极发挥其在决策中全面辅助作用，成为领导者决策思维的“外脑”。

2. 秘书辅助决策是转变秘书职能的迫切需要。中央在改革开放的新的历史阶段，明确提出了秘书工作要实现“四个转变”。“四个转变”的核心是“从偏重于办文办事转变为既办文办事又出谋献策”。所谓出谋献策，就是要求秘书人员在做好各项事务工作的基础上，主动协助领导者做好决策前、决策中、决策后的各项准备、控制、善后工作，成为领导者决策活动中的有力助手。

3. 秘书辅助决策是造就秘书人才的有效途径。决策的科学化和现代化，对领导者的素质提出了更高的要求，对秘书工作者的素质也提出了越来越高的要求。过去那种“手勤”、“腿勤”、“抄抄写写、跑腿学舌”就能胜任秘书工作的现象，已远不能适应当今的社会现实，也不能适应辅助决策要求。秘书人员必须转变观念，提高素质，增长才干，才能成为领导工作不可或缺的新型秘书人才。

二、秘书部门辅助决策的原则、条件

（一）秘书部门和秘书辅助决策的原则

1. 定位原则。秘书在辅助决策的过程中，要明确意识到自己是处于“辅”的地位而不是“主”的地位，是处于“谋”的地位而不是“断”的地位，不能越俎代庖、喧宾夺主。决策的主体是领导者，决策是领导者的权力与责任；秘书是决策的辅助者，只能充当领导者的参谋和助手。虽然我们主张秘书在辅助决策中要发挥主动性、创造性，积极参与，出谋献策，实现被动性与主动性的统一，但切不可颠倒了秘书与领导的应有的位置，导致观念错位。有的学者将这一原则称为秘书活动的“不失越”原则，意为既不失职，也不越权。

2. 信息原则。信息是决策的基础和前提，决策准备、制定、实施的全过程都离不开信息。决策的过程，实质上就是信息收集、加工、传递、反馈等循环往复的过程。因此，在决策的各个阶段乃至每一个环节上，秘书人员都要具有敏锐的信息意识，及时为决策提供真实、准确、系统、适用的信息，通过优质的信息发挥对领导活动的辅助力和影响力。随着信息社会和网络经济的发展，管理活动日趋科学化、广泛化、复杂化，决策对于信息的依赖和要求越来越高，秘书人员在强化信息观念的同时，还应提高信息工作的能力，拓展渠道，改善方法与手段，成为决策不可缺少的“耳目”。

3. 超前原则。无论哪种决策，都是对于未来行动的选择，因此决策的制定和执行都呈现出不确定性、可变性和风险性的特点。这就要求秘书人员在辅助决策的过程中，要树立超前意识，提高预见能力，做“事前诸葛亮”，而不是当“马后炮”。超前原则要求秘书做到：一要提前于领导者发现问题，提出决策课题；二要提前于决策制定而进行调查研究，提供信息支持和科学依据；三要提前于决策实施而清醒预见未来，拿出防范性措施。秘书人员要磨炼自己“先见之明”的本领，辅助领导者在决策中“先着不败”。

4. 系统原则。决策是一项系统工程，它要求决策者和决策的辅助者必须考虑到决策所涉及的整个系统以及与之相关的系统乃至构成系统的各个相关环节。秘书人员在辅助决策的过程中，要有全局观念和整体观念，要善于观察和把握决策中的大、小环境，了解各种关系的发展和变化，调动和协调各方力量为决策服务。

5. 谏诤原则。决策是一个复杂多变的动态过程，其结果关系到一个组织全局的、长远的、重大的利益。在一切失误中，决策的失误往往是最大的失误，所谓“一着不慎，全盘皆输”。秘书人员辅助决策要有实事求是的科学精神，一旦觉察到决策中的不足、过失等问题，要本着对领导、对事业负责的精神，及时向领导者进言，直言不讳地提出自己的观点和意见，切不可患得患失、知而不言。

总之，辅助决策的原则要求秘书人员在决策过程中，要善于收集和运用信息，富有超前意识和系统观念，认清并做好自己的本职工作，积极发挥参谋作用，推动决策的民主化、科学化。

（二）秘书部门辅助决策的有利条件

1. 秘书部门活动具有直接性。秘书部门和秘书人员居于领导集团和领导者近身，无论是反映情况、提出课题，还是综合材料、提出建议，都可以直接与领导者沟通或与领导者共同去完成，不需经过任何中介环节。

2. 秘书部门活动具有经常性。秘书工作者每日每时都要围绕领导活动的需要开展辅助工作。当领导者对某一政策或法律规定不够明了时，秘书就需提出可靠的政策依据或法律条文；当领导者对某一新事物尚未觉察时，秘书就需及时传输相关信息；当领导者在某一问题上举棋不定时，秘书就需分析利弊得失，积极地出主意、想办法。这种参谋活动的及时性、随机性较之智囊机构的“应约而行”，更为灵活、及时、便捷。

3. 秘书部门活动具有综合性。秘书部门是领导集团的综合办事部门，其辅助参谋活动是全方位、全过程和多功能的，既要在具体的日常工作中发现和研究问题，又要对决策目标实现的全过程进行辅助。由于秘书部门和秘书人员处于一个组织的枢纽位置，信息灵通，熟悉全面情况，了解领导意图，因而其辅助决策活动往往能着眼全局、富有成效。

三、秘书辅助决策各阶段的工作

（一）协助领导确定目标

目标的建立是整个决策的出发点和基础。任何决策都是为了解决一定的问题，达到一定的目标。目标必须明确、具体，其含义的理解必须是单一的。含义模糊、界定不明、理解不同的目标不但无益，而且有害。

发现问题是确定目标的前提。所谓问题，就是实际状况与理想状况之间的差距。如果不能发现问题，也就无须解决问题，决策也就根本无从谈起。对决策问题的确认，就是选定决策课题，协助领导者解决“要不要决策”和“决策什么”的问题。秘书人员应发挥的作用包括：

1. 从客观实际需要出发，提供决策课题，以触发领导者的决策思维。

2. 当领导者的决策思维尚处在朦胧状态时，主动提供决策信息，促使领导者决策思想的明晰化。

3. 当领导者对决策犹豫不定或踌躇不前时，主动研究相关问题的性质、特征、范围、价值等，协助领导者及时做出决断。

4. 秘书人员还要根据决策课题做好信息工作，主动为领导者决策提供各种依据，包括事实依据，即直接从实践中获取的资料、数据等一手材料；理论依据，即指导决策的一般原理、理论，制约决策的法律、法则，以及上级机关的指示、政策、规定等。

（二）协助领导设计方案

确定了决策目标之后，秘书人员辅助的重点转为设计各种备选方案，以供领导者选择。所谓备选方案，就是为实现决策目标而精心设计的各种方法和手段，它具有差异性和可选择性的特点。决策方案亦称决策方案报告，通常应包括以下内容：

1. 制定决策的依据。

2. 决策所要达到的目标。

3. 现有的各种社会、技术、管理等条件。

4. 实现目标的途径、方法等。

5. 可能出现的问题以及预防和解决办法。

秘书人员在参与设计方案的过程中要做到：

1. 运用系统论观点，综合考虑各种因素，切不可一叶障目、以偏概全。

2. 要进行严格的论证和细致的推导，不可忽略任何一个环节。

3. 要提出多种设想，进行综合比较，通过科学鉴别，选出最佳方案。

（三）协助领导评价选优

备选方案拟定并提出之后，秘书人员的主要任务是协助领导者对各种备选方案进行分析、比较、评估，进一步认识各种方案的优劣利弊，以便于领导者从中选出最佳的实施方案。评价选优常用的方法是比较法，即将各种不同方案放在一起，按照所确定的合理标准进行对比和论证，从中选出最佳方案。

（四）协助领导实施反馈

决策的实施，实施情况的反馈，是决策过程中的最后环节。在这一阶段秘书人员的辅助重点是：

1. 编制实施计划。决策方案只提出了目标和实现目标的基本途径，实施计划则是决策方案的进一步具体化，包括责任范围、目标指数、实施条件、进度与期限等。

2. 协助决策试验，即做好局部试验与试点工作。

3. 提供反馈信息。在决策执行的过程中，由于外部条件的变化或决策本身的不足，有时会偏离目标或者局部失误，这就需要把决策执行中的信息及时返送给决策中心，以便予以控制与调整。秘书人员要特别注意三类信息反馈：一是决策执行中的先进经验和做法；二是决策执行中的新情况、新问题和那些带有倾向性、苗头性的问题；三是决策执行中的偏差、失误及其成因。

一项决策完成之后，秘书人员还应对决策和辅助决策的全过程进行系统回顾、分析和评价，从中找出可资借鉴的经验和值得引以为诫的教训，这对于提高秘书辅助决策的能力、优化辅助决策的效果，都具有重要的指导意义。

四、秘书部门辅助决策应注意的问题

如果把领导的要求和需求作为一条线，即“要求线”，那么，另一条线就是工作人员为满足领导需要尽量贴近这条线的“追逐线”。这是形象化的说法。很可能是两种情形：一是贴近“要求线”；另一是离得远了，两者有不大不小的一点距离。一边是不断提高的要求和需要（个别时候也有偏低的），一边是为适应、满足这种需要而追逐、贴近。秘书部门辅助决策时就应注意按照秘书部门的职责和秘书工作规律做好决策辅助工作。

（一）认真研究领导意图

认真研究领导意图，是做好为领导服务的前提。

（二）尽量做到主动、超前服务

我们所说的领导意图，并非指领导者个人的与工作无关的兴趣、喜好，而是指领导根据形势、政策、任务和上级部署、群众意愿，希望达到的工作要求。比如领导打算做什么决策、发什么文件、开什么会、干什么事、接待什么人、传达什么精神、解决什么问题等。秘书掌握得越早越准，就越能主动超前服务。因此，秘书经常关心大局，研究上级精神和本单位实际，就有可能掌握领导的思维指向。

（三）注意对领导意图难点的掌握

掌握领导意图的难点，在于领导意图有时有意向的抽象性、表达的含蓄性、要求的变化性、集体意图的差异性和一定时期的保密性。如在一定的特殊场合，有些问题的意图，领导不是用文字甚至不用口头表达，而是以手势、眼神、语气来表达的。领导意图随着情况变化而变化的情形也是常有的。秘书应当做有心人，平时注意研究领导的思维习惯、处理问题的方法，并通过加强请示报告与采取先列预案等方法，在实践中设法尽量解决好这个难题。

案例研习

1950年7月21日，朝鲜人民军发起了洛东江战役。人民军第一军团在20天时间里，突破洛东江部分防线，第二军团已沿东海岸向南推进到浦项一线，从西、北两个方向把李承晚军和美军包围在釜山地区。金日成元帅宣布，8月份解放朝鲜全土，取得彻底胜利。美李军队则以洛东江为天然屏障，以釜山为依托。一时间，洛东江成了全世界关注焦点。美国报界一会儿说美军将撤往日本，一会儿说将派增援部队到朝鲜半岛。战局扑朔迷离。

作为周恩来总理军事秘书兼总参作战部副部长的雷英夫，每天都要向总理汇报情况，有时一天去三四次。8月23日晚，雷英夫召集了一个小型战情研讨会，参谋们讨论热烈，各有道理。雷英夫亮出自己的见解：美军下一步会搞登陆作战，可能性最大的登陆场就是仁川！

当天晚上，雷英夫就赶到西花厅向总理详细陈述了他的观点和6条理由。(1) 敌军现在洛东江地区集中了十几个师固守，那么狭小的地带挤满了兵力，不进攻又不撤退，目的无非是想吸引住人民军的主力。(2) 美军在日本原有两个师，近又成立新的机动兵团，既不驰援，也不布防，反而搞登陆训练，意欲何为呢？(3) 麦克阿瑟及侵朝美军二战中一直在太平洋进行岛屿作战，登陆是其拿手好戏。(4) 美、英等国正将好多舰队（包括登陆舰）向朝鲜方向调动，这些军舰显然不是为了解决供应问题。(5) 人民军压至洛东江后，使敌人形成密集防守，构筑了大量工事。这样的硬骨头看来一时啃不掉，而啃不掉还在那里啃，就有被敌人机动兵力反咬一口的危险，最险的就是被敌人从侧后袭击。(6) 朝鲜半岛地带狭长，战略补给线就是从北到南那么一条。现在人民军的补给线已经拖得很长了。而汉城是铁路、公路交通的枢纽。仁川距西海岸只有180公里，距汉城仅30公里，一旦登陆成功，拿下汉城，整个战局就会发生逆转。所以，朝鲜战局表面上很好，实际上很险，这一着棋不可不防。

周总理对此极为重视，又带雷英夫向毛泽东主席做了报告。主席听完后连称"有道理"，还询问了好多问题，包括麦克阿瑟的性格，雷英夫一一做了回答。毛主席和周总理当即决策采取三条紧急措施：(1) 命令东北边防军务必于9月底完成作战准备。(2) 将我们的判断尽快通知朝鲜和苏联。(3) 总参和外交部密切注视战情变化，随时报告。

1950年9月15日，7万余美军果然在200多艘舰艇、500余架飞机掩护下，在仁川强行登陆……

雷英夫，这位被毛主席称为"洛阳才子"的军事秘书，以其卓越的参谋能力，为我军赢得战略主动做出了重要贡献。

复习思考题

1. 秘书辅助决策有何意义？
2. 秘书辅助决策有哪些特征？应遵循哪些原则？
3. 简述秘书辅助决策过程。
4. 秘书发挥参谋作用应注意哪些问题？

实训题

[**实训4－1**]　某市政府办公厅秘书处长所带卫生工作调查组，在调查中了解并向市领导及时反映了一个紧急信息：有一批麻风病人从外省区流入该市，其中一个县就流入600多人。此信息引起了市领导高度重视。为了弄清真实情况，领导要求调查

组重新调查并落实这一情况。调查组进行了认真分析，认为麻风病是一种慢性传染病，不可能在短期内增加那么多麻风病人，外省区也不可能让这么多麻风病人到处流动。为了弄清情况，辨别信息真伪，他们又做了进一步调查，发现原来是有一些人为了骗取民政部门的钱物，假冒麻风病人流窜行骗。领导根据这一信息，及时采取得力措施，制止了这种现象。

1. 结合案例说一说秘书在调查研究中应如何发挥参谋作用？

2. 案例中调查组采用了哪些信息参谋方法？

——摘自：2005 年 10 月全国高等教育自学考试秘书参谋职能概论试题

[**实训 4－2**]　《三国演义》四十七回演绎了“庞统巧授连环计”这一参谋案例：本是刘备谋士的庞统，隐瞒身份进入曹营，针对曹操顾虑曹军不习惯水战、不便操练的心理，利用其自信、轻敌的弱点，向曹操献计将大小战船连锁，曹操欣然采纳。结果，在刘备与孙权联军的诈降火攻之下，曹军连锁的战船在风助火势之下，失去机动能力和优势，几乎全军覆灭。

1. 请指明庞统的这一参谋活动属于何种参谋形态类型？

2. 结合案例简要分析此种参谋形态类型的基本特征。

3. 鉴于此种参谋形态类型的特征与可能的危害效应，参谋者与被参谋者分别要吸取什么教训？

——摘自：2004 年 10 月全国自考秘书参谋职能概论试题

[**实训 4－3**]　通过对校内部分或全部班级学生学习兴趣的调查，为校长制定有关决策提出意见和建议。

[**实训 4－4**]　到自己所在地的政府办公厅（室）搜集几个政策决策过程的资料，结合所学知识进行分析，强化对所学知识的理解和掌握。

第五章

资料管理与文书处理工作

学习目标

通过本章学习，认识和掌握办公室资料工作的性质和有关管理制度；熟悉秘书人员资料工作的范围，养成随时注意收集资料的良好习惯，并能很好地利用资料为领导和工作的需要服务；认识文书处理工作在办公室秘书业务中的重要性，掌握文书处理工作的基本原则和要求，并能按规定的行文规则和办理程序对往来公文进行适当处理，能够做好文书的立卷、整理和归档工作。

导读案例

中秋误写成端午 四川XX市三干部丢官

9月9日，"XX市政府办公室关于2008年中秋节放假安排的通知"的内部传真明码电文中，竟出现了如下的内容："中秋节放假3天……节假日期间，各地各部门要妥善安排好值班和安全保卫工作……确保人民群众度过一个祥和平安的端午节。"明明是中秋节的放假通知，最后竟冒出端午节，2个错字遭到网友的质疑。

经过XX市委研究决定，责令该市政府办公室主任何XX停止反省。市政府办公室及时召开会议，对综合科科长王XX，副科长王X、何X作出免职的处理决定。

（摘自《扬子晚报》2008－9－18－A16版）

导读：从以上案例中，我们可以看到秘书办文工作中，不仅不能用错文种，就是每一个表达、用词，甚至标点符号都不能出错，否则轻则造成不良影响，危害组织的形象，重则可能带来严重的损失。所以，秘书在办公室文书工作中要养成认真细心的工作态度，请大家谈谈对此的体会。

第一节 资料管理

资料是人们在工作、学习、生活中积累的，经过整理后保存起来供领导决策参考或日后工作查考使用的有价值的材料。资料的收集和管理是秘书工作的重要内容，各级领导要实现正确决策和科学管理，在很多时候都依赖于秘书部门及时提供的准确、全面、有用的各类信息资料，因此做好资料的收集和管理是秘书部门发挥辅助决策作用的重要体现。

一、收集资料的种类和方法

（一）收集资料的种类和范围

资料是以材料为基础的，材料要经过整理才能成为资料。办公室面对的材料来自各个方面，它既包括表现为文字形式的书报、期刊、小册子、简报、汇编、图表、图纸，也包括现代科学技术所提供的声音、图像等材料，秘书人员根据本单位工作实际的需要和领导决策的具体情况，对手头上能收集到的材料加以选择和取舍，汇集起来成为资料。

这些资料可以分为部门资料、领导资料、群众资料；也可以分为内部资料、外部资料、历史资料、国际资料、现实资料等。它们来自于客观实践活动，是人们对实践情况所作的原始记录和真实反映，具有客观性；资料包含的内容极其广泛，具有广泛性；同时，资料的收集是为了供人们工作需要的查考之用的，又具有实用性；此外，资料还具有知识性、凭记性等特点。

办公室是单位信息材料往来交换的中心，它承担着为本单位各项工作决策提供资料支援的重任，因此办公室在收集资料的过程中要遵循全面、准确、适用的原则。从资料收集的范围上来说，凡是一切与领导的决策、与单位工作的开展、与自己的职能工作相关的、具有一定使用价值的材料，不论它是文字的还是音像的，都是资料收集的范围。

（二）收集资料的方法

资料是领导决策工作的依据。经常地、主动地为领导准备合适的经过精心选择收集的资料是秘书人员的日常工作之一。因此，作为一个秘书人员在日常工作中应随时随地地注意资料的收集整理工作。收集资料有如下途径：

1. 由于秘书部门在单位的特殊位置，资料首先是现成的来自于本单位内外发送来的各种文件材料，这时文秘人员所要做的就是把它们留心保存起来。

2. 对于一些比较重要的资料，本单位没有的，秘书部门可以利用与外单位交流访问、参观检查等机会主动向有关单位索取或有意识地与同行同类企业单位进行资料的交换。

3. 还可以通过订购书报刊物来获取所需的政策法令、指示、行情、本行业发展相关的科研动态等方面的资料。

4. 互联网更可让秘书人员足不出户而收集到大量资料。

以上四条是资料收集的途径，各种材料到手后并不能自然而然成为有用而且合用的资料，这时还需要文秘人员对它进行适当的处理，这就是收集的过程。

1. 对数量大、保存时间要求长的资料，如政策法令等可以用编制索引的方法以备查考。

2. 秘书人员对与本单位工作密切相关的、重要的资料可以进行精心选择，用摘录、概括、篇幅较短的照抄原文的方法制成卡片的形式，分门别类加以收藏。这种方法看上去可能较费时，但如果秘书人员平时注意一点一滴的积累，做起来也并不困难，而用起来却非常方便。

3. 对订阅的书报刊物上有用的资料可以随手剪贴，形成剪报，分别归类，并注明出处，查阅起来更是方便而且可靠。

4. 秘书人员面对的工作环境是一个信息量大、各种材料交流快的环境，秘书人员应养成随手做记录的习惯，这样也可以把日常工作中来往的大量信息记录下来成为有用的资料。

5. 利用计算机网络是新时代提供的一种更为方便快捷的收集资料的方法。

二、资料的整理和保管

资料的收集是为了使用，因此资料收集工作完成后接下来要做的就是整理和保管，其中中心的原则就是有用、合用。

（一）资料的整理

将收集起来的资料进行鉴别、筛选、加工编制，使之系统化、条理化，更适合于领导决策工作的使用，这个过程就是资料的整理。

1. 鉴别筛选。四面八方而来的资料必须进行鉴别筛选，才能去除杂乱无用或价值不大的，留下有价值的资料。这里首先要求秘书人员要对本单位各项工作比较熟悉，具备相当的政策水平和文化修养，这样才能在真假混杂的大量材料中鉴别出哪些是真实的、有效的，哪些是虚假的、无效的；然后要求舍得丢弃，不能因为这些材料是自己辛辛苦苦才得来的而舍不得丢弃。鉴别筛选的原则：首先选择与本单位工作密切相关的资料；其次是那些带倾向性、导向性的，能指导本单位工作方向的资料；再次是和当前国际国内形势密切相关的新问题、新情况、新经验。

为了保证所收集的资料准确无误，能切实对本单位的工作有所帮助，有时还需对所收集的资料进行相应的核实工作，比如有些数据资料。

2. 加工编制。这是一个对所收集资料进行分类、审核、选择、综合分析并加以适当编写制作的过程。只有经过这一环节之后，资料才能具备较高的质量，才能成为更为条理性的内容。

在这个加工编制的过程中，要注意处理好主要矛盾与次要矛盾的关系、质和量的关系、局部与全局的关系，只有抓住了主要矛盾，找出中心问题，才能解决工作中的主要问题，并且才能有利于领导的高瞻远瞩，做好全局工作。

（二）资料的保管

秘书部门将收集起来的资料进行整理后，无论是已经用过的，还是暂时未用的，都要采用一定的方法、按照一定的顺序储存起来，以利于日后更好的使用。

现代社会里资料信息的总量增加了，办公室资料的存储与检索的工作显得更复杂了，传统上存储资料的资料箱、资料柜当然仍可以使用，但如果能使用电子计算机来进行资料的存储和检索则更为方便快捷，秘书人员可以在平时收集资料的时候就开始发挥计算机的作用，对资料进行分项归类加以存储。

三、资料的利用

作为办公室文秘人员，广泛收集资料、认真进行整理加工和保管的最终目的是为了有效地利用、最大限度地发挥这些资料的作用。从秘书人员来说，这种对资料的利用，是为领导决策提供适用的资料，注重提高资料的利用率；从领导来说，是要充分重视使用这些来自于社会实践的资料，进行思想观念的更新。

（一）编辑参考资料

秘书部门向领导提供的资料应适时、适用、适当，因此并不是资料越多越好，为了更好地发挥资料的作用，避免过多、过滥的资料对领导的管理和决策发生不利的影响，秘书人员要对资料进行适当地编辑，以适当的方式在内部刊物上登载，向各级领导们提供，这些经过编辑的资料以“简报”“快讯”等形式出现，更有利于领导的阅读和利用。另外，在工作过程中，秘书人员还可以充分利用自己掌握的资料，在为领导起草文件、撰写文稿中发挥作用，甚至还可以从单位利益出发，把有关资料编辑成新闻稿件在报纸、广播、电视、网络上予以发表，以扩大影响，指导工作。

（二）外借

秘书部门经过收集、整理、加工、编辑好的资料应妥善保管，但这并不是说存封起来、概不外借。实际上交流阅读才是发挥这些资料的作用。因此秘书部门应建立相关的借阅制度，根据不同资料的保密等级，弄清借阅的范围，借出与归还还要建立登记制度，以弄清相关资料的去向。此外，有的资料可以通过新闻发布会、资料陈列等形式向有关方面提供。有时有的资料还可以以有偿服务的形式向社会提供，这对提高资料的利用率，发挥其更大的经济效益有很大作用。

（三）阅览

在单位内部主要向领导提供的资料，可以由秘书人员根据需要直接呈送领导阅览，也可以专门开辟一个供领导阅览有关资料的空间，及时、准确地把有用的资料呈现在领导面前。有条件的单位还可以建设局域网，通过计算机网络及时地把有关资料传送到领导的计算机里。

第二节　文书处理

这里文书指公务往来的各种文件，它是传达贯彻党和国家方针政策，发布行政法规，请示和答复问题，指导和商洽工作，汇报情况和交流信息、商务往来的重要工具。不仅国家党政、行政机关需要它，而且几乎一切团体、企事业单位都离不开它。文书处理工作是单位秘书部门的一项日常性、基础性的重要工作，也是办公室资料工作的重要组成部分。

一、文书处理工作及其特点

（一）什么是文书处理工作

文书处理工作（有时也称为文书工作）简单地说就是企事业机关单位之间来来往往的文件的

具体办理，它是各单位各部门贯彻执行党的路线、方针、政策，协调各单位各部门上下左右关系、辅助领导处理日常工作和作出决策、提高单位工作效率、商务往来的重要手段。

在不同单位里，文书处理工作的组织有不同的构成。一般来说，按《国家行政机关公文处理办法》规定，由秘书部门或专门配备的秘书人员负责。职能范围大、工作较多的单位通常会设有专门机构负责文书处理；职能范围小的单位可不设专门机构而只安排专职或兼职的文书人员负责文书处理。基本任务包括文书的收发、分办、传递、用印、立卷、归档和销毁几项内容。

（二）文书处理工作的特点

由于文书往往较强地反映了党和国家的现行法律政策，对单位工作甚至社会政治经济生活秩序都有较大影响，因此文书处理工作具备以下几个方面的特点：

1. 政治性。文书是在阶级、国家出现后产生的，它作为管理国家、组织和发展社会生产的重要手段，直接和间接地反映国家政权的性质和根本利益，具有鲜明的政治性，秘书部门对文书的处理工作首先也就要体现文书这种鲜明的政治性。

2. 时限性。各单位各部门之间的文书来往都是社会生产及时需要的，这就要求文书的办理必须及时迅速，具有严格的时限性，否则就会耽误工作，影响文书效用的发挥。

3. 机要性。文书及文书处理有时反映的情况具备一定的机密性，根据实践情况以及国家有关政策不能或暂时不能公之于众，这就需要秘书部门掌握相应的政策，遵守有关保守秘密法的规定，做好保密工作，体现文书处理工作的机要性，更好地杜绝各种失密、泄密的因素，避免给国家带来种种危害和损失。

4. 规范性。文书的制作有法定的作者、特定的格式，这是文书体现国家法律政策的性质所决定的，因此文书在办理的时候也要遵守严格的办理程序，体现相应的规范性，这样才能保证文书在发挥效用时的法规和准绳作用。

因此，承担文书处理工作的秘书部门和秘书人员应忠于职守、廉洁正派、能保守国家秘密，具备相关专业知识，能按国家有关政策处理文书收发工作。

二、文书处理工作的重要作用

文书处理工作体现了单位的行政管理，具有较强的政策性、业务性和技术性。做好文书处理工作在单位工作中具有重要意义。

（一）助手作用

秘书部门严格、科学的文书处理工作，可以使文书得到及时正确地处理，可以有效地帮助领导从文山会海中解脱出来，使领导能够有更多的时间和精力深入基层调查研究，做出更有利于工作的决策，提高单位的工作效率。

（二）纽带作用

文书的来往和处理承上启下，沟通内外。通过文书的传递处理，可以把上级有关政策方针、工作意图传达给下级，也可以把下级在具体工作中发现的问题和情况及时反映上来，还可以加强各单位各部门之间的协调配合，相互促进，充分发挥各单位的职能作用，共同促进整个社会向前发展。

（三）考查作用

每份文书都反映了制发机关的意图，各单位各部门的工作有一个延续性，并以文书为依据贯彻执行。因此，通过有效的文书处理，可以保证工作开展的有效性和连续性。

三、文书处理工作的基本原则和要求

2000年8月国务院发布的《国家行政机关公文处理办法》第四、五条规定："公文处理应当坚持实事求是、精简、高效的原则，做到及时、准确、安全。""公文处理必须严格执行国家保密法律、法规和其他有关规定，确保国家秘密的安全。"要完成文书处理的任务，必须要遵守文书处理的有关原则和要求。

（一）及时

这是文书处理的时间要求。文书具有领导和指导作用，因此文书的处理必须及时，做到不积压、不拖延、不误时、不误事，保证党和国家的方针政策能够及时地贯彻下去，同时下面的情况能够很快地反映上来，使工作中出现的各种问题能得到及时的处理和解决。要做到及时必须：

1. 明确规定文书处理的时限，并加强监督检查。
2. 严格区分各单位各部门的职责范围和任务分工，杜绝造成扯皮推诿的可能性。
3. 精简机构，减少文书审批的程序。
4. 建立层层负责的责任制，明确各自的责任。
5. 加强经办人员责任心，提高其素质，保证文书办理的效率。
6. 充分利用现代科学技术提供的先进技术手段，加快文书运转的速度。比如可视电话、传真、互联网等。

（二）准确

这是文书处理的质量要求。文书的处理必须注意准确的问题，因为只有注重了文书的准确性，才能更好地体现党和国家政策的精髓，也才能实现文书对下级工作的指导作用。秘书部门在收文、发文的过程中都要严把质量关，不仅从语言文字上注重规范型、准确性，在文书传递的环节中也要提高相关人员的质量意识和责任心，准确及时地投送，以免使文件失去时效性，影响工作的开展。

（三）安全

这是文书处理的特殊要求。这里所讲的安全包括物质上的安全和政治上的安全。文书处理中物质上的安全就是要保证文书不受损坏。平时要养成爱护文书的好习惯，比如不随意丢放、不随手折叠，做其他事情时要注意避免玷污了文书。另外文书的纸张一般要用较好的，书写打印的墨汁都应是高质量的，以免时间长了字迹发生模糊，影响文书的质量；政治上的安全是指要确保文书所反映出的国家机密不泄漏，这就要做好文件的保管工作，防止丢失。此外秘书部门还要能分清哪一级的文件可传阅到哪一级，即该谁阅、该谁办就应送谁阅、送谁办，不应阅读、不应办理的人，就严格不让接触。

第三节　文书办理程序

文书办理程序是指在一个单位内部，由相对独立、相互联系、依次衔接并相互制约的一系列工作过程所构成的文书处理系统。《国家行政机关公文处理办法》第二十四条规定："发文办理指以本机关名义制发公文的过程，包括草拟、审核、签发、复核、缮印、用印、登记、分发等程序。"第三十条规定："收文办理指对收到公文的办理过程，包括签收、登记、审核、拟办、批办、承办、催办等程序。"下面分别从行文规则、收文办理程序和发文办理程序三个方面做一些介绍。

一、文书的行文规则

（一）文书的行文关系

各单位制发的文件，都要注意行文关系。行文关系就是在行文中体现的各种组织之间因为法定职责和权力分工所形成的一种相对固定的关系。比如政府各部门在本部门职权范围内，可以互相行文，可以向下一级政府的有关业务部门行文，也可以根据本级政府授权和职权规定，向下一级政府行文。行文关系明确了也就明确对哪些组织应用哪种方式行文，这是对文书运行实施管理的基础。

（二）文书的行文方式

以文书发出组织作为出发点，就发文组织与收文组织之间的职务级别关系所认定的文书运行方向叫做行文方向，一般来说，文书的运行方向有四种：

1. 上行。即文书向发文机关的上级组织（包括直接隶属上级组织、间接隶属上级组织及业务主管上级组织）运行，这种文书叫做上行文。

2. 下行。即文书向发文机关的下级组织（包括直接管辖的下级组织，间接领导的下级组织及业务上有指导关系的下级组织）运行，这种文书叫下行文。

3. 平行。即文书向发文机关的同级组织（包括隶属于同一系统的同级组织和无隶属关系的同级组织）运行，这种文书叫平行文。

4. 泛行。即文书向广大社会公众公布，或向发文机关的上级组织、平级组织、下级组织同时运行。

弄清行文方向就能在发文时选择适当的行文方式，比如是单独行文还是联合行文，还可以在此基础上选择是逐级行文、越级行文还是多级行文。只有准确适当的行文方式，才能使文书运行做到有的放矢，发挥文书应有的作用。

（三）行文规则的主要内容

综合以上所述行文关系、行文方向以及行文方式等有关制度，形成了《国家行政机关公文处理办法》第十三条至第二十三条的行文规则。

1. 行文应当确有必要，注重效用。

2. 行文关系根据隶属关系和职权范围确定，一般不得越级请示和报告。

3. 政府各部门依据部门职权可以相互行文和向下一级政府的相关业务部门行文。除以函的形式商洽工作、询问和答复问题、审批事项外，一般不得向下一级政府正式行文。

部门内设机构除办公厅（室）外不得对外正式行文。

4. 同级政府、同级政府各部门、上级政府部门与下一级政府可以联合行文；政府与同级党委和军队机关可以联合行文；政府部门与相应的党组织和军队机关可以联合行文；政府部门与同级人民团体和具有行政职能的事业单位也可以联合行文。

5. 属于部门职权范围内的事务，应当由部门自行行文或联合行文。联合行文应当明确主办部门。须经政府审批的事项，经政府同意也可以由部门行文，文中应当注明经政府同意。

6. 属于主管部门职权范围内的具体问题，应当直接报送主管部门处理。

7. 部门之间对有关问题未经协商一致，不得各自向下行文。如擅自行文，上级机关应当责令纠正或撤销。

8. 向下级机关或者本系统的重要行文，应当同时抄送直接上级机关。

9. “请示”应当一文一事。一般只写一个主送机关，需要同时送其他机关，应当用抄送形式，但不得抄送其下级机关。

“报告”不得夹带请示事项。

10. 除上级机关负责人直接交办的事项外，不得以机关名义向上级机关负责人报送“请示”、“意见”和“报告”。

11. 受双重领导的机关向上级机关行文，应当写明主送机关和抄送机关。上级机关向受双重领导的下级机关行文，必要时应当抄送其另一上级机关。

遵守行文规则是文书运行畅通无阻、有条不紊的制度保证，秘书活动中要保质保量地完成文书管理的任务，就必须遵循这些规则，运用时既要严格遵守，又不能刻板教条，随着社会的发展，行文规则也要不断更新，这样才能最有益于实际的运用。

二、收文办理程序

收文办理的程序包括传递、签收、登记、分发、拟办、批办、承办、催办、查办、立卷、归档、销毁等程序，下面对主要环节加以介绍。

（一）签收、拆封和登记

签收是指接收文件时收件人在送件人的文件投递单或送文簿上签字或盖章，以表示收到，这是收文的第一步，目的是明确接送双方的责任，保证文件运行的安全可靠。签收的方式可以有多种，如签字、盖章、打收条等，但切记不可口头承诺，因为口头承诺是无效的。签收时要细致认真，收文人在签收前要进行认真的核对，首先要核对所收文件的袋数、件数是否与文件投递单或送文登记簿上的相符合；其次要核对所收文件送文单上注明的收文单位或收文人是否与本单位相符；最后要查对封签编号是否与投递单或送文簿上的登记相符合，检查封签或文件包装是否有破损、开封等现象。以上情况如果不符，应本着认真负责的态度弄清原因、及时处理。

拆封是收文的第二步，不是签收人能随意进行的。根据有关规定：凡封面写明送本单位、本部门收启的来文，签收人可以拆开；凡封面写明本单位领导同志“亲收、亲启”或领导同志姓名的来文，应交领导本人拆封，只有领导同志明确委托拆封的，才可拆封。拆封过程中还要注意保护封内文件的完好，并把封内文件取净，避免将文件、附件等遗留在封袋内，最后拆封取出的文件要单独放置，不要同已处理的文件混放在一起，未登记前，不得借阅任何人。

登记就是将所收需登记的文件，记载入册的工作，它的作用在于有利于管理和保护文件，以及便于对文件进行查找、统计和催办。登记前首先弄清哪些文件需要登记，哪些无须登记，凡上级来文、下级请示、同级呈送、“三密”文件材料均需逐一进行登记。登记可采用簿册式、卡片式、联单式、电脑登录式等方法，分类进行。登记的内容包括收文序号、收文日期、来文单位、文件标题、文号、密级、份数、分发单位及其份数、领导批示、承办情况、催办情况、终结处理、归档号以及备注等。

（二）分发和传阅

分发是指收文登记后，即把收到的外单位来文区分不同情况送给领导批阅，或转给有关职能部门处理。文书的分发应准确、及时，否则会延误工作。具体分发人员如果不清楚由哪个部门承办的文书，应送秘书部门负责人阅分。

传阅是指单份或份数较少的文件，按领导批示意见需经多位领导人和有关部门传阅时，由文书人员组织在他们中间先后传递阅读的工作。秘书人员要对此项工作合理调度，认真管理，对需传阅的文件及参加传阅的人员要分清主次先后顺序，一般优先分送给主要领导人、主管负责人和主管业务部门阅读，有利于对问题进行及时处理。组织传阅的方式可以以文件立户、以人立户，也可以在有条件的情况下设专门的阅文室，把需要阅文的领导及有关人员请到阅文室阅文。

（三）拟办和批办

拟办是指秘书部门或有关业务部门对所收文如何处理提出的初步方案和建议，供领导人在决策时参考，这是发挥秘书人员的参谋助手作用、减少领导决策时时间精力消耗、提高工作效率的有效措施。拟办不是每份来文必经的环节，一般上级机关主送本单位并需要贯彻落实的文件，本单位各职能部门送来的请示性文件，所属单位送来的并需答复处理的请示性文件，平行或不相隶属的机关主送本单位并需办复的商洽性文件，才需提出相应拟办意见。有关人员在提出拟办意见时要认真阅读来文，抓住主要的问题有针对性地提出简明扼要的处理方案和理由，明确哪个部门主办，哪个部门协办，哪些领导阅批，哪些领导阅知，并将与文件有关的资料一并附上，以供领导参考。

批办是单位领导人对呈送的文书或相应拟办意见，提出的执行或办理的原则与方法。作为单位领导，无论来自何级单位的文书，只要是需要办理或答复的，均应明确、及时地给出批示意见，这些意见包括根据文件内容指出承办部门或承办人、答复的意见、处理的原则、方法、时间和需注意问题，对需要几个部门联合承办的工作，须指明主办和协办；对已有拟办意见的，应批明是否同意或有否修正意见。

（四）承办、催办和查办

承办是指有关部门或人员根据领导对收文的批示意见，对文件内容的具体执行。这一环节是文书处理的核心环节，因为文书只有通过承办才能发挥作用，达到行文的目的。对秘书部门来说承办主要是对需要办复的文件的承办，也就是草拟复文的工作。

催办是指对需要办理并已定下办理部门的事情，适时加以询问催促。分为两个方面：一是对内催办，即针对收文，对本单位各承办部门或承办人的工作进行催办；一是对外催办，即针对本单位的发文，向受文单位进行催询。催办的方法主要有电话催办、发函催办、登门催办、请承办部门来人汇报等四种方法。作为秘书部门的催办人员应明确催办的范围，严格按规定办事，及时提醒承办人员在规定的时限内把事情办完，保证圆满完成领导批示的事项。

查办工作往往与催办工作结合在一起，是对承办部门或人员办理文书情况的检查，并对执行情况，根据有关规定制定相关奖惩制度，以进一步保证工作的顺利完成。

三、发文办理程序

发文办理程序一般包括拟稿、审核、签发、缮印、校对、用印、登记、分发、立卷、归档、销毁等程序。

（一）拟稿、审核与签发

拟稿又称撰稿，指的是形成一份正式文件之前的撰写（包括修改）文件草稿的文字工作。这一环节不仅重要而且复杂，因为它既是一项政策性、思想性、业务性都很强的工作，又是一项很细致的文字工作，也是能综合体现文秘人员素质的重要工作。一般来说，一个单位日常事务文书可以由文秘人员或有关业务部门，在了解情况的基础上直接按有关文件格式要求撰写就可以了。而某些重要的具有指导意义的文件，则需主要领导人或文秘部门负责人根据有关政策决议进行撰写，因为这时的文件需要体现某些政策，对工作具有指导作用。总之，拟稿要求依据相关国家法律、法规和有关方针政策，情况确实、观点明确、条理清楚，符合文体写作的基本要求。

审核是文件稿拟好后，送有关领导审批签发前，由秘书部门执行的对文稿内容、文字、格式等方面进行的审查与修正。审核工作一般由秘书部门负责人或指定的经验丰富、文字水平较高的秘书负责。审核工作的主要内容有：是否需要行文，以什么样的名义行文；文件内容是否有与党和国家的方针政策相抵触的地方；是否存在有需要和其他地区、其他部门相协调的内容；文件中针对解决问题所提出来的要求和措施是否明确具体、切实可行；文件的草拟是否符合有关手续，文件的结构、条理、格式、语气、文种的使用等是否恰当。审核中如果发现有以上不妥当之处，可以用修改（秘书部门直接修改或退回原拟稿的业务部门修改）、补办有关手续等方法进行处理。

签发是文稿审核后送有关领导人，领导人在审阅后认为确应发出所作的批示和签字。签发是一个单位领导人行使职权的一种表现，一旦经领导签发的文件即成定稿。由于领导者对所签发的文件从政治、法律到文字负有全部责任，因此签发者要认真审阅，从内容到文字都应严格把关，并要严格根据自己的职责范围不越权签发。根据《国家行政机关公文处理办法》第二十八条规定“以本机关名义制发的上行文，由主要负责人或主持工作的负责人签发；以本机关名义制发的下行文或平行文，由主要负责人或者由主要负责人授权的其他负责人签发。”其他企事业单位可以参照这一规定执行，也可适当放宽签发的条件。

（二）缮印与校对

缮印是指将领导签发后的文件定稿制成正本的工作，这时文件的运转进入了制发阶段，文件经过缮印和校对，才成为正式文件。“缮”是誊抄缮写，“印”是打字、打印、排印、复印等。制文件正本用“缮”还是用“印”要根据所需文件份数的多少，但不管多少，缮印中都必须要做到认真负责，没有错漏，按文书格式进行，注意页面的美观大方，字迹要清晰工整，装订整齐，还应注意保管底稿。

校对就是认真核对缮印后的文稿与底稿是否一致，它是保证文件质量的重要环节。一般校对工作要进行复核，有的重要文件甚至三核四核，以保证准确无误。在校对中，核对人员如果发现原稿有疑问、错误或不妥之处，不能随意自己修改，而应与有关拟稿部门联系。在有的小型单位也可安排拟稿人直接校对。

（三）用印、登记与封发

用印是指在印好的文件上加盖单位的印章，这是单位职权的一种凭证和标志，文件只有加盖了印章才是有效的。除发出的文件要盖章外，存档的正本也要盖章，以此说明文书已正式发出。印章要盖在发文单位和成文日期上，印迹应端正、清晰。

登记是文件发出前的一道手续。任何文件在发出之前都要进行登记，登记的内容有编发文号、记载发文范围、印制数量、发文时间、发出方法等。登记的形式既可用卡片式、活页式，也可用账簿式，因为机关发文登记簿是要永久保存的，所以要求登记时字迹清楚，详记有关内容。

封发是装封和发出两个环节，是指文件印制后按照登记的范围进行装封和发出。装封时要注意清点文件份数，看是否漏盖印章或张冠李戴，把一个发文单位的文件装到了另一个封袋里。检查完毕把封袋封口后根据文件密级，在封袋两头中间帖上密封笺，然后文件就可发出了，发出的过程主要是要注意既快又安全。

第四节　文书立卷工作

文书立卷与归档的工作是文书处理的善后阶段，也是文书处理中不可忽视的重要组成部分，它们的主要任务是将收发的文件进行整理保存，是办公室资料管理工作的重要组成部分。

一、文书立卷及其意义

（一）文书立卷与案卷

文书的立卷是文书办理完毕后，承办人员根据文书立卷的要求，把有价值的公文原稿和有关材料整理好，送交有关部门保存的过程。通过立卷可以使零散的文件组成一个案卷，因此立卷是工作过程，案卷是工作结果，是有关某一问题或某项工作的相互联系的、经过系统整理的文件组合。

（二）文书立卷的范围

文书立卷的范围一般是指本单位在经营管理活动中形成和使用的、办理完毕的、具有参考价值的收发文件。包括各种电传、电报、会议文件、内部文件等文字材料，也包括图表、照片、录音录像带等图片资料。

（三）文书立卷的意义

文书立卷工作是把现行文件转化为档案的关键性步骤，它的重要意义表现在四个方面：一是保证文件的完整与安全，便于保管；二是可以保持文件之间历史性的内在联系，便于检索和查找，有利于发挥文书的凭证和参考作用；三是真实反映工作的进程和单位的面貌。四是为档案工作奠定基础。

二、文书立卷的原则与方法

（一）文书立卷的原则与要求

文书立卷的原则是以党和国家有关方针政策作为指导，按照文书形成的规律，保持文件之间的内在联系，要真实地反映各项工作开展的历史原貌。要求一项工作为一卷，便于管理和检索。

（二）文书立卷的基本方法

1. 根据文件的特征，分析文件之间的主要联系，编排案卷类目，进行立卷。

2. 区分文件的保存价值，确定不同的保管期限，区分期限立卷。

这其中每一种方法都需要经过诸如汇总文件、分门别类、组卷、定卷、编目、封皮、排列编号等具体操作步骤。

三、文书立卷的准备工作

（一）立卷类目的编制

立卷类目的编制就是在上一年的年终或当年年初预先编制出归卷类目。它由类和目两部分构成，是根据单位工作的职能范围、机构设置和当年的工作任务，预计一年内可能产生的文件，参照往年的案卷类目而拟定出的立卷计划。这是立卷工作的第一步。

（二）平时归卷工作

在有了预先编制的案卷类目后，立卷人员在日常工作的过程中随时把处理完的文书按它们的属性归入相关类目内，既利于年终定卷，又利于平时的查找利用，这就是平时归卷工作。

四、案卷整理与归档

（一）案卷的组合

平时按类目分类的文件到了年终按立卷的原则和方法，经过必要的调整，把有关的文件组合在一起，使之成为一个个符合要求的案卷，这就是案卷的组合。

（二）编目成卷工作

文件经过相应处理归类立卷以后，组成一个个案卷，案卷经过审核以后就要把卷内文件进行编号，以固定卷内文件的总体位置，这就完成了成卷的工作。

（三）案卷目录的编制

经过编目成卷形成的案卷，需要在案卷前面填写卷内文件目录，在案卷末尾填写“备考表”，并由立卷人和检查人签字，在上述工作完成后，还应进行案卷排列，填制案卷目录，也就是案卷登记簿。案卷目录的编制其实就相当于文件检索工具的编制，它可以由文书立卷人员编制，也可以由档案部门通盘组织，目的是方便保存与查找。经过系统化排列编号的案卷，必须在案卷目录上登记，项目有：卷号、文书处理号、案卷标题、卷内文件起止日期、卷内文件份数、保管期限、备注等。

（四）案卷的归档

根据国家的有关规定，我国的档案实行集中管理。归档就是指文书部门将办理完毕的文件整理立卷后，定期移交给指定的档案部门集中保管。归档是文书工作的最后一个环节，也是档案工作开始的第一个环节。

凡是能反映本单位的职能活动或具有保存查考价值的文件都须归档；归档的时间要求是定期归档，一般在第二年的上半年；所有归档的文件均应经过整理、立卷、编目和装订，并须编制案卷目录作为移交清册，以保证资料的齐全完整。

案例研习

案例5-1： ××省政府办公厅收到《国务院关于发布〈国家行政机关公文处理办法〉的通知》文件一份，以下是收文处理程序：

（一）收文登记，填写登记单。

××省政府办公厅收文登记单

来文单位	国务院		发文日期	2000年8月24日	
发文字号	国发［2000］23号	密级		份数	1份
文件标题	《国务院关于发布〈国家行政机关公文处理办法〉的通知》				
附　　件	《国家行政机关公文处理办法》				
收文日期	2000年9月1日		收文编号	第30号	
承办单位	省政府办公厅		处理情况	下转有关单位	

（二）送有关领导人传阅，填写文件传阅单。

××省政府办公厅文件传阅单

收文号：30号　　　　收文日期：2000年9月1日

来文单位	国务院	来文字号	国发［2000］23号
来文标题	《国务院关于发布〈国家行政机关公文处理办法〉的通知》		
处理意见	下转有关部门执行		
传阅人	阅后签名	传阅人	阅后签名
	年　月　日		年　月　日
	年　月　日		年　月　日
	年　月　日		年　月　日

（三）根据文件性质，执行办理，填写收文处理单，以便立卷归档（这份文件就是指导国家行政机关公文处理部门如何处理公文的，所以不存在拟办、催办等过程）。

××省政府办公厅收文处理单

来文单位	国务院		
发文日期	2000年8月24日	发文字号	国发［2000］23号
事　　由	关于发布《国家行政机关公文处理办法》的通知		
附　　件	《国家行政机关公文处理办法》		
收文日期	2000年9月1日	收文编号	第30号
拟办与批办	转发各有关部门遵照执行。		
办理结果	已转发。		
归档日期	2000年9月25日	文书处理号	第45号

案例5－2：　××矿业有限责任公司根据工作需要拟发一份《关于委托代培5名管理干部的函》。根据发文程序需经过填写发文单、拟稿、签发、登记、分发、立卷、归档等过程。

（一）填写发文单

××矿业有限责任公司发文单

发文日期	2009年12月15日	发文字号	×矿字［2009］135号
主　送	××省经济管理干部学院		
抄　送	××省矿产管理局、××省人事厅		
事　由	委托代培管理干部	主办部门	××矿业有限责任公司
附　件		经办人	李明

（二）拟稿、成文：

××矿业有限责任公司文件

×矿字［2009］135号

关于委托代培5名管理干部的函

××省经济管理干部学院：

近年来，我公司业务发展迅速，管理干部出现明显不足，现根据我公司的实际情况，决定委托贵院代为培养青年管理干部5名，为期1年，系统学习现代企业管理知识，以胜任管理岗位的需要，费用按省物价局的有关规定执行。

请予协助。

二〇〇九年十二月十五日

（印章）

抄送：××省矿产管理局、××省人事厅

（三）做发文登记并验印、装订、分发。

××矿业有限责任公司发文登记表

文件标题	关于委托代培5名管理干部的函		
发文字号	×矿字［2009］135号	发文日期	2009年12月15日
发往单位	份数	发往单位	份数
××省经济管理干部学院	2	××省矿产管理局	1
××海关	1	两西指挥部	1
××行署	1		
备　注			
归档日期	2009年12月20日	归档文号	第50号

复习思考题

1. 办公室资料管理主要体现在哪些方面？
2. 做好文书处理工作有什么意义？

3. 文书处理工作的基本原则和具体要求是什么？
4. 文书的行文规则主要内容有哪些方面？
5. 发文办理程序有哪些？
6. 收文办理程序有哪些？
7. 拟办和批办有什么样的不同？
8. 文书立卷工作有何重要意义？
9. 文书立卷工作的基本方法是什么？
10. 立卷类目的编制有何意义？

实训题

［实训 5－1］　作为省政府办公厅秘书，对所收《中共中央、国务院关于防御特大洪水的紧急指示》做收文处理。

［实训 5－2］　××市工商局收到《××省人民政府关于进一步打击假冒伪劣产品，切实保护消费者权益的通知》文件，模拟工商局办公室秘书对这份文件进行收文处理。

［实训 5－3］　假设你是××电器有限责任公司办公室秘书，请根据以下内容办理向××电器集团公司董事会的请示的发文程序：

××电器有限责任公司原产的模拟电视机不再能适应人民生活水平提高后的市场需求，产品积压、公司亏损，现拟用 120 万美元从日本××电气株式会社引进一条目前较先进的数字电视机生产线。其中，自筹资金 50 万美元，其余 70 万美元向工商银行贷款。

［实训 5－4］　××保险股份有限公司即将召开年度工作总结会议，总公司办公室根据以下材料向有关与会单位和个人发文。

1. 开会地点：××市××宾馆（明光路 167 号）5 楼会议室。
2. 开会时间：12 月 25 日至 28 日，24 日下午 3 时至 5 时报到。
3. 应带材料：各分公司年度工作总结及相关数据资料。
4. 分公司经理以上干部参加。
5. 会议内容：除总结工作外，将提出下一年度工作要点。

［实训 5－5］　分别对案例 5－1、5－2 提供的收文、发文做立卷、归档处理。

［实训 5－6］　到各种不同性质单位的办公室，结合所学知识见习文书处理的全过程。

［实训 5－7］　假设你是学校办公室秘书，以本学期举办的校运动会为对象，收集、整理相关资料，并进行立卷、归档，以迎接省里的学校体育卫生工作检查。

第六章

会务工作

学习目标

通过本章学习，了解会议会务工作的任务；掌握会前、会中、会后会务组织工作知识；熟练撰写几种主要会务文书。

导读案例

在某地一次地方和驻军联合召开的表彰会上，颁奖仪式正在进行。盛装的礼仪小姐在热烈的乐曲声中鱼贯出场，手捧奖品交给在主席台前排就座的领导同志准备颁奖。不知是太紧张还是太疏忽，有一位礼仪小姐竟然没有紧跟上，把应交给前面的一个部队首长的奖品，却递给了下一个位置的地方领导。而排在队伍末尾的礼仪小姐却为送不出奖品而惊慌失措，逃回后台。手上没有奖品的部队首长左顾右盼，未见礼仪小姐再送奖品，此时上台领奖的人又已登台，首长急得面红耳赤，最后干脆离席退场。由于少了一位颁奖人，领奖的人上台后，发觉没有领导给自己颁奖，只好尴尬地跑下台。而由于原定的颁奖顺序打乱，领导手拿奖品却找不到来领奖的人。一时间，你问我，我问他，他跟我换位置，他跟我换奖品，主席台上一片混乱，表彰会应有的庄严、隆重、热烈的气氛被这个小差错一扫而空，而且还造成了不良影响。虽然事后地方领导和会务工作人员一再向那位部队首长赔礼道歉，但此事始终都给双方心里留下了一个遗憾的阴影。

导读：会议组织是一项琐碎复杂的工作，需要秘书人员细心周到的安排。结合案例谈谈你的认识。

第一节　会务概述

一、会议概述

（一）会议的定义

会议的词面实际已包含了会议的定义。“会”是会合、聚合；“议”是商讨、商议，“会议”就是大家会合在一起商讨事情。确切地说，会议是人们有组织、有计划、有领导地商议事项的集会。

现实中还有以会议名义出现的另一种形式，如全国人民代表大会、联合国大会、安全理事会等。这实际是一种经常商议并处理重要事务的常设机构。我们主要研究前一种。

会议的形式古已有之，经过社会几千年的漫长发展，已成为现代社会开展政治活动、经济活动、文化活动和其他活动的重要方式之一。

（二）会议的构成要素

1. 从形式上看，有会议名称、会议时间、会议地点、会议主持者、会议参加者、会议主题、会议的方式方法、会议的结果。

2. 从内容上来看，有指导思想、会议目的、会议任务、会议作用。

3. 从程序上来看，有会议的准备工作、会议的开始工作、会议的正式进行、会议的结束工作、会议决定的贯彻执行。

（三）会议的种类

1. 根据会议的性质划分，主要有八种类型，分别为：

（1）代表性会议。即按照法定的程序定期召开，听取审议有关工作报告，制定颁布法律、法规、条例，选举产生新一届领导班子等重大事项而召开的会议。如各级党代会、人代会、工会代表大会、职代会等。

（2）领导办公会议。即按照规定的办公制度定期召开研究决断日常工作中重大事项的会议。会议的周期、参加人员、会议地点相对固定。如各级领导机关的领导办公会议、常务会议、董事会议、厂长经理办公会议等。

（3）庆典性会议。即为纪念重大历史事件或人物，为庆祝重要的节日、纪念日而召开的会议。也包括联欢会、茶话会等。

（4）总结交流性会议。即在某项工作进行到某一阶段或者宣告结束之后，有关领导机关为总结工作、评比先进、交流经验而召开的会议。

（5）座谈恳谈性会议。即为了发扬民主，听取各方面意见或交流与沟通思想而召开的会议。

（6）洽谈、谈判性会议。主要指为进行商业贸易或工程招标等经济性活动，围绕合同、协议等有关事项召开的商讨性会议。

（7）礼节性、招待性会议。包括各种会见、招待会、酒会、宴会等。

（8）商品展销展示性会议。包括各种展览会、展销会、定货会、博览会、交易会等。

2. 依据会议的形式划分，主要有十一种类型，分别为：

（1）工作会议。工作会议是处在特定管理层次的管理人员就职权范围之内的工作问题，按照民主集中制原则，共同商讨、互通情况、做出决定的会议。常见的部务会、厅务会及各种形式的办公会均属这种类型。

（2）座谈会。由特定的组织或个人出面就某一或某些问题召开有关人员进行征询和交流意见的会议。

（3）恳谈会。在融洽宽松的气氛中，以增进与会人员之间的了解和沟通为目的，以诚恳和无拘束地交谈为表现方式的会议。这种会议也称为谈心会。

（4）动员会。就展开一项重大和较大规模的工作或活动而召开的鼓动大会。

（5）现场会。选择有助于说明会议主题、强化会议效果的现场作为会址的会议。

（6）务虚会。旨在就某些政治、思想、政策进行研究讨论的会议。

（7）记者招待会。政府、企事业单位、社会团体的代表（或以个人名义）以现场回答记者提问的形式或直接向记者发布有关新闻的形式而召开的会议。召开记者招待会有两种目的：一种是有关部门为某一工作、重大事件或热点问题发布而举行，另一种旨在与新闻媒介进行沟通。

（8）听证会。立法或行政机构在自己的职权范围内接受、要求并听取有关人员或团体组织的代表就特定问题做出休戚与共或秘密陈述并进行作证的会议。

（9）联席会议。由若干平等单位或无隶属关系的单位为共同完成某项任务、联合开展某项活动或共同协商一些与各方面利害攸关的问题而联合举行的会议。

（10）董事会。特定企业或经济组织的董事会成员在讨论决定本企业或经济组织的重大问题时所召开的会议。

（11）经理会。具有经理身份的人研究和决定企业目标和方针的会议。经理会一般由负责全面工作的经理以例会形式召集。

3. 根据会议的规模（主要指参加会议的人数多少，有时也包含会期的长短）划分，主要有四种类型，分别为：

（1）小型会议。一般指参加会议的人数少则几人，多则几十人的百人以下的会议。

（2）中型会议。一般指参加会议的人数大约在百人至千人之间的会议。

（3）大型会议。一般指参加会议的人数在千人以上的会议。

（4）特大型会议。一般指参加会议的人数在万人以上的会议。

4. 根据所跨地域范围（一方面指会议的内容涉及的地区范围，一方面指与会者来自不同的地区或国家）划分，主要有四种类型，分别为：

（1）国际性会议。

（2）全国性会议。

（3）地区性会议。

（4）部门性会议。

会议类型除以上划分外，还可从保密角度分为公开性会议、秘密性会议；从会议召开的载体上分为常规性会议、电视电话会议、电子计算机网络性会议等。

（四）会议的作用

会议作为人类社会广泛使用的解决问题、处理事务的重要管理方式，其作用是显而易见的。当今，会议已成为各级领导机关、企事业单位的重要工作方法之一。会议的作用也因其类型、目的不同而不同。大致可概括为以下几点：

1. 集思广益，科学决策。

2. 发扬民主、密切干群关系。

3. 交流信息、开发智力。

4. 协调矛盾、统一思想、推动工作。

二、会务工作概述

会议的秘书工作，又称会务工作，是指按照会议的既定意图做好会前准备，会议进行中的组织与服务，会议的善后服务等一系列工作。在会务工作中，秘书的职责非常广泛。

（一）会务工作的任务

具体说来，秘书的会务工作任务主要有：

1. 起草各类文稿，这是秘书会务工作的核心。

2. 会场安排布置，包括各种设施用品的完善提供。

3. 会议事务工作，如分发文稿，收集各类情况等。

4. 来宾接待，包括来宾的送别。

5. 生活后勤服务，从吃住行到生活中的小需求。

6. 安全保卫，包括会议安全和与会人员的安全。

7. 医务保健，指对与会人员的保健和患病者的服务。

（二）会务工作的整体协调

会务协调是指会议组织者受上级领导者的委托，通过各种方式、手段，妥善地协调、处理各种关系、矛盾和纠纷。其目的是保证会议的顺利召开，顺利进行和圆满结束。

1. 内部协调。主要包括四个方面：

（1）会议审批协调。对诸如会议规模、规格、时间等方面严格把关，考虑是否要开，是否几个会议合并开，是否可改为其他形式等问题的协调。

（2）会议议题的协调。议题协调是会议协调的重点，需秘书部门配合领导和有关部门精心设计、反复协商后确定。

（3）会议的时间地点和出席列席人员的协调。会议时间，要根据会议内容、准备情况及是否有利与会者到会、会会衔接等情况确定；会议地点，要考虑设施条件，还要考虑中小会各分组讨论会地点的安排协调；出席列席人员，应考虑其代表性、典型性，是否有利于工作，是否平衡等因素。

（4）会议纪要的协调。会议形成议决后，常用纪要的形式记载下来并传达给有关部门，涉及几个部门的决定事项，为顺利贯彻，增加领导决策的可行性，要先与有关部门协商，取得一致意见后再写进纪要中去。

2. 外部协调。会议的外部协调指的是与会外供电、供水、安全、交通、新闻等部门的协调。要保证会议召开时用电和用水的供应。为保证会议安全，有时要求公安、交警、武警方面的配合。为扩大会议的影响，需要新闻部门的采访报导等。这一切都需要搞好协调。

三、领导办公会议和大型会议的工作

（一）领导办公会议的组织工作

1. 领导办公会议特点，主要有两点：

（1）会议中心一般为日常工作中较重要事项的决策研究，有关领导一般都应参加。

（2）定期例行。会议周期、参加人员、会议地点相对固定。

2. 领导办公会议的组织工作，主要有四个方面：

（1）议题安排。根据领导办公会特点，可以知道，议题准备是秘书会务工作的重要和主要方面。所以，秘书应着重把重心放在这上面。

（2）发送会议通知。在领导确定会议时间和内容后，要及时发出会议通知，明确会议的时间、地点、出席人，尤其是会议讨论题，除特殊情况外，应提前2天，重大议题提前10天通知与会人员。办公会议必须有半数以上成员出席方能召开。会前做好签到工作，会中做好会议记录，会后及时撰写会议纪要。

（3）议定事项的催办与反馈。对于会议议定的事项，一方面可由有关领导主持分解到有关部门落实办理。另一方面也可指定专人负责催办并收集情况。可按照纪要填写有关事项催办卡片，派专人调查了解。催办人员对办理事项应及时向有关领导反馈，并按月、季做出总结报告，综合向各级领导汇报。重要问题应多次反馈，使各级领导及时了解办理情况。

（4）会议文件的管理。办公会议记录等有关文件必须妥善保管，建立严格的管理及查阅批示制度，以备今后调阅。

（二）大型会议的组织工作

做好大型会议的组织工作，是对高级秘书的能力要求。这类会议规模大，过程与程序完整。

1. 会前准备阶段，秘书部门及秘书的工作主要包括四个方面：

（1）了解、掌握有关情况，确定会议主题。应明确开会要解决什么问题，达到什么目的。

（2）起草文件材料，组织发言文稿。

（3）确定与会者并发送通知，使他们及早做好准备。

（4）做好行政事务性的准备工作。

2. 会议进行阶段，秘书部门及秘书的工作主要包括三个方面：

（1）检查、核对与会人员，特别是立法性质的会议，还应进行代表资格审查，以便及时发现问题，采取措施，妥善解决。

（2）汇总情况，编写简报。即整理好各位代表的提案，分组讨论情况，送给大会主席团或提案审查委员会。

（3）做好会议记录。包括大会各项报告，小组发言等。

3. 会议结束阶段，秘书部门及秘书的工作主要包括三个方面：

（1）回收有关文件。根据保密原则，该收回的要收回，该汇总的及时汇总。

（2）整理会议记录。及时整理会议各项记录，以便根据需要形成决议或会议纪要。

（3）立卷归档。把会议前后产生的有关文字、材料等分类归档，妥善保管。

四、会议成本核算

任何社会劳动，都要讲究经济效益。会议活动作为社会劳动的一种方式，也要讲究效益，即应以较少的劳动和物质消耗取得较好的经济效果。但由于会议活动是一种精神活动，其经济效果无法直接估算。因而，借用经济学中的“成本”一词，对会议的投入方面进行了解，即强调开会应该核算成本，讲求效率。会议成本核算包括以下几个方面。

（一）控制会议次数

会议次数主要由会议的频率和领导参加会议的时间量来体现。计算公式：

会议的频率 = 一个月（一季度）召开会议的次数 ÷ 天数

如果商等于1，会议的频率就达到了极限；如果商大于1，就是名副其实的会海。会议的频率应坚决控制在1以下。

$$\frac{\text{领导参加会}}{\text{议的时间量}} = \frac{\text{周参加会议的}}{\text{时间（小时）}} \div \frac{\text{周工作总时间}}{\text{（5×8 小时）}} \times 100\%$$

一般说来，基层单位领导干部的会议量以25%为宜，绝不能超过三分之一。

（二）控制会议经费

一般说，会议经费直接体现会议成本，故控制会议经费就是控制会议成本。会议成本由两部分构成：一是准备会议的费用，即会议后勤开支；二是与会者在参加会议的时间里，因为脱离工作或生产而少创造的价值。其公式是：

会议成本 =（2×3）×（G平 + S平）×T×N + 会议后勤等经费开支

式中：式中常数2，表明管理人员会议后，中断了常规性的管理工作，不仅影响了自身创造价值，还影响了他人创造价值。如本来决定接见有关人员，现在因开会而耽搁，也因开会不能及时处理一些重要、紧急的事情，或许就因错过时机而失去一次重大成功的机会。这种损失，用生产价值的2倍计算。式中常数3，代表每小时职工平均工资的3倍。工人离开工作岗位，每小时创造很多效益，这个效益包括工人工资、利润和额外支出三部分，所以，用工人平均工资的3倍来表明他们的生产价值。G平是参加会议人员单位工作小时工资数。S平是参加会议人员工资以外的单位工作小时其他收入数，如奖金、津贴等。T为实际耗费时间（小时）。N为参加会议总人数。会议后勤等经费开支包括：与会人员交通费、住宿费、路途伙食补助费、会议室租用费、文件材料费、会议用品费及工作人员伙食、住宿、补贴费用等。

计算会议成本，既要计算第一部分，也要计算第二部分。会议成本的第一部分可通过预算来控制，第二部分可通过控制会议时间和与会人数来控制。

另外，还可通过控制会议规模、会议时间、会议地点、会议规格等方面来实现对会议成本的全方位监控，以期降低会议成本，提高会议效率。

第二节　会前会务工作

一、会议方案的制定

会议准备的第一步就是制定会议方案，为此必须了解制定方案的基本要求与方法。

（一）确定会议主题

无论什么样的会议，都有会议主题，也叫议题。必须明确会议要研究的问题，要达到的目的，也就是确定会议主题。

（二）确定会议名称

会议主题确定后，会议名称就可定下来了。有些会议名称是固定的，如代表会议、办公会议。有些会议名称则需根据会议的议题或主题确定，以达到名副其实。

会议名称组成部分一般是：会议主办单位名称+会议的主题+会议的类型。

如：某某公司庆“五一”表彰大会

有的会议名称还可包括时间、范围等。如：××单位××年全体职工总结大会

会议名称要用精练的文字高度概括出会议主题，使人一目了然。

（三）确定会议的规模和规格，提出参加会议范围或人员的名单

会议规模主要指：会议出席人员（正式代表）、特邀代表、列席人员、工作人员（包括服务人员）的总体人数。

会议规格则依据参加会议的领导人级别身份而定。

会议规模与规格应本着严格控制、精简效能的原则来确定。在确定会议规模与规格的基础上，拟定参加会议的范围或人员名单。

拟定办法如下：

1. 有固定成员的例会。如五大班子的会议（党委、纪委、人大、政协、政府）等。有时可根据需要，另拟列席人员。

2. 担任一定职务的人参加的会议。如某某省中专校长会、经贸部各厅（局）长会议，其名称就决定了参加的对象。只需按单位、按名称发通知即可。

3. 与会代表须通过选举才能产生，如代表会等。需根据选举结果决定。

4. 由单位指派出席人的会议。如巡回报告会等。

5. 各种协商会、座谈会、茶话会、宴会等，对与会者有一定的要求。多少人出席，请谁参加，要全面考虑，因有时牵涉到政策性问题。

与会人员名单必须报领导审定，人数从严控制。做到该参加者不漏，不该参加者不来。

（四）确定会议时间和地点

根据会议内容来决定时间，还要根据会议主持人或主办单位主要领导人等的日程安排来确定时间。

至于会址应根据会议的规模、规格和内容等要求来选定。注意选择远近适当、环境适合的会址；大小适中、设备齐全的会场。

（五）拟定会议议程和日程

议程是指会议所要进行的主要项目，包括所要解决的主要问题。日程是指会议进程的时日安排。

会议议程包括会议主持，会议典型发言（或重点发言），会议讨论，会议讲话，会议总结等项。

会议议程安排应根据到会主要领导的情况，确定会议主持人；根据会议的主题，确定会议发言人；围绕会议主题，确定讨论题目、讨论方式；根据会议目的，安排主要领导做会议总结。

会议议程应简明概略。一般按照时间先后顺序依次安排，并冠以序号清晰地表达出来。如表6-1所示：

表 6－1　　××会议议程安排表

××省××年××中专学校语言教学年会议程
一、主题报告：入世后中专教育面临的新问题、新挑战
二、专题发言：用人单位需要什么样的中专人才
三、座谈讨论
四、大会交流

注意：代表会议的议程要经代表大会的预备会议或主席团会议通过之后才能正式生效。

会议日程的安排多采用表格式，将会议议程分别固定在会议期间的每天上午、下午、晚上三个单元里，使与会者一目了然看清日程安排。拟定日程要明确具体，准确无误。

日程安排大体包括：时间（可具体到分钟）、内容、地点。如表 6－2 所示：

表 6－2　　××会议日程安排表

日　期	时　间	内　容	备　注
×月×日（星期×）	上午	1. 开幕式 2. ××同志做报告	礼堂
	下午	分组讨论	各小组会议室
	晚上	看电影	××电影院
×月×日（星期×）	上午	××同志做报告	礼堂
	下午	分组讨论	各小组会议室
	晚上	舞会	××舞厅

（六）确定会议组织和分工

会议组织分工包括文件起草及材料准备、会务组织、会场布置、会议接待、生活服务（含娱乐活动安排）、安全保卫、交通疏导、医疗救护等。每一个环节都必须有专人负责，责任到人。

（七）准备会议文件和材料

包括大会的主题报告、大会发言单位的材料、会议日程表、参加人员名单、住宿安排、主席台座次、分组名单、讨论题目和分组讨论地点、作息时间表、会议的参阅文件和相关资料等。

（八）拟定会场布置方案

主要包括会场内座位的布局摆设形式、主席台的布置、座次的安排以及为烘托或渲染气氛必要的装饰等。

（九）拟定会议后勤保障方案

会期比较长的会议，要制定后勤保障方案，即与会人员的吃、住、行及娱乐活动等各项安排。

（十）会议经费预算

任何会议，都要支出会议经费，它们有：

1. 会议费，即场地租金、用品费、设备费等；

2. 培训费，即聘请专家学者讲课的酬金、旅费等；

3. 资料费；

4. 住宿费；

5. 交通费；

6. 其他。

制定会议经费预算一方面要本着勤俭办会、节约办会的原则，尽量降低会议的成本；另一方面要注意弹性，留有余地。

二、会议议题的安排

（一）会议议题的安排原则

1. 级别要分清。提交会议讨论的议题必须属于会议的职责范围之内，对下一级会议或个别领导人可以审批解决的问题，一般不要安排在本级会议上讨论。

2. 党政要分开。党的会议和行政讨论的问题要严加区别。

3. 会议议题的安排要适量。既要符合事物的客观实际，又要符合会议的容量，既不过多也不过少。

（二）会议议题的收集与处理

会议议题一般由领导人根据工作实际提出，秘书应协助拟定。也有的会议需要秘书人员提前收集有关情况、资料，供领导参考。收集渠道主要有以下三种：

1. 单位领导同志批示交办的或指定有关部门汇报的问题。

2. 下级单位提请讨论决定的问题。

3. 上级领导下达指示，需要各部门贯彻执行的问题。

收集的议题要进行筛选，并准备一些后备议题，以便见机插入讨论。

三、制发会议通知

（一）会议通知的一般形式

会议通知按形式分，有口头通知和书面通知；按行为方式分，有当面通知、电话通知、电报通知等；按作用分，有预告性通知和正式通知。会议邀请函、请柬也是会议通知的书面形式，如表6－3所示：

表6－3

××同志： 兹定于十月五日上午九时，在××市体育运动中心新馆（胜利路×号）隆重举行××大学建校一百周年纪念大会，敬请光临。 ××大学 ××××年××月××日

（二）会议通知的写作

会议通知应写得简明、具体，交代清楚会名、起止时间、地点、参加人员范围、筹办会议单位以及联系人。如有必要，还应写明食宿、市内交通或接站方式，要求与会者携带什么文件材料以及其他有关事宜。如表6－4所示：

表 6-4

中共××省委文件 ×委〔2009〕×号 **关于召开××工作会议的通知** 各县委、县人民政府： 为了认真学习和贯彻执行中共中央、国务院关于××××××××的紧急指示，决定召开林业工作会议。 会议时期：11月5日至7日 会议地点：××市××路×号省委招待所第一会议室。 出席对象：县委及县政府××工作的负责人各一位，××局负责人一人。 携带材料：本县×××××××工作的情况和×××××××工作的意见。请各地准备好材料，于11月4日到省委招待所会议秘书处报到。 中共××省委 ××省人民政府 二○○九年十月二十五日

四、会议文件（材料）和用品的准备

（一）会议文件的准备工作

1. 会议准备文件的种类，主要包括五种文件：

（1）会议程序性文件。如会议议程安排表、会议时间安排表等。

（2）会议中心文件。领导人讲话稿、代表发言材料、经验介绍材料等。

（3）指导性文件。如有关的法律、法规、政策等文件。

（4）参考性文件。如有关统计报表、技术资料等。

（5）会议管理性文件。如会议通知、会议须知、作息安排表、证件等。

2. 会议文件准备要求，包括三个方面：一是准备文件的范围和内容要明确具体；二是无论哪种类型的文件都应将责任落实到人；三是准备文件要有明确的时间限制。

（二）会务用品的准备

1. 会议必备用品。一般情况下，各种类型会议都需准备的用品有：文具用品、桌椅台布、茶具、扩音设备、照明设备、通风及空调设备等用品。

2. 会议特殊用品。不同类型的会议，由于内容要求不同，对用品的使用要求也不尽相同，这就需要根据会议的需要准备一些特殊用品。如选举性会议需准备好投票箱、选票等物品；表彰会需准备好奖品和颁奖音乐；代表会议和纪念庆典性会议要求准备好会议开始时的国歌音乐或乐队等。此外，还需根据会议的要求，准备好横幅、宣传标语、花卉等用品。

3. 会议用品准备工作要求，主要有两个方面：一要制定会议用品的准备方案，应详细列出其名称、数量的清单，并做出预算；二要应本着经济适用的原则，做到准备的会议用品要有用、适用、好用。既不将就凑合、以次充好，又不可大手大脚、铺张浪费。

五、会场布置

会场布置是指秘书人员对会场内座位的布置摆放、主席台的设置、座次的排列以及为烘托或渲染会议气氛所做的装饰等。

（一）会场座位布局技巧

会场座位布局摆放有多种形式、形状，应根据会议的不同规模、主题，选用不同的形式。

1. 一般会议会场布局。一般会议会场布局要视会议规模的大小而确定，具体为：

（1）较大型会议的会场一般在礼堂、会堂、体育场馆举行，其形式形状基本固定成所谓长方形扩大排列形式。

（2）中小型会议或较特殊类型会议可根据要求选择下列“而”字形、倒“山”形或半圆形的布局形式（见图6－1、6－2、6－3、6－4）。这些形式比较正规，有一个绝对的中心，即主席台和会议的主持人或发言人，容易形成严肃的气氛。

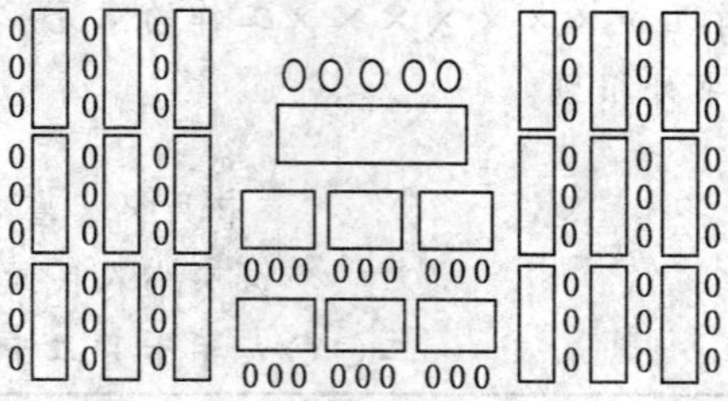

图6－1

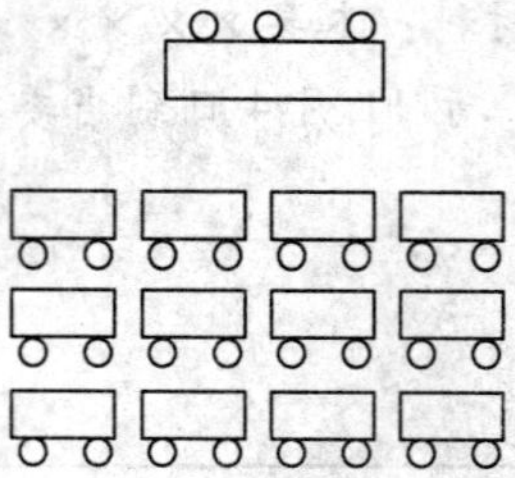

图6－2

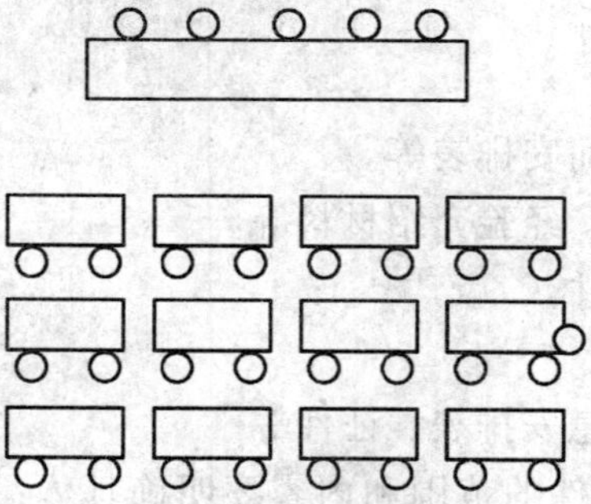

图6－3

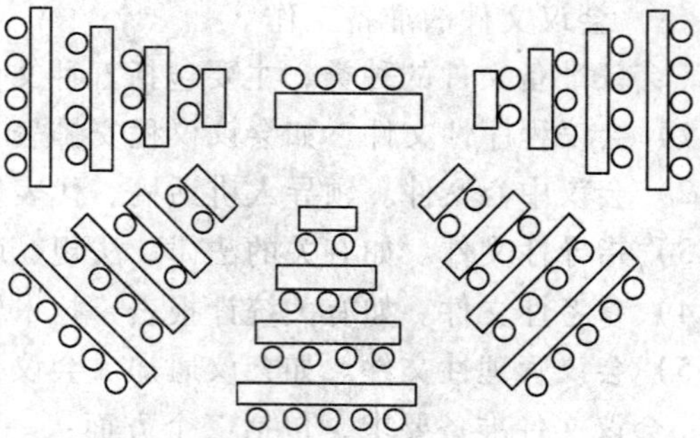

图6－4

（3）一些小型日常办公会议及小型座谈会，一般在会议室、会议厅或临时的会客室进行，可以根据需要摆放成椭圆形、圆形、回字形、丁字形、马蹄形和长方形。（见图6－5、6－6、6－7、6－8、6－9、6－10）。这些形式可使参加会议的人坐得比较紧凑，彼此面对面，容易消除拘束感，便于交流。

（4）座谈会或小型茶话会、联欢会多选择六角形、八角形或半圆形等布局形式。（见图6－11、6－12、6－13）。

（5）大型茶话会、团拜会、宴会的会场一般可摆放成星点形、众星拱月形（见图6－14、6－15）。这些形式比较随便，容易形成轻松和谐的气氛。

2. 会见会谈布局。

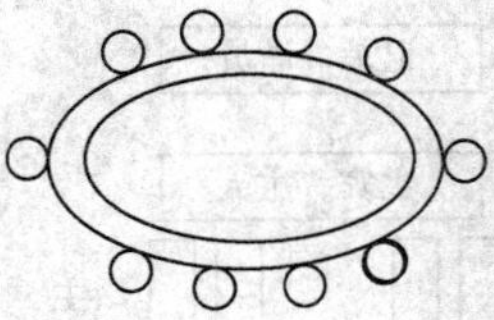

图6-5

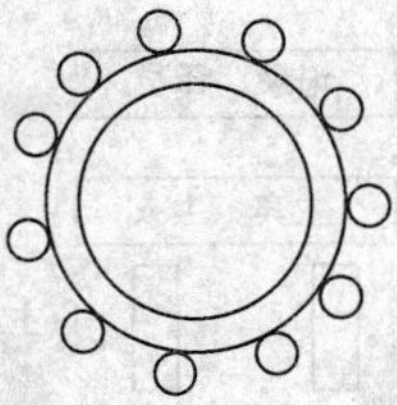

图6-6

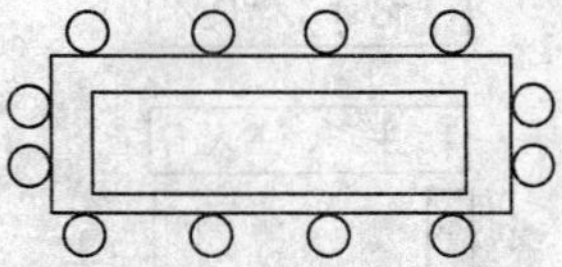

图6-7

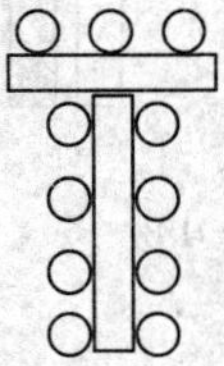

图6-8

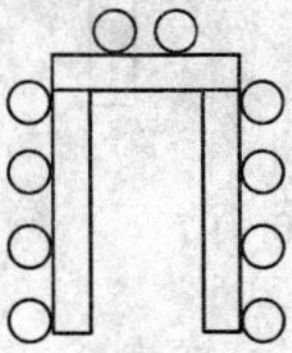

图6-9

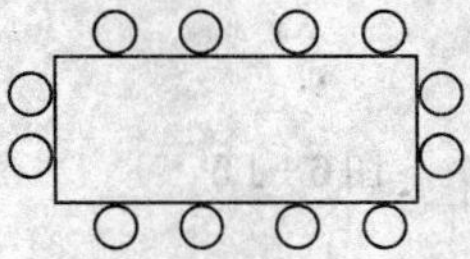

图6-10

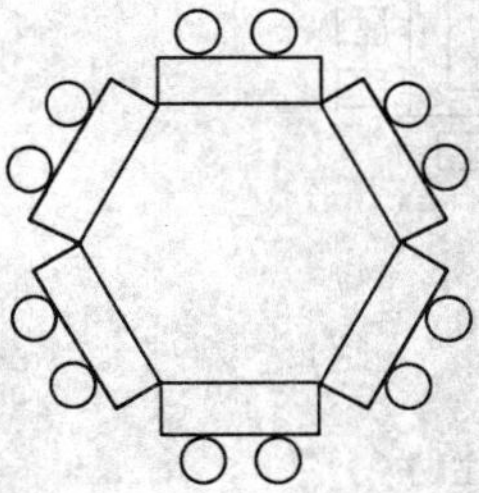

图6-11

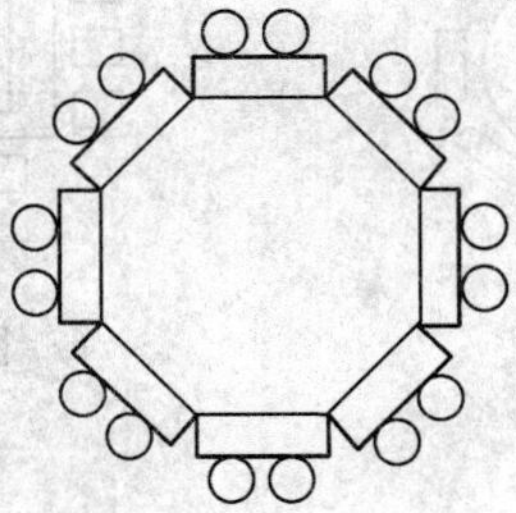

图6-12

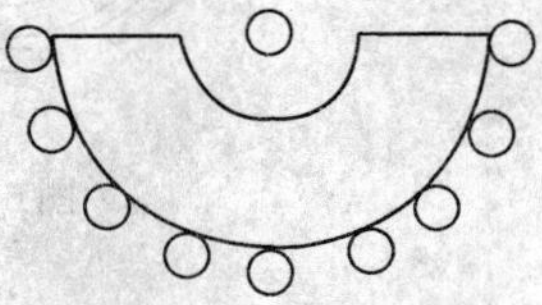

图6-13

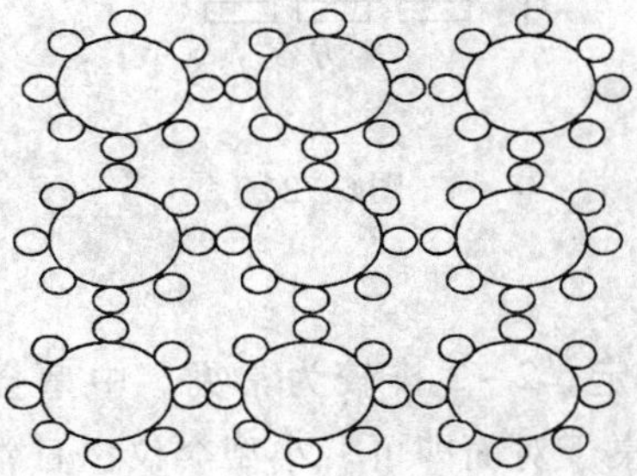

图6-14

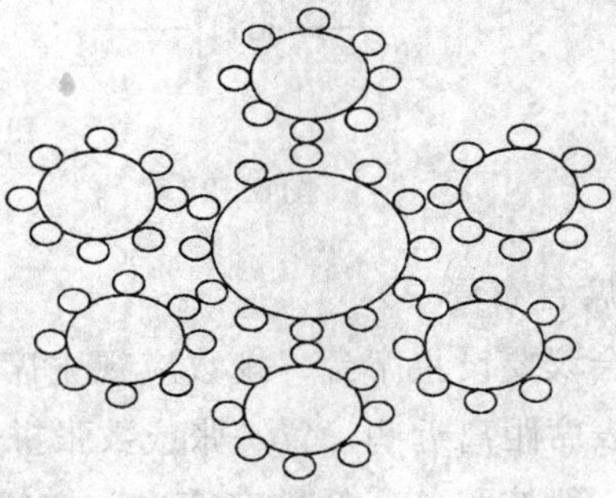

图6-15

礼节性的会见与商务性会谈的会场一般在会议室或会客厅里进行。应根据会见或会谈的人数、身份及内容等对座位进行合理布局。

（1）会见会谈人数少时，多选择马蹄形。即不用会议桌，而用沙发，主客各坐一边，主人在左，主宾在右。还可根据人数多少选择马蹄 A 形、B 形、C 形。（见图 6－16、6－17、6－18）。

（2）若会见会谈人数较多，需要摆放会议桌时，可选择“空心式”圆形、方形或长方形等形式。（见图 6－19、6－20、6－21、6－22）。在中间的“空心处”，可适当摆放些绿色

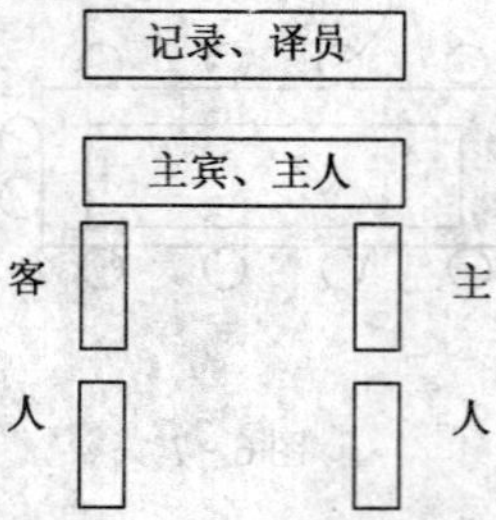

图6-16

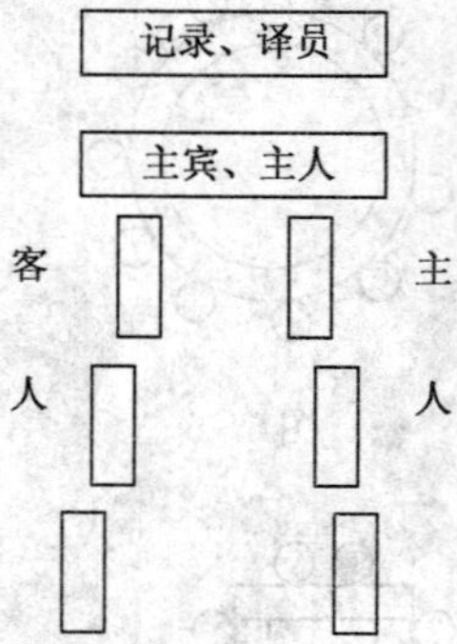

图6-17

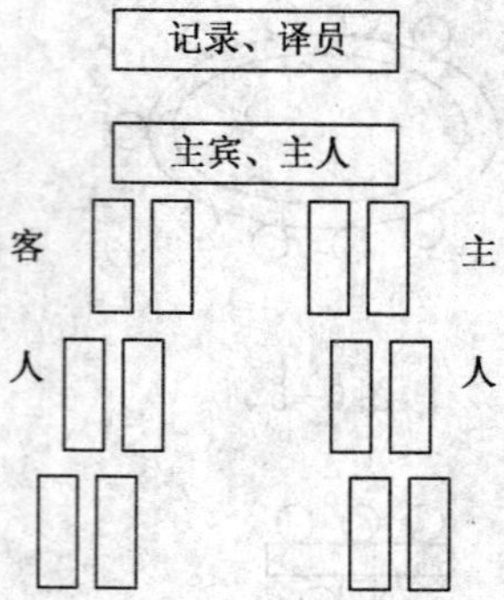

图6-18

观赏性植物。

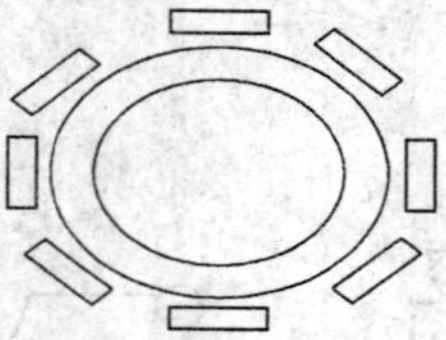

图6-19

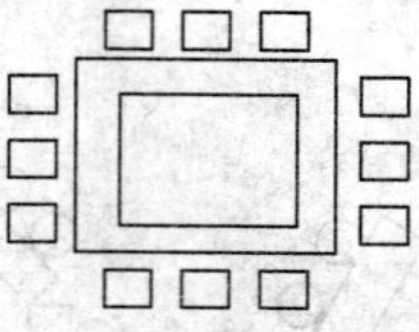

图6-20

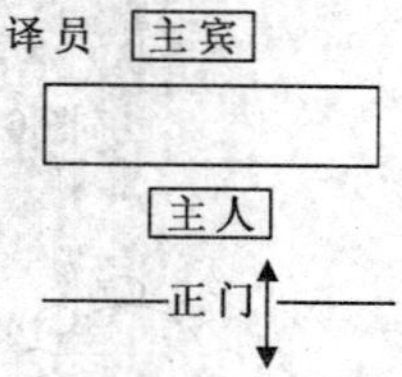

图6-21

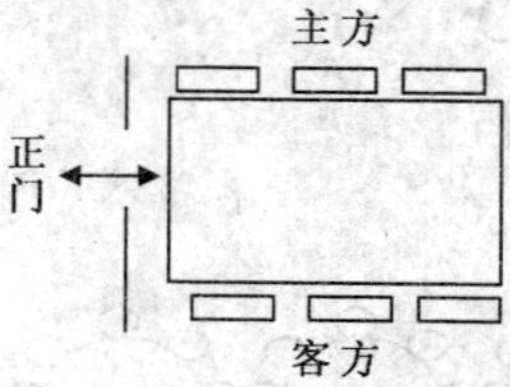

图6-22

3. 主席台布局。

大型会议要设主席台，排数应视主席台人数而定，2~3排较为常见。中型会议的主席台应离代表席距离近些，置一张或数张拼连成的条桌于对面即可。小型会议、日常会议不设主席台，一般按职务高低排定座次。如领导席为条桌，则主要领导人居中，其余按职务高低、依先左后右顺序排列。

（二）会场装饰

会场装饰是指根据会议的内容，选择适当的背景色调或摆放会议物品，悬挂突出会议主题的装点物等。

1. 主席台的装饰。设有主席台的会场，主席台是装饰的重点。一般应在主席台上方悬挂会标（亦称横幅）。上面用美术字标明会议名称。主席台两侧可贴挂对联。字体应只有会标字的一半，字型也应不同。主席台背景处（也称天幕）可悬挂会徽或红旗以及其他艺术造型等。主席台前可摆放花卉。

2. 会场整体装饰。指主席台外的会场内外装饰。这些地方可悬挂横幅标语、宣传画、广告、彩色气球等，还可摆放鲜花盆景等装饰物。

3. 色调的选择。指会场内色彩的搭配与整体基调。包括主席台、天幕、台布、桌椅、花卉以及其他装饰物。应注意选择与会议气氛相谐调的色调，可以对与会者心理与精神产生相应的影响。如红、粉、黄、橙等色彩比较亮丽明快，可以烘托热烈、辉煌的气氛，使人感到欢快兴奋，适合于庆典性的会议；天蓝、绿、米黄等色彩庄重典雅，适合于庄严肃穆的会议等。

六、会场座次排列

会场座次排列指对与会人员在会场内座位次序的排列。应当合理，符合惯例。

（一）主席台座次排列

主席台就座人员多是领导和贵宾，应按就座者职务高低排列。以职务最高者居中，然后依先左后右顺序向两边排开。主持人的座次也是按职务进行排列，而不必排在主席台第一排最侧边。若报告会、联席会，则可采取报告人和主办单位负责人相间排列的方法。

（二）会场其他人员座次排列

有些会议不需要排列会场内其他人员座次。需要排列的是代表会议或中型以上比较严肃的工作会议、报告会议等。可以根据需要选择下面某一种：

1. 横排法。即按照参加会议人员名单以其姓氏笔画或名称笔画为序，从左至右横向依次排列座次的方法。

2. 竖排法。即按照各代表团或各单位成员的既定次序排列的方法。选择这种方法应注意正式代表或成员、职务高者排在前，列席成员、职务低者排在后。

3. 左右排列法。即按照参加会议人员姓氏笔画或单位名称笔画为序，以会场主席台中心为基点，向左右两边交错扩展排列座次的方法。

（三）标识座位

座次标识是指标明会议成员的名签、指示牌或表格。座次一旦确定，要选择好标识座次方法。

1. 在主席台或会议桌上摆放名签。

2. 在与会人员出席证上标明座次（某排某号）。

3. 印刷座次图表。

以上三种方法可取其一种，也可结合使用。

（四）制作会议证件

会议证件主要指代表证、工作证、记者证等。需要制作会议证件的会议主要是法定会议和较大型会议。法定会议可用它作为资格象征，大型会议则因参与人多，需要它方便大会的组织管理。

第三节　会间会务工作

会间会务工作是指从会议报到、签到至会议结束，整个会议期间的各项工作。它是会前准备工作的继续，是整个会议工作的中心。

一、会议报到工作

（一）报名

即向会议召集机关表示能否到会，报名仅仅说明代表准备参加或可以参加会议，报名不等于报到。

（二）报到

一般小型会议、内部会议的报到工作比较简单，只需在会议临开前签到即可。但大中型跨地区会议，报到工作实际上是一项重要的接待工作，主要包含以下几项：

1. 接站工作。秘书人员应先了解与会者赴会的飞机或车船的班次、车次，以便接站。

2. 报到工作。秘书人员应该热情、礼貌地接待与会人员，登记好并将事先准备好的会议文件、用品、餐券等发给与会者。

（三）签到

为了随时掌握与会人数，做好会议的安全工作，秘书人员要认真做好签到工作。目前，常用签到的方式大致有两种：

1. 簿式签到。即代表入场时在事先准备好的签到簿上签署自己的姓名、单位、职务等，以示到会的方法。

2. 卡片式签到。即将预先印制好的卡片（相当于入场券）提前发给与会者，让他们填好。入场时交出即可。卡片式签到和簿式签到，均可按下图格式设制（见表6－5）。

3. 磁卡签到。即与会者进入会场时，只需将领取的磁卡送进电子签到机里，签到机便将其姓名、号码等内容输入电脑。与会者入场完毕，签到情况便立即在电脑屏幕上显示出来。此种签到适用于大中型会议。

表6－5　　**××××会议签到表**　　年　月　日

顺序号	姓　名	性　别	工作单位	职　务	备　注

二、安排发言

安排大会发言的决定权属于大会主席和有关领导，但是会务工作人员可被委托提名安排发言，以供领导审定。

在安排大会发言的时候，应注意事宜有：一是注意地区平衡。做到一天的会议里可以听到不同地区的发言，使到会的同志更全面地了解情况；二是注意各级领导、主要领导与一般领导的平衡；三是注意议题平衡。

三、会议记录

会议记录是会议真实情况的反映。不论会议规模大小，秘书人员都必须做好会议记录。

会议记录是一项技术性较高的工作，是对秘书听知能力、理解能力、文学能力的综合考验。在会议记录质量上要求：一是快。如果不快，便跟不上发言速度，记录下来的只能是东鳞西爪，残缺不全；二是全。记录要完整，尤其是详记，必须详尽；三是准。把会议的主要情况、发言内容、决议、决定准确无误地反映出来。

会议记录通常有统一制发的会议记录本或记录纸，格式大体如下（见表6－6）：

表6－6 会 议 记 录

会议名称		会议时间	年 月 日 午 时 分至 时 分
会议地点		记录人	
出席与列席缺席			
会议主持人		审阅签字	
主要会议			
发言记录			

四、编发会议简报

会议简报是用来交流会议情况，指导会议进程的交流性、指导性会议文件，是会议期间重要的文书工作。重要会议或大中型会议通常都要编发简报。

会议简报要求真实、迅速、简要地反映会议进程中值得注意的问题。一般由大会秘书处编发，要编得迅速，发得及时。否则，就会失去简报的现实意义。简报样式大体如下（见表6－7）：

表6－7

×××会议简报

第××期

××××会议秘书处（组） 年 月 日

按语……

标 题

正文××。

报：

送：

（共印××份）

五、撰写会议纪要

会议纪要不同于会议记录。会议记录是如实记载，而会议纪要是根据会议主旨，用准确而精练的语言综合记述其要点的书面材料。它是在会议记录的基础上分析、综合、提炼，用来概括会议精神和会议成果的文件。会议纪要的目的有两个：一是让与会者带回去作为贯彻会议精神的依据；二是上报，使上级主管部门有关单位了解会议精神予以转发。

会议纪要常常在会议结束，与会者离开前完成，以便与会单位迅速执行。

六、做好会议期间的值班和保卫工作

一些大中型会议，往往配有专门的服务人员和保卫人员，在秘书人员的督导和协助下，完成会议期间的值班和保卫工作。

（一）值班工作

1. 与会人员入场时的验证签到工作。
2. 维持会场秩序，出现问题及时解决。
3. 为主席台和会场人员提供开水、饮料和其他服务工作。
4. 关注会场各种设备的使用情况，出现故障，随时维护。

（二）安全保卫工作

1. 防止与会议无关的人随便进入会场。
2. 关注会场内安全，消除火灾等隐患，防止意外事故发生。
3. 关注会场内人员的安全健康，发现身体不适或突发疾病者，要及时救护诊治。
4. 做好会议的保密工作。

会议期间，负责会务的秘书人员应始终坚持在会议现场，发现问题，随时解决。

七、会议的生活后勤保障

所谓后勤保障，是指与会人员的吃、住、行及娱乐等有关的各项工作。

（一）会议的住宿管理

大中型会议，与会人员人数多，房屋数量要求多，档次有分别，要精心安排，合理分配。一般的做法是：按级别、按规定，同时结合与会人员的具体情况，列出住宿表，报领导审定后，按表住宿。事先应做好以下工作：

1. 统计好住宿人数、性别、年龄。
2. 预定客房，注意档次，确保数量。
3. 拟定房间分配的标准或方法。

（二）会议的饮食管理

1. 统计好就餐人员。
2. 制定伙食费用标准。
3. 确定进餐方式。
4. 预定好餐厅或食堂。
5. 注意照顾少数民族和其他与会人员的不同饮食习惯。

此两项工作应有专人负责，根据合理的意见随时改进。

（三）会议期间的娱乐安排

会议期间适当安排一些娱乐活动，可以帮助与会人员在紧张的会议之余得到放松和休息。主要有以下项目：

1. 参观旅游。参观前要与接待单位联系好，确定好地点内容，如有必要还应安排好住宿等生活问题。

2. 舞会。会议期间举行的舞会最好是专场舞会，要注意安排好舞伴。

3. 看电影、录像等。要选择新电影并统一购票，条件允许可包场。

（四）登记购买回程车、船、机票

会务人员在与会人员报到时，就应了解他们回程时拟乘的交通工具及离去时间，然后代为购好车船机票。保证与会人员能及时离会，使与会人员专心致志地开好会，是体现会务工作优质服务的一方面。

第四节　会后会务工作

会议的善后处理工作，是会议工作的重要组成部分，一定要善始善终地把会议收尾工作做好。

一、安排与会人员离会

会议结束，与会人员要离开时。离会工作必须注意的事宜有：一是文件清退。最好在代表离会前办妥；二是送别与会人员。对于外地的代表，需要乘坐飞机、车船的，可安排车辆送行。与会者离开有先有后，后离开的，应妥善安排好其食宿。与会人员走后，应到住房内检查是否遗漏物品。

二、清理会场，清还设备用品，清理账目

会议结束时，代表离场后，秘书人员应清理会场，不要遗漏文件资料或其他物品。

秘书人员应有效益观念，应及时退还租用的设备或其他材料、租住场地及房间，然后及时结算。

三、会议文件的收集与整理

会议结束后，秘书人员应对会议期间形成的文件资料进行收集、整理、立卷和归档工作。

（一）收集会议文件的范围

1. 关于召开会议的请示与批复。

2. 提交会议审议批准的文件，例如工作规划、计划、报告、预算决算、行政法规及各项决议的草案等。

3. 会议期间使用的文件，例如开幕词、闭幕词、领导人讲话稿、大会发言材料（包括典型经验介绍材料、专题报告）、会议总结报告等。

4. 参考性文件。例如调查报告、可行性分析报告、统计报表、技术图纸或图表等。

5. 会议管理性文件，例如会议通知、日程与议程安排表、会议须知、保密规定以及会议主席团名单、委员会名单、与会人员名单、票证、签到簿等。

6. 会议记录、简报。

7. 会议宣传性文件，例如宣传会议精神、主旨或决定事项的文件资料。会议纪要、决议、新闻报道等。

8. 会议的照片、录音、录像等资料。

会议文件材料类别很多，常常分散保管在不同的人员手中，秘书人员应及时收回，久了有些文件可能散失掉。

（二）收集会议文件的渠道

主要有：会议领导人、召集人、发言人、会议工作人员和其他与会人员。

（三）收集文件的方法

1. 一般小型内部会议，由于参加会议的人数较少，人员又比较熟悉，可以在宣布会议结束的同时，由主持会议的领导提出要求，请与会人员将需要退还的文件留下，也可由秘书人员在会场门口随时收集。

2. 对个别领取会议文件后未到会或提前离会的人员，应当及时采取个别催退的方法。

3. 大中型会议收集文件，应提前发给文件清退目录，先由与会人员个人清理，由召集人收集交大会秘书处。

4. 收集会议工作人员手中的文件，可采取发文件收集范围单或目录的办法并限时交退。

（四）注意事项与要求

1. 收集文件的责任落实到人。

2. 收集文件应当与分发文件一样，履行严格的登记手续，并认真检查文件是否有缺件、缺页、缺损的情况，如发现类似情况，应尽快采取补救措施。

3. 收集会议文件要及时，不得延误，以免造成文件的遗失。

4. 做好保密文件的保密工作，做到不失密，不泄密。

所有的会议文件资料，经整理后，应作为会议的原始材料，按文件形成的先后顺序或按文件的材料类别，立卷归档，保存备查。

四、会议新闻发布和报道工作

重要会议，需要发布新闻报道，应联系好媒体，共同配合做好这项工作。

会议的新闻报道工作方式主要有：一是由会议秘书组撰写新闻报道稿件，经领导审定后，向媒体发送；二是在会议召开期间，邀请有关报社、电台、电视台派记者随会议采访，发布消息；三是在会议结束时，召开记者招待会，由领导人直接介绍会议情况并回答记者提出的各种问题。

秘书应该做好新闻发布的保密工作，慎重考虑报道内容，严防稿件泄密情况发生。若组织记者招待会，秘书应做好充分的会议准备。

五、会务总结工作

为积累会议经验，大中型或重要的会议结束后，应当进行总结，作为今后开好此类会议的借鉴。

会议总结工作应及时、全面、客观、公正。总结形式有个人总结、小组评议、领导评议等方法，也可几种方法结合。在此基础上，尽可能召集全体工作人员开总结会，交流经验、表彰先进。

六、会后反馈工作

会后反馈工作是指秘书人员根据领导交办或会议上的决定，将会议做出的决策或决议在实际贯彻执行中所得到的结果、引起的反应以及造成的影响等情况，回报给主办会议的领导机关的活动。会后反馈工作是会议善后工作的一项重要内容，是整个会务工作的重要组成部分。这项工作虽在会议结束之后进行，但对整个会议来说是非常重要也是十分必要的。因为，它直接反映出会议效果的好坏，体现会议的主旨精神是否落到实处。

会后反馈的方式有口头、书面催促检查和直接深入到有关单位、部门进行实地催促检查等形式。注意形式的多样化，确保多方面掌握反馈信息。

会后反馈形式应形成制度。秘书要定时催办，直到办完为止。

第五节　会议的文书工作

一、会议主题文书的拟定

会议主要文件一般指会议的各种工作报告、领导人讲话、中心发言、总结报告、开幕词、闭幕词及行政法规、条例或决议等。这类文件是会议主题或指导思想的集中体现。

（一）主题文书拟定的三种形式

1. 领导亲自搜集材料、亲自起草，定稿时和秘书一起斟酌。

2. 秘书部门协助领导搜集整理资料，领导自己动手起草。

3. 领导提出文件的主旨或细目，由秘书承担起草任务，最后由领导修改定稿。这种情况比较多。

（二）主题文书拟定对秘书的要求

1. 认真理解会议主题，把握领导意图，特别是党和国家的有关政策精神。

2. 做好深入细致的调查研究，掌握并提供详尽确切的第一手材料。

3. 注意虚心听取各方面的意见，尤其是领导的意见。起草者个人可以提出自己的意见，但这种意见应当是领导意见的补充，绝不能与之相悖，自作主张。

二、会议文书的撰写

我们这里介绍几种会议常用的，并多由秘书担当写作的会议文书。

（一）开幕词、闭幕词

开幕词是会议的主要领导人代表会议举办单位，在会议开幕时对与会者的讲话，其内容一般是阐明会议的宗旨、性质、任务、目的、要求和重要意义。

闭幕词是会议的主要领导人代表会议举办单位，在会议闭幕时的讲话，其内容一般是概述会议完成的任务，对会议的成果做出评价，对会议的经验进行总结，对贯彻会议精神提出要求和希望。

一般比较严肃的中大型会议都需要开幕词和闭幕词。两者相互对照，前后呼应，都有鲜明的指导作用。

1. 标题。主要有三种形式：

（1）会议全称加开幕词（闭幕词）。如《中国共产党第××次全国代表大会开幕词》。标题下面用括号写明致辞的日期，日期下方正中写上致辞人姓名。

（2）类似新闻式标题，主标题揭示会议主旨，副标题说明“在××会议上的开幕词（闭幕词）”。如：我们的文学应该站在世界的前列

——中国作家协会第四次会员代表大会开幕词

（3）用“××在××会议开幕式（闭幕式）上的讲话”或“在××大会开幕式（闭幕式）上×××的致词”，作为标题。如《曾庆红同志在第四次全国信访工作会议开幕式上的讲话》、《在第15届世界石油大会开幕式上江泽民主席的致辞》等。还有只书《开幕（闭幕词）》作为标题的。

2. 称谓，是对与会听众的称呼，根据会议对象确定，写在标题下，另起一行顶端。如党代会可称“同志们”；人大、政协会可称“各位代表”、“各位委员”；有外宾参加的会议，习惯上称“女士们、先生们、同志们”，等等。

3. 导语。开幕词用简洁的语言点明大会在什么背景或前提下开幕，一般只有一句话，如：“我宣布，××××第×××次大会现在开幕”。

4. 主体。开幕词，可简略说明会议的主要议题和议程，阐述会议的意义及重要性，概述会议的指导思想和会后的任务；闭幕词，首先应对会议情况做简要叙述和评价，其次说明会议突出解决的问题或主要收获，最后对贯彻落实会议精神提要求，发号召。

5. 结尾部分。开幕词结尾：对出席会议的人员提出要求，对完成大会的任务提出希望；闭幕词结尾：代表全体与会人员对为大会工作的同志表示感谢，宣布大会闭幕。

两者在语言风格上均要求简洁明快、有力、富口语化、富鼓动性，在篇幅上均不宜过长。

（二）会议记录

会议记录是指在会议期间，由专门记录员当场把会议的基本情况和会上的报告、讨论的问题、发言和决议的内容记录下来的文字材料。会议记录是会议实况的记载，是分析、研究会议规律、总结会议结果的凭据，是传达、执行会议决定和贯彻会议精神的依据，是检查和总结工作的重要参考资料。

1. 会议记录的分类。根据采用手段的不同，会议记录可以分为机器自动记录（录音）和手工记录。根据记录方法的不同，会议记录又可以分特定符号记录（速记）和文字记录。特定符号记录用于详记。详记是把重要会议或会议中主要决议，关键性内容，重要问题和言论，原原本本记录下来。这种记录必须忠实于原意，做到有言必录；文字记录用于摘记。摘记只要求择其要点而记之，如会议议题、发言要点、结论、决定事项等。

会议记录采用何种手段和方法，应根据会议的性质、目的、规模和会议的讨论发言、决议的内容来确定。

2. 会议记录的写作包括两部分：一是会议基本情况记录。包括会议名称、开会地点、时间、出席人、列席人、主持人、记录人；二是会议内容记录，即把每个人的发言详细记录下来，特点是其中的重点论点、论据、分歧意见、批示意见等，准确地记录原话。

会议记录是会议的最原始材料，忠实体现着会议的原本风貌，所以必须注意：记录要真实、准确、全面、完整、不得随意增删，应妥善保管，不能外传遗失。

（三）会议纪要

会议纪要是根据会议的主旨，用准确的、精练的语言综合概述其要点的书面材料。

1. 会议纪要有两种类型：一种是例行会议纪要，如经理办公会议纪要、厂长办公会议纪要等。这种类型的会议纪要是将会议形成的决议下发或让上级了解会议的精神，要求简明扼要；另一种是工作会议纪要，指各机关、部门或地区就重大工作问题召开专门会议，交流情况，统一认识，研究政策措施之后，需要整理出会议纪要，上报下发或请求上级批转。

2. 会议纪要的内容包括两部分：一是会议情况简述。包括召开会议的根据、目的、时间、地点、参加会议人员、会议讨论的问题以及会议的成果；二是对会议主要精神的阐发。这是会议纪要的主体部分。

3. 拟写会议纪要应做到：一是记实，即实事求是，忠于会议实际。为此，必须以会议记录为依据，对与会者发言，可以进行概括、归纳、提炼，但绝不能增删或篡改内容。二是记要，即抓住要点，对会议的中心议题和围绕议题所做的决定进行概括，去粗取精，集中归纳最有说服力的典型事例，引用最精彩的情节语言，使全文重点突出；要有条理，眉目清楚，使人一目了然。

（四）会议简报

会议简报是指会议期间或会后采取概括的手法，及时报道、反映会议进程情况和会议内容的文字。重要会议或规模较大的会议通常都要编发简报。

1. 会议简报主要有两种：一种是关于会议的连续性报道，主要反映会议的有关精神、会议交流的典型经验或提出的问题，会议的讨论情况等；另一种是关于会议的一次性集中报道。这种简报的内容不是会议记录的简单重复，而应对会议成果做科学的概括。

2. 会议简报的格式与一般简报相同，可分为报头、正文、结尾三部分。简报正文的内容大致包括五个方面：一是围绕会议中心议题报道；二是充分反映与会人员对会议主题文书提出的修改意见；三是反映会议的主要情况和问题；四是反映与会人员对有关领导机关和职能部门提出的建议和意见；五是反映与会人员的独到见解和建议。

3. 会议简报的编写要求可用四个字概括："快、新、实、短"。"快"，是会议的时限性决定的。这就是说编写会议简报需要抢时间，不拖拉；"新"，这是简报的交流性和指导性决定的。就是说编写简报要提出新情况、新问题和新经验，反映在标题上应醒目、吸引人；"实"，要求简报所反映的情况和问题要真实、准确，不能随意夸大或缩小；"短"，简报本身从字面上解释就是简短的报道。长了就不能称其为"简"，而且也会影响到"快"。因此，会议简报的行文特色应当是：开门见山，直接叙事，一语中的，尽可能一事一议，少做综合报道。简报字数一般在几百字，至多不过千字。

案例研习

案例6－1：对照下列两份修改前后的会议议程表，试说明修改的理由。

天地公司销售团队会议议程表

公司销售团队会议将在5月25日星期一上午9:00在公司总部的三号会议室举行。

1. 销售二部经理的人选。
2. 东部地区销售活动的总结。
3. 上次会议纪要。
4. 销售一部关于内部沟通问题的发言。
5. 下季度销售目标。
6. 公司销售人员的招聘和重组。

天地公司销售团队会议议程表

公司销售团队会议将在5月25日星期一上午9:00在公司总部的三号会议室举行。

1. 宣布议程
2. 说明有关人员缺席情况
3. 宣读并通过上次会议纪要
4. 通信联系情况
5. 东部地区销售活动的总结
6. 销售一部关于团队沟通问题的发言
7. 公司销售人员的招聘和重组
8. 下季度销售目标
9. 销售二部经理的人选

案例6－2：某市有一年煤矿连连出事。于是市政府严抓煤矿安全管理问题，从上到下开了一系列的安全生产会议，红头文件也发了不少。但就在各种安全会议结束不久，这个市又有两个小煤矿坍塌。请你从会议工作的角度分析，问题出在哪里，秘书在这之中应起什么作用？

案例6－3：某局机关次日将召开全局干部会议，传达有关国民经济重大决策的文件。而偏偏该发给与会人员的文件既未编号，又未事先发出。临开会前，一大堆与会人员挤在一起领文件，秩序十分混乱，以致已经开会了仍有人未领到文件。会议结束时，又出现新的混乱，该清退、不该清退的文件也弄不清楚。

会务人员的工作失误原因何在？从此例可见做好会前准备工作有何意义？如遇到此例情况，有无更妥善的做法和补救措施？

案例 6-4：下述案例是 2005 年 5 月国家职业资格考试秘书二级试卷情景录像题某一题的节选部分及解读。

情景：

王总：“咱们开个会。今天是我们公司采购办公设备，还有家具采购方案的协调会，下面请施助理把采购方案给大家说一下。施助理，请。”

会议室中布置了一个“∩”字形的会议桌，中间摆满了鲜花。与会成员桌上有各种资料、茶水，总经理位置居中，环境幽雅、安静。

施林：“今天，我们来开一个协调会。前两天王总下达了一个任务单，公司的接待区需要重新装饰一下，这是为了适应公司的发展。接待区所需的物品，我们需要看一下，然后写出个采购方案，作出个采购预算。事先，我已请行政部和总经理办公室向各个部门征求意见。现在我把情况汇总一下，有几点请大家注意：第一，我们采购的物品，它的实际需要一定要与原来的设备相匹配。第二，要考虑公司财务的承受能力。第三，还要考虑售后服务是不是到位。下面，谁先谈谈？”

成员 A：“我先说一下吧。这次我们重新布置接待区，希望尽可能让它的功能完善。我认为需要增设一些欢迎来访者的信息板或布告板，如果可能的话，还应建立来访者卡、证的登记系统，并应在合适的位置上安装录像探头等监控系统，还有各种展示架和资料报刊等。”

施林：“非常好，那么你们把该采购的物品写成书面报告提交上来，为我们写采购计划提供详细资料。”

成员 B：“我们在制定采购预算之前，要对多家供货商进行比较，要充分比较设备的性能、价格与付费方式。”

施林：“还要考虑交货时间和售后服务问题。公司考虑把这次采购项目参与到市政府采购中心主持的公开采购活动中去。”

成员 A：“噢，昨天我已经把提交采购中心的方案上报了总经理办公室。”

施林：“嗯，我看到了。但是中间还有一些问题。比如说，你没有写清招标的具体时间和地点，还有，询标的具体时间和地点也要具体清楚。”

成员 A：“是吗？那可能是钟秘书她们忽视了，我回头让她们重做一份，尽快送到总经理办公室。”

施林：“那你同时把政府采购报告、招投标书复印一份给我。财务陈总监，你看看，你还有什么财务方面的问题。”

陈总监：“关于办公设备和用品的采购经费，事先一定要做出一个详细的部门预算。公司最近流动资金比较紧张，因此，接待区的重新装饰和布局应该力求节俭、实用，有些一时用不到的功能就不必强求。”

成员 A：“我们今天重新装饰一次，就应该力求功能齐全，跟上潮流，要不还有什么意思呀？”

陈总监：“我的意思是说，要节俭务实，象你们说的什么展示架、录像探头，有必要吗？”

成员 A：“怎么没必要？你到别家公司看看……”

施林：“唉，大家都是为了把公司的事情做得更好。简朴务实和与时俱进都是必要的。什么东西该买，什么东西过一段时间再买，咱们等预算出来了再讨论一下。那咱们先议议财务方面的具体细节吧。”

判断：

1. 施林能根据中小型会议的性质将会场安排成马蹄形，这样便于讨论发言，对。

2. 会场中间红色鲜花簇拥，座次安排井然有序，整个会场显得生动活泼而又安静高雅，对。

3. 会前，施林能就接待区的设备和家具问题多方征求相关部门的意见，听取与会者的发言，对。

4. 会前，施林能准备好会议议程及自己的讲话内容，并准备好适当的文字材料，对。

5. 会间，施林能创造和谐气氛，既鼓励讨论，又控制人员发言，并及时总结发言，对。

6. 施林在做引导发言时，将接待区设备和家具的选购方法一一告诉大家，对。

7. 当与会者之间发生争执时，施林能保持谨慎，及时把话题转入正题，对。

8. 会上施林说：“公司考虑把这次采购项目参与到市政府采购中心主持的公开采购活动中去。”错。因为，“政府采购”针对的是各级国家机关及实行预算管理的事业单位和社会团体，并不包括企业。“招标”也只有对达到财政部及省政府限额以上的项目才会实行。

9. 施林在讲解接待区物品采购时没有利用直观工具来增强说服力，错。

复习思考题

1. 简述会议的类型与作用。

2. 会议的要素有哪些？

3. 秘书应怎样做好会前工作？

4. 为什么开会要讲成本？

5. 秘书应怎样协助领导安排好会议议题？

实训题

[实训6－1] 下面记述的是一次内部会议

×年×月×日，××企业召开会议。会议由企业领导、月奖考评职能部门负责人参加。

首先，企业的劳资部门将会议文件发给与会者，接着劳资部门负责人致简短开场白，然后紧锣密鼓地将企业各部门月奖考评情况进行详细地通报：根据企业××规定××条××款，××部门加扣月奖多少多少等。在会议通报过程中，遇到了这样的情况，即根据发生事项的性质及危害程度，应该对发生该事项的相关部门进行考核。但由于企业对上述情况无合适的考核条款，因此，劳资部门要求提交会议讨论。为使会议通报继续进行，厂长把劳资部门提出的问题记录下来，示意劳资部门继续通报。月奖考评情况通报完毕后，厂长将会议中提出的问题一一交给与会人员进行讨论，经过较短时间的讨论，厂长做会议决定，会议结束。整个会议持续近4个小时，其中企业各部门月奖考评情况通报时间约占会议时间的三分之二，而通报中并没有很典型的需要通报的事项。

有人评价这是一次不成功的会议，理由：

1. 讨论的事项没有得到充分的讨论，不需要详尽通报的却一一通报。

2. 把最重要的会议内容放在与会人员最疲劳的时候讨论，影响讨论的质量。

请你分析，造成上述现象的原因是什么？如何修正？请写出具体修正方案。

［**实训6－2**］ 模拟召开一次小型的办公会议让学生准备会务工作。要求学生自定会议议题，写出会议议程表，会议用品方案，会场安排方案等。

［**实训6－3**］ 教师拟定一全省中专学校校长理论研讨会会议议题，让学生进行会务工作训练。包括：安排会议时间、地点，制定与会代表住宿、饮食方案，会场布置方案，分组讨论方案。拟写相关的文字材料，如会议通知，会议议程、日程表，开幕词、闭幕词，主题报告等。

第七章

信息与调研工作

学习目标

通过本章学习，了解信息同消息、情报、知识、资料等概念的区别，掌握信息工作的主要特征，重点认识它在秘书工作中的地位和作用，学会做好信息资料工作，培养秘书人员做好信息资料工作的能力。充分认识调查研究工作的重要意义，掌握调查研究工作的方式方法，自觉地承担起通过调查研究工作充当领导决策的耳目的任务。端正秘书人员对调查研究工作价值的认识，进而重视调查研究工作的开展，主动掌握调查研究的方式方法以及原则。

导读案例

日本政府和企业对信息工作非常重视，有人形容日本人在搜集信息方面像梭子鱼一样什么都不放过。的确如此，日本一些大的公司和企业在世界各地都有自己的派出机构，这些机构既是营业点，又是信息搜集点。日本最大的企业之一——日本三菱公司就十分重视信息的搜集与研究，雇佣了许多人包括外国人在国内外专门从事商业信息的搜集。该公司的信条是：企业的成败在于经营，而经营的关键在于信息和预测。日本索尼公司在20世纪50年代还是一个不起眼的小企业，1953年，该公司总经理盛田昭夫在美国考察时获得了晶体管问世的信息，立即从美国引进该项技术用于收音机和电视机，从而使企业获得了飞速的发展，并跨入了日本公司的前列。日本三井物产株式会社也是日本大企业之一，它蓬勃发展的一个重要因素也是信息。它建立了一个覆盖全球的信息网，每天获取的信息量达5万件以上，世界各地发生的重大政治、经济和贸易信息，三井总部都能了如指掌。

导读：信息是现代社会经济发展的三大支柱之一。看了以上案例，你对信息工作有了什么新的认识？你认为什么是信息？

第一节 信息的基本概念

一、信息的含义

（一）信息的含义和特征

信息与信息工作渗透在秘书工作的各个方面，各级领导要实现正确决策和科学管理，在很大程度上需要依赖秘书部门及时地提供准确、及时、全面、有用的信息。

那么，什么是信息呢？信息就是这个世界中客观事物特征和变化的最新的直接或间接的反映，它存在于自然界和人类社会的一切领域中，直接或间接地向人们显示着事物之间的客观联系，并经过传递再现客观事物的某种变化状态。

信息的主要特征有：

1. 客观性。信息是客观事物的特征和变化的最新反映，而客观事物的特征和变化是不以人的意志为转移的客观存在，所以反映这种客观存在的信息也就具备了客观性。

2. 时效性。信息是客观事物的特征和变化的最新反映，这个“最新”就体现了它的时效性。另外，信息的价值在于通过传递而利用，而一个信息的功能、作用、效益都会随着时间而改变的，因此，只有那些能够及时传递出来，并适合人们需要的信息才能利用，这正是社会需求的强烈的时效性带来了信息的时效性，只有及时的才是有价值的。

3. 传递性。信息本身是抽象的，它要借助于一定的载体，表现为具体的信息产品，才能为人们所感知、所接受。信息既可以以书面文字作为载体，又可以用声音图像作为载体，这样信息就能进行空间和时间上的传递，更广泛地发挥它的效用。

4. 共享性。信息的使用是共享的，这是它不同于其他一般物质的属性，它是电脑文字处理中的“复制”而不是“剪贴”，正像有人有一个好的想法，他把它写了出来，别人看了利用了这个想法，和原想法者分享了这个好想法带来的利益，但原想法者并没有因为他人的利用而失去了他的想法。

5. 系统性。客观世界处在不断的发展变化中，因而客观世界所发出的信息是连续不断的，具有连续性，而人们改造社会的工作也是一个系统工程，工作中连续不断出现的新问题、新情况要求我们必须系统掌握客观世界发展变化的内在信息，因此对人们的工作来说，信息需要具备系统性，才能更好地发挥它的作用。

（二）信息理论及信息方法

信息及信息理论是20世纪20年代通信成为科学研究的对象时，才作为一个重要的科学概念而出现的。它一经出现立刻在现代社会中显出巨大的效用，引起了全世界普遍的关注，并随着人们对它认识研究的深入而形成了成熟的信息理论系统。人们发现信息对经济的发展、社会的进步都有着巨大的作用，因此把21世纪称为“信息世纪”，把进行新产业革命的社会称为“信息社会”。比如现代社会中，如果你不懂收集信息、缺乏信息，你的生产经营都将会因为信息不通而受挫，从而受到经济损失。

适应信息社会的政治经济生活的需要，人们建立了各种收集信息的方法，尤其是在自己的日常工作中融入信息方法，最大程度地发挥信息的作用，首先就体现在关于信息观念上的转变；其次是重视信息的作用，越来越多的人把信息看成是无形的财富，那就是信息本身虽然不是财富，但它却可以转化为财富。

二、信息的分类

信息的分类有多种标准，按信息的载体分有语言信息、文字信息、电磁波信息；按信息的来源分有部门信息、领导信息、群众信息。此外还可分为内部信息和外部信息、历史信息与现实信息、国际信息与国内信息等。

（一）语言信息

语言信息指以口头语言为载体的信息，它是指那些人们口耳相传的信息，这类信息量大，但真假相混杂，对它的利用首先存在一个去伪存真的过程。

（二）文字信息

文字信息是以书面文字为载体的信息，具体表现为报纸、杂志、图书、政府各类宣传出版物、统计资料、专业文献、图谱图表、档案等。这类信息内容量大，可靠性较强，是人们收集信息的主要渠道。

（三）电磁波信息

电磁波信息指利用电磁波为载体的信息，它是随着科学技术的进步而产生的，具有更为快捷方便、跨越时空的特点，它具体表现为无线电波、卫星信号、计算机网络等。

（四）领导信息

领导信息指上级领导下达的信息，包括国家政策法律、方针路线、规定和指示，以及各级领导人带有指导性、指令性的讲话和文章。

（五）部门信息

部门信息指平行部门或不相隶属部门之间互相传递的信息。

（六）群众信息

群众信息指社会上不同地区、不同阶层、不同年龄职业的人们的呼声、意见、建议和要求，社会上的重大事件和动态等。

三、信息的作用

（一）信息有利于开发人类智力

由于信息是客观事物的特征和变化的反映，因此人们了解信息就等于了解了客观事物的特征的变化，提高了对客观事物的认识能力，丰富了知识。另外，人们对信息的接收并不是被动地全盘接受，存在着一个提炼加工的过程，而这个过程正好促进了人类自身认识问题、分析问题能力的提高，也就是开发了人类的智力。

（二）信息是一种生产力

信息是人类社会发展的重要资源。同样作为资源的物质和能量，为人类社会发展提供的是各种各样的材料和动力，信息则向人类提供知识和智慧，表现为一种无形的财富，正如工商界人士所说“信息就是资本”。当今世界，国与国之间的贫富差异，其中一个很重要的因素就是他们掌握信息、利用信息的能力不一样，所有这一切都说明信息资料在当今社会里就是一种生产力。

（三）信息是科学管理的前提

当今社会，一个单位要想在激烈的社会竞争中求得生存、立于不败之地，就必须实现科学的管理，而科学管理的前提必须是准确、快速地获得信息，因为只有掌握了及时准确的信息，才能及时了解社会发展的状况，实现符合社会发展需要的科学管理。

（四）信息是决策的基础和依据

决策工作的第一阶段是进行科学预测而确定目标，这需要将过去现在的各种信息进行收集加工；第二阶段是拟定决策方案，而方案的获得就是对收集到的各种信息进行认真科学地归纳、推理、判断、评价，所以信息资料是决策的基础和依据。

四、信息的管理

（一）信息工作人员的素质培养

信息工作是秘书人员工作的重要组成部分，由于信息工作在当前社会生活中的重要性，必须加强对秘书人员的信息工作的素质培养，主要指观察能力、收集信息的能力、分析与综合能力、公关能力、使用现代办公设备与通讯工具的能力的培养。此外，秘书人员还应养成认真负责的态度、诚实的品德和平时就注意系统、完整、全面收集各种有用信息的习惯，以及对新信息的敏感。

（二）信息工作制度

随着信息在人类社会发展中的作用越来越大，各级各部门也越来越多地重视信息工作的开展，建立有效的信息工作制度是其中很重要的手段，它包括建立通畅的信息网络，即专门负责信息收集、处理、传递、反馈的信息工作系统；建立一支精干的信息工作队伍，比如配备专职的信息工作人员；充分利用现代科学技术的成果装备收集信息的必要设备等。然后按照信息工作的原则和要求，准确、全面、及时地开展信息工作。

第二节 信息处理的一般程序

一、信息的收集与整理

（一）信息的收集

秘书人员在信息收集中的主要工作有：

1. 要弄清信息收集的范围。各个单位由于职能性质的不同，所需信息也是有区别的，但总体来看有这几方面是共同的信息收集范围，那就是对单位工作具有指导作用的党和国家的方针、政策和法律规定；各主管部门和有关上级部门的命令、指示、计划等；本单位、本系统的实际情况；国内外相关行业的发展状况和新技术、新规定等。

2. 开始信息的采集。这项工作可以由从事信息工作的专门人员利用建成的信息网络和必备的信息装备，遵循全面、准确、及时、真实的原则加以收集，具体来说有：一是从下级单位送交的文字材料中收集信息。二是从上级部门下发的文件、材料及通报、简报等内部资料中收集信息。三是从正常渠道传递的社会信息，比如报纸、杂志、书籍等材料中收集信息。四是通过各种会议、交流、参观访问主动地收集信息或交换有关信息。五是通过有目的地围绕某项工作展开调查研究收集信息。六是利用互联网广泛地收集国内外相关信息。

（二）信息的整理

信息的整理就是对所收集来的芜杂的信息进行加工处理使之系统化、条理化的过程，目的是方便供领导决策时使用。具体步骤为：

1. 筛选，就是从大量的信息中去粗取精、去伪存真的过程。方法主要有：一是分析法，即分析信息的真实性、价值性、代表性与典型性等性质。二是核对法，就是利用手中所有的权威性信息资料，对所收集来的信息进行对照，从而发现和纠正原始信息中的某些差错。三是调查法，就是根据需要对原始信息中表述出的事物运动变化情况，以及有关数据通过现场调查来检验它的真实性和准确性。这三种方法各有所长，都能够有效地帮助秘书人员对大量的各种信息进行比较、选择，丢弃那些虚假的、重复的、过时的、表面的、对本单位无用或价值不大的信息，以利于让领导用最少的时间、精力获得最大量、最优化的信息。

2. 加工，就是对筛选出的信息进行分析研究、综合与判断，使之有较高质量。这一过程是信息资料整理中比较复杂的高级劳动，前面对信息的筛选只是信息的初步整理，它还是零乱和缺乏条理的，只有把经过筛选初步整理的信息进行汇总、分析、归纳、推论、提出建议，才能使信息成为有情况、有分析、有建议、有一定深度的高层次信息，这种信息才是切合领导决策需要的，具有较大的参谋作用。

在这个加工的过程中要注意分清主要矛盾和次要矛盾、质和量、全局与局部的关系，然后从找准主旨、充实内容、综合分析、提出意见四个方面入手。同时也应注意，无论如何加工，都不能整理得过了头，以至于使信息失去了本来面目，从而就使得人们难以认识事物的真相，也使信息失去了它的价值。

3. 编制。为了有利于信息的传递，经过筛选、加工后的信息要进行编写，就是用书面形式对信息进行有序化处理，这是信息加工的结束工作。这项工作的原则是快和准，秘书人员可以把信息写成篇幅短小的信息文稿及时向领导传递，也可集中文稿编成诸如《信息摘要》等定期、不定期的文字材料，既可向上级传送，又可向下通报，还可用来与相关单位交流、交换。

二、信息的贮存与传递

（一）信息贮存

信息贮存就是把已被利用过的和尚未利用的、有继续使用价值的或将来可能有使用价值的信息按一定方法和次序贮存起来。信息的贮存贯穿于信息工作的全过程，它是收集整理和利用的中间环节。目前信息贮存的方法有两种：一种是传统的案卷贮存，它需要先进行分类，就是按一定规则进行信息的类别的划分，然后进行著录，就是对信息的内容、特点、来源、载体形态进行登记并编号，再按照一定的格式，把这些信息的有关项目用简练的语言摘记在卡片上，制成分类卡片，形成查阅信息的索引；另一种方法是计算机贮存，由于计算机存储的容量很大，而且方便查找，可以有效解决现代社会信息量越来越大，信息贮存和检索的工作愈加复杂的难题。因此，有条件的单位应提倡利用计算机进行信息的贮存和检索，这将更加有效地提高工作效率。

（二）信息传递

信息传递是把筛选加工后编制的信息通过各种途径提供给接受者和使用者，只有经过传递，才能使收集、整理成为有效的劳动，信息也才能因此达到既定目标，从而实现它的价值。一般来说，由于信息具有时效性、共享性，所以传递的速度越快，范围越广，信息的利用就越广泛、迅速，共享的意义就越大。

信息传递主要是空间传递和时间传递，它们可以通过文件、信件、录音录像带、胶卷、电报电话、传真、电视、计算机等来实现，也就是人们通常所说的口头传递、文书传递和电讯传递。

在信息的传递中，首先要注意传递的方向。也就是文秘人员传递信息时要认清方向，不漏传、不多传、不错传；其次要注意传递的准确，这里包括质量高、不失真，体现信息的客观可靠性；再次要注意提高信息传递的速度，也就是要及时、适时，当然也不是越快越好，应不急不缓；最后还应注意传递过程中的保密。领导机关发出的信息不少具有机密性，这时就需要通过机密的通道传递，以免泄密。

三、信息的反馈

（一）信息反馈的方式和作用

信息的反馈，就是把控制系统输出的信息与其作用的结果相比较后反送回来的过程。信息反馈是系统根据活动的结果来调整新的活动，而新活动的结果又用来指导下一轮更新的活动，如此循环往复地调节控制的基本形式，它是判断、检验决策正确与否的重要尺度，是不断修正、调整决策，使之更加符合客观实际的主要依据，是工作中的重要环节。

（二）信息反馈的途径和特点

信息反馈的途径，根本的就是上下左右的信息沟通，可以通过传报、汇报、文件的邮送等手段，特点是要畅通、方便、快捷。

（三）信息反馈的要求

信息反馈是实现正确指挥、控制、协调的重要保证，因此做好信息反馈的工作十分重要。而做好这项工作，主要的要求是：

1. 建立健全信息反馈系统，多层次、多渠道、多触角地保证上下左右信息沟通的顺畅，既保证把上级指示信息传达到基层，又能把基层执行情况反馈到上级手中。

2. 建立一套科学的工作制度，秘书部门要重视信息反馈工作的开展，保证信息反馈工作的顺利进行，因此要制定相应的工作制度，关注信息的反馈。

3. 充分发挥现代科学技术手段的作用，可以更加高效地反馈信息，提高工作的效率和信息传播的速度。

（四）反馈与决策

上级领导的决策要以信息部门收集整理的信息为依据。决策制定出来以后，由上而下层层传递给基层，基层遵照执行，然后把执行决策的进展情况、出现的问题以及提出的建议，由下而上反馈回领导层，领导层才能根据反馈的信息对原来的决策进行修改、补充，再用以指导基层工作，再反馈，再决策，循环往复推动工作更有效地开展。因此，反馈和决策是密不可分的，它们互为原因和结果。各级领导的决策要进一步完善、更好地维护国家和人民群众的利益，就必须及时收集反馈信息，并虚心地加以接受，才能优化决策，最终赢得广大人民群众的真心拥护。

第三节　调查研究概述

一、调查研究的意义、作用和基本原则

（一）调查研究的意义和作用

调查研究是人们有目的、有意识地考察、了解客观世界，并对所得资料进行分析研究得出正确结论，从而认识和改造客观世界的一种社会实践活动。它包含“调查”和“研究”这两种不同但又紧密联系的认识活动。“调查”是对客观事物的考察、了解，侧重于搜集资料，说明事物“是什么”，它是一种感性认识活动；“研究”则是对调查所得材料的综合分析、思维加工，侧重于弄清事物“为什么是这样以及怎么办”，它是一种理性认识活动。调查是研究的基础和前提，研究是调查的深化和发展，二者有先有后又互相渗透，密不可分。

调查研究作为人们认识世界、改造世界的一种基本科学方法，它的意义在于能帮助人们正确认识客观世界，是有效改造客观世界的重要条件之一，它还是培养和锻炼人才的一条重要途径，也是端正各级领导部门工作作风的重要方面。

调查研究工作是秘书工作的重要组成部分，秘书人员辅助决策、起草文件、协调工作等方面的日常工作都离不开调查研究，能否做好调查研究工作也是衡量秘书工作能力和水平的一个重要标准。因此调查研究在秘书工作中有着重要的作用，具体表现为：

1. 做好调查研究工作能够辅助领导决策。亲自到基层去调查研究，是领导和领导机构认识问题、解决问题的一种基础性的工作，也是做好领导工作的基本功。但领导者的时间和精力毕竟是有限的，所以领导的调查研究工作大多要由为领导提供决策辅助服务的秘书部门来完成，因此秘书人员做好调查研究工作，搜集和整理出最和客观实际相一致的信息资料是领导做好决策的前提和基础。即使领导做出决策后，秘书部门的调查研究也仍未结束，因为任何决策都不可能一次完善，客观事物也在不断变化，秘书部门要通过调查研究及时把有关反馈信息提供给领导，作为他们完善决策的依据，所以在领导决策全过程中离不开秘书人员的调查研究，调查研究可以让秘书的参谋辅助作用得到最大程度的发挥。

2. 调查研究可以帮助秘书人员做好各项工作。秘书部门作为单位信息中心、上传下达的枢纽，它的各项日常工作如搜集传递信息、起草文件、督查与协调、沟通上级与群众的联系、安排会议、接待来访来信等，都离不开调查研究。因为调查可以使秘书人员对本单位本系统的各个环节了如指掌，掌握最系统、最全面、最真实的各种信息，能使秘书人员更出色地完成自己的各项工作。调查研究可以说贯穿在秘书人员的全部工作过程中，不仅是一项经常性的工作，还更是秘书工作的基础，是秘书做好各项工作的保证。

3. 调查研究有助于提高秘书人员的工作能力。秘书人员要做好自己的工作，履行自己的职责，必须不断地提高自己的工作能力，而工作能力的提高一靠学习理论和专业知识，二靠大量的社会实践锻炼，调查研究则正是最重要的社会实践。秘书人员通过调查研究工作可以加深对党和国家政策法律的理解，可以从人民群众身上学到大量的鲜活的实践经验，提高

对不良现象的辨别能力，还可以培养分析能力、交际能力，实现自我完善的目标。所以调查研究有助于提高秘书人员的工作能力，是秘书人员工作中始终不能放弃的一种重要手段，尤其是对那些刚从学校出来，只有些书本知识的年轻秘书来说，调查研究可以帮助他们更快地成长起来。

（二）调查研究的基本原则

调查研究工作的目的是正确认识客观世界，进而改造客观世界，调查研究的活动关系到整个的决策管理工作，因而调查研究活动能否做好就显得尤为重要。为了做好调查研究工作，我们必须注意以下基本原则：

1. 实事求是原则。调查研究是对客观世界的一个感性和理性认识的过程，它的目的就是要反映客观世界的本来面目，因此调查人员在从事调查研究工作时必须本着实事求是的原则，有一说一，有二说二，既不夸大成绩，也不隐瞒错误，不避重就轻，不以领导个人意志为转移，坚持排除一切内外干扰。

2. 准确性时效性原则。调查研究的结果是领导决策的基础和前提。调查研究的结果必须准确无误，并及时地反映事情的真实情况，否则不仅会耽误工作，还将会造成严重后果，给工作带来损失。所以秘书人员在做调查研究时应坚持严谨、求实、勤奋的工作作风，使获得的调查研究成果既准确又及时。

3. 发展性系统性原则。客观事物是处在不断的运动变化中的，并且事物发展的前后因素之间是密切联系的，所以为了获得全面完整的调查研究资料，秘书人员在做调查研究工作时就必须要贯彻发展性系统性原则，以发展的眼光系统地了解事物变化的全过程和变化发展的前因后果，从而获得对事物的动态的、全面的认识。秘书人员要坚持整体地、全局地去分析一个事物的发展变化过程，而不是局部地、孤立地去研究一个个静止的现象。

二、调查研究课题的确定和程序安排

（一）课题的确定

调查研究课题在整个调查研究工作中占有举足轻重的作用，完成调查研究任务就是把调查研究课题所规定的项目弄清楚。

课题可以是领导授命，也可以是根据领导决策的需要、围绕某项中心工作自行确定。无论是哪一种命题方式都要选择那些有实际意义、最终对实际工作有所帮助的并且经过努力可以实现的课题进行调查研究。另外课题还应有新意，既是自己感兴趣、能发挥自己所长的，又是紧扣领导工作需求的。

（二）调查研究的准备

要做好调查研究就必须先做好准备工作，调查研究的准备工作包括以下几个方面：

1. 明确调查目的，选好调查对象。所谓目的也就是调查需要解决的问题，有了明确的目的，调查才能有的放矢；明确了调查目的后，就要围绕目的选择和确定调查的对象。在选择调查对象时要注意对象应具有典型性和代表性，只有这样，调查的结果才能符合实际，切实有效。

2. 学习掌握标准，准备相关资料。准备工作的第二步，是通过组织学习，掌握有关政策、法令、法规，掌握判断事物的标准，统一调查工作的指导思想。同时，为了掌握调查研究的主动权，还应对所调查的问题和对象的情况事先做一番了解工作，这就是搜集现有的资料和调查对象过去和现状的资料。

3. 制定调查计划，拟定调查提纲。制定计划可以使调查活动有条理、系统化地进行。所以在前面各项准备的基础上，要立刻确定一个可行的计划并拟定好相应提纲。计划的内容落实成提纲，应包括调查工作的指导思想、目的、调查的范围和对象、调查的具体内容和项目、调查的进度安排、具体方式方法以及调查中的纪律要求等。计划的制定总体来说应围绕调查目的，做多角度的设想，注意随机性，与客观实际相结合，使整个调查有章可循。

（三）调查人员的态度和访谈技巧

调查研究工作是由人来组织实施的，调查的对象很多时候也是具体的人，因此调查人员和调查对象在整个调查中的表现对于调查工作来说就尤为关键。而调查对象的情况又取决于调查人员的态度和访谈技巧。因此，从事调查研究工作的秘书人员应首先端正工作态度，确立正确的指导思想，本着实事求是的调查原则如实反映客观情况；其次要本着谦虚谨慎的态度，待人接物不摆架子、不自以为是，要平等待人，虚心学习，听取调查对象的意见，努力寻求一种与调查对象水乳交融的境界；最后调查人员还应学习有关专业知识、掌握调查对象心理、培养有关访谈的技巧，保证调查对象在访谈中能畅所欲言。

（四）调查的程序和注意事项

调查人员在做好以上的准备工作后，就可以具体实施调查了，具体的程序就是按照事先选好的调查课题，制定好的调查计划和提纲，抽调适当、有力的人员组成调查队伍，深入基层，采用各种调查的方式方法，充分利用多种有效的技术和工具，达到搜集大量第一手与调查对象相关的资料信息的目的。

为了获取真实可靠的材料，最终为解决客观问题服务，调查人员在调查中应遵循相关调查原则，即实事求是，注意准确性、时效性、发展性和系统性。另外，还应注意做好充分的调查准备，选择科学的调查方法，在搜集材料的过程中忌一叶障目、不见泰山；忌三人市虎；忌先入为主；忌走马观花。

（五）调查材料的搜集、记录与整理

调查过程能使调查人员得到许多第一手材料，如访问的原始记录、问卷的数据统计、典型的具体做法等，作为调查人员对此要认真细致地加以搜集，并做详细的记录，尤其是访谈或座谈会中做记录要反映调查对象的真实态度，不断章取义和任意割裂。然后对所搜集、记录下来的信息资料进行适当的整理，比如进行剪贴、分类、编目、摘要等，以供日后研究使用。这个整理的过程就是根据调研课题的要求对资料进行科学处理的过程，具体经过先鉴别、筛选，然后分类、提炼、综合几个步骤，达到把真实有用的材料从纷繁杂乱的材料中分离出来，经过归纳、演绎等过程从中得出准确、客观、令人信服的结论的目的。

第四节 调查研究的基本方式方法

为了实现调查研究的目的，调查人员可以根据调研课题、调查的范围和对象以及调查人员自身时间精力的情况，选择不同的调查研究的方式方法。

一、对群体的调查方式

以群体为对象的调查，特征是调查对象是某一社会群体，代表了某一阶层、某一领域的意向，调查的课题相对来说较为具体化和专门化。

（一）调查会和研讨会

召开调查会和研讨会就是把调查对象集中在一起，由主持人先讲清调查目的、内容、意义，然后进行引导发言、讨论，通过与会者畅所欲言，相互启发补充，达到掌握情况、弄清事情真相的目的。

这种方法的好处在于：一是调查对象比较集中，调查对象可以相互启发，集思广益，便于从各种意见的比较中发现新问题，使调查不断深入，结论也比较有代表性。二是相对较为节约人力、物力和时间。不足是受时间、空间限制，调查对象也可能有从众心理，不容易得到精确数据，并且难以保密。

运用这种调查方式要注意：一是确定参加人选和人数，选择那些了解真实情况、敢于讲真话的、有代表性的调查对象，人数以 5 ~ 7 人或 7 ~ 8 人为宜，事先做通知，让调查对象有所准备；二是主持人除熟悉调查目的和内容外，对调查对象的情况也要尽可能心中有数，这样在主持时才能把握讨论的方向，调动与会者的积极性，使大家围绕主题充分发言；三是认真做好记录。

（二）专家论证

专家是指某一领域里确有建树的行家里手，由于他们长期积累下的经验和成果，使他们成为公认的具有权威性的一个社会群体。运用专家论证的方法就是要发挥他们的专业所长和权威性的力量，对某一课题的可行性和有效性进行调查论证。一般用于对公共事业、建设项目等进行预测性调查。

运用这种方法，首先要选择合适的专家和人数，然后提供相关资料，安排实地考察，有时还应进行专门的实验，最后经过反复的讨论论证形成结论，以供有关方面考虑；或者将预测内容归纳成若干答案明确的问题，分发给一定数量的专家，分别征求他们的意见，回收意见归纳综合，再反馈给他们，再征求意见，再反馈，如此循环多次，最后得出比较一致的意见。在这种调查方法中，秘书人员只起到一个组织和提供服务的作用，调查的主体人员是专家。

这种调查的优点是专业性强、权威可靠。但所费时间精力较大。

（三）网络调查

网络调查就是充分发挥计算机网络信息量大、方便快捷、新鲜有趣的特点，通过网络进行某一课题的调查。具体做法是调查人员通过互联网络发出调查课题和要求，采用问卷或讨论的方式收集来自于网络方方面面的信息资料。好处在于参加人数众多、构成复杂，能较为全面地反映问题，缺点是由于网络的虚拟性，想得到较为真实的情况比较困难，所以这种方法一般不用来作为重大决策问题的调查研究，而只是用来做一般性的社会调查。

二、对个体的调查方式

对一个个调查对象的个体采用的调查方式可以收到具体、深入的调查效果，还有利于保密，不足的是由于分散进行，比较费时费力，取得的材料也往往是感性的、不系统的，容易得出片面的结论。

（一）个别访问

个别访问指调查人员和调查对象进行面对面个别交谈、分别访问，了解或核实情况的调查方法，调查对象一般是有关领导人、当事人和知情人。领导人是有关部门的负责人，他们相对来说更为熟悉情况，看问题也比较全面，听取他们的意见可以让调查少走弯路；当事人是事情的亲历者，事情的全过程只有他们最了解，向他们做调查可以得到最真实的细节，但有时他们也容易就事论事，只看到局部忽略了整体，或因为利益产生片面性、因为顾虑而不敢说真话，这时就需要向知情人调查；知情人不一定直接参与事情的过程中，但旁观者清，还因为没有利害冲突，往往没有顾虑，更能反映真实情况。

个别访问中要注意讲究技巧问题，要了解调查对象的性格经历，注意解除调查对象的顾虑，选择好谈话的时间、地点，随时掌握调查对象的情绪和心理变化，帮助获得真实的材料和判断材料的真伪。

（二）微服查访

有时在调查研究的过程中，由于涉及到方方面面的利益冲突，使调查对象心存顾虑，这时就很难得到真实的材料，甚至很难将调查进行下去，这时调查人员就应调整自己的调查方式，用隐瞒自己真实身份的方法，随机灵活地了解事情的真实情况，这种方法就是微服查访。微服查访通常用来对涉及领导或领导决策情况问题的调查，有助于在正常渠道下得不到真实信息的情况时获取第一手资料，但这种方法实际上反映出了上下之间的隔膜，提醒领导者改变工作作风，真正时时处处想着人民群众。

（三）电话调查

有时调查课题较小，调查人员的时间精力有限，调查对象的构成也并不复杂，就可以采用电话调查的方法对有关问题进行调查。利用这种方法省时省力、直接具体。不足的是调查的收获取决于调查对象的配合，如果调查对象不肯配合，电话调查将难以继续。

运用电话调查时要求调查人员对调查的目的、内容已经比较熟悉，打电话只是对某些细节求得实证，所以要注意谈话的技巧，让调查对象无可推避。

三、对集合对象的调查方法

（一）普遍调查

普遍调查就是对一定范围内的调查对象无一例外地逐个进行的调查。采用这种方法目的在于对一定调查范围内、特定时间状态下的社会现象的全面掌握，比如人口普查等。这种普遍调查从范围上说可大可小，可以是全国性的，也可以是一个单位内部的，采用这种方法时一定要统一领导、统一行动、同时进行。它的优点在于调查资料全面而准确，有助于了解具体、全面的情况。不足是工作量大，花费也较大，一般只用来对有关全局性的基本情况进行调查。

（二）抽样调查

按照随机的原则，在一定的总体调查范围内有目的地选择某个或某几个具有代表性的特定调查对象作为样本进行调查，然后以对样本进行调查统计的结果来推断总体，这种调查方法就是抽样调查。这是一种比较科学、经济而又能反映全局的调查方法。它的好处在于调查结果比较客观，调查结果用数学方法进行计算，便于做总体分析，推断也会比较准确。不足的是如果抽取的样本出现随意性、偶然性，而不是科学性，就会出现缺漏的现象，从而导致调查结果的偏离。

抽样调查中抽样的方法非常关键，常用方法是随机抽样，具体有简单随机抽样、等距随机抽样、分类随机抽样、整群随机抽样等。此外还可非随机抽样，也就是按调查人员的主观愿望抽取样本，具体有任意抽样、判断抽样、配额抽样等。

抽样方法确定后就是确定抽样数目，确定数目的原则是：在保证调查达到预期准确度要求的前提下，数目越少越好。最后是样本的推算，即根据调查的结果，运用数学方法，对总体的数量特征做出估计和判断，以达到对现象总体的认识，实现抽样调查的目的。

（三）综合调查

综合调查就是综合运用多种调查方法，对调查对象进行调查，实现调查目的的方法。客观事物是纷繁复杂、瞬息万变的，为了全面准确地弄清调查的内容，实现调查目的，调查人员应灵活掌握各种调查方法，综合地加以运用。有时调查课题本身就是一个综合性的课题，它就需要调查人员多方面了解调查对象的情况，然后加以综合地反映。这种方法一般用在对较大课题的调查研究上。

（四）统计调查

利用现有各种工作生产情况的统计资料和统计手段，获取所需数据资料，达到了解情况、获得信息的调查方法就是统计调查。这种方法简便易行，适用于调查对象涉及面较广的数据信息调查。

统计调查是一种常用的、基本的调查方法，做统计调查的具体方法是收集原始记录，造表进行统计，对统计的材料进行有筛选、有判断的摘录。

（五）专题调查

专题调查就是为了研究某些专题问题而进行的调查。它的调查内容是单方面的，调查对象明确、内容单一、有针对性，能够探索出很多专门问题，适合于用来解决实际问题，耗费人力、物力也较其他方法少。

（六）典型调查

典型调查的基本点是依据调查目的，在对被研究的现象进行合理分析的基础上，有意识地选择少数具有代表性的对象进行深入细致的调查，探究其内在规律，并用其结果来推论全体的情况，就是毛泽东同志所比喻的"解剖麻雀"的方法。

正确选择典型是进行典型调查、保证调查科学性的关键。所谓的典型就是同类中最具代表性的人或事物。因此，在选择典型时要有实事求是的态度，保证典型的真实性和客观性，还要有发展的观点，根据不断变化的实际情况来选择典型。具体可以采用选择中间水平法、分类选择法、择优或择劣法。

典型调查的好处是调查的范围小、时间短、费用低、便于进行深入而细致的调查，尤其是如果典型选择比较准确，常常可"窥一斑而见全豹"，以较小的代价获得较大的收益。但它也有局限性，如果典型的选择有主观随意性，典型与同类事物之间仍有一定差异，得出的结论是否一定是全局性的、有普遍意义的，很难用科学手段确定。

（七）重点调查

根据调查目的，从调查对象的总体中选择那些能够反映总体基本情况的重点对象或主要对象，作为调查对象进行的调查就叫重点调查。重点调查实际上就是抓事物的主要矛盾和矛盾的主要方面，它适用于那些只需了解和掌握基本情况，而调查对象中的一部分又能比较集中地反映情况的调查。

重点调查的关键是准确恰当地选择重点对象，这种方法的优点是所需调查的对象不多，花费不大，能够收到事半功倍的效果。

（八）追踪调查

客观事物是不断发展变化的，工作也是有延续性的，为了全面、系统地了解某一事件或工作的进程，就需要进行追踪调查。这种调查是长期性的、连续性的，它的特点在于能对调查对象获得一个发展性的认识，有利于对客观事物规律的深入了解，获得的资料也更系统全面。比如要调查青少年心理发展与环境的影响，就必须进行长期的追踪调查。这种调查需要调查人员长期的投入，时间精力耗费较大，一般用于对科学研究项目的调查。

（九）对比调查

客观事物除了是发展变化的，还是相互联系的，因此对客观对象的研究中就存在相互比较，从中发现差异、找出规律的必要，所谓对比调查就是对两个或两个以上相互存在联系的对象同时进行调查研究，从中发现异同，找出规律。这种调查常用于对新旧产品和新旧方案的比较中。

（十）分次调查

所谓分次调查是针对工作的阶段性特点而采用的一种调查方法，也就是调查工作不是一次完成，而是根据工作的阶段性进展分几次完成，采用这种调查方法也是为了保证全面系统地反映工作开展的全部情况，有利于人们对工作情况获得一个系统的认识。

（十一）其他调查方法

除了上述几种常用的调查方法外，根据客观实际的需要，人们在工作中还有其他的一些调查方法，比如查阅资料调查法、民意测验调查法，等等。而且在许多具体的调查活动中往往是多种调查方法相互结合，取长补短，只要能最好地实现调查的目的，对解决实际问题、提高工作效率有益，就是最好的调查方法。

四、书面调查与实地考察方式

根据调查的形式和手段，调查方式可以分为书面调查和实地考察两种方式。

（一）书面调查方式

书面调查方式就是在调查面较广而调查问题又比较集中的时候采用的，调查人员围绕调查目标拟定若干问题，印成问卷，供调查对象以文字作答，然后由调查人员进行统计分析的一种调查方式。这种方式的好处是调查对象的答卷不受拘束，避免了面对面调查时人为的影响。不足是无法把调查引向深入，同时真实性也难以把握。

采用这种书面调查方式时，问卷的设计质量非常关键，问卷质量高，就能反映问题的本来面目，体现调查的要求，得到的结果就好；问卷质量低就无法实现调查的目的。

书面问卷又称为调查表，它通常有两种类型：封闭式问卷和开放式问卷。

封闭式问卷的题目设计成选择题，可以是多项选择、是非选择、对比选择、意见选择等，调查对象在提供的答案内做出选择，特点在于答案规范集中，便于计算机统计，缺点是调查对象只能在事先设计的答案中做出有限的选择，无法发挥主观能动性，无法进行特殊情况的调查和将调查引向深入。

开放式问卷的题目是问答题，不列答案，让调查对象自行答题，而不受任何限制。它的好处在于可以使调查对象充分自由发挥，详述已见，所得资料丰富、具体，有利于调查的深入。不足是答案较零散，不利于计算机统计，归纳概括的工作量也较大，并且调查对象常常不愿合作。

（二）实地调查方式

这种方式就是让调查人员亲临现场进行寻访观察，直接了解当时当地发生事情的真实情况，它可以印证口头调查的情况，并丰富调查人员的感性认识，有助于理解和分析调查对象的思想和行为。这种调查方式的好处是通过直接观察，可取得可靠的第一手资料，具有直观性和可靠性，简便易行，比较灵活。缺点是表面性和偶然性，尤其是可能造成基层单位的弄虚作假，因此运用这种方法应事先保密，调查人员到达现场后将现场察看与个别访谈相结合，并尽可能多走几个观察点，进行比较，尽量避免产生观察误差。使用这种调查方式的调查人员更要克服浮躁的心理，不能只走马观花、浮光掠影地看表面现象，而应有深入基层、沉下去的决心，踏踏实实多走多听多看，多侧面地了解各方面情况。

第五节　对调查材料的分析研究及处理

一、对调查材料分析研究的意义、特征和要领

采用各种不同的调查方法深入实际，搜集大量第一手的信息资料还只是调查研究工作的第一步——调查，它只是一种感性认识活动，要想从这些感性认识材料中得到对社会现象本质及其发展规律的认识，就还需进行调查研究工作的第二步——研究，它是一种在感性认识基础上的理性认识过程，也就是对调查材料进行分析研究的过程。

（一）分析研究工作的意义和特征

对调查材料的分析研究是调查研究工作不可缺少的一部分，它是调查的发展和深化。调查是研究的基础和前提，两者相互联系、彼此渗透、不可分割。在调查的过程中，必然伴随着初步的分析研究，这样才能使调查有的放矢，始终沿着正确的方向进行。调查结束后，收集起来的大量感性认识材料，只有经过分析研究以后才能变成对客观实际的理性认识，才能反映人们对客观世界规律的真正认识，也才能用来指导人们改造客观世界，否则调查材料则仍将是一堆零散的材料，只能是对客观实际的一种记录而没有人类思维加工的痕迹，那不是调查研究工作的最终目的。

分析研究工作由于是对感性材料的理性认识，所以它的特征是明显的人类思维加工过程，它借助人类理性的思考，产生的是主观形态的东西，是人们认识世界的科学方法。

（二）秘书分析研究要领

正如前面所述，调查仅仅是完成了第一步，只有分析研究的结果才能最终实现参谋辅助领导决策的目的。为了使分析研究的结果能够真正辅助领导制定正确政策、实施科学决策，秘书人员对调查所收集的信息资料进行分析研究时要注意以下要领：

1. 实事求是原则。无论是调查还是研究都必须从客观实际出发，尊重事实，收集尽可能丰富、全面、真实的客观材料，并对此进行科学分析，找到事物的内在联系和规律，获取

对调查事物的正确认识，既不“先入为主”，带着“框子”去调查，也不能违背事实，对客观实际做任意夸大或缩小的所谓分析研究。

2. 科学地占有资料，摆正调查与研究的关系。调查与研究是有机的整体，二者不能机械地割裂开来，翔实地占有大量真实材料之后，要采用科学的方法对材料进行分析研究，才能获得正确的调查研究结果。

3. 学习有关知识，掌握科学方法。研究是对调查材料进行分析、归纳、判断，探求事物规律的过程，在这个过程中需要秘书人员有科学的世界观和方法论，以及具体的分析研究方法，比如哲学的方法、逻辑的方法、数学的方法等。所以，秘书人员要做好分析研究工作，还应掌握相关专业知识，提高自己的工作能力。

二、对调查材料的研究方法

研究是指根据调查所得的材料，进行整理分类、核实，并以科学的方法进行分析研究，找出具有规律性的东西，引出理论性的正确结论的过程。在具体的工作实践中对调查材料进行分析研究的具体方法相当广泛，下面介绍几种主要的方法：

（一）定性、定量及度量分析研究

定性分析是测定物质包含哪些成分及性质的一种分析方法；定量分析是测定物质所含各种成分的数量的一种分析方法；度量分析，实质上是定性分析与定量分析的综合，它既是定性分析，又是定量分析，是定性的定量分析，又是定量的定性分析。

这种分析研究方法是由于调查材料具有模糊特点所决定的。运用这种分析研究方法，就是要分析在整个调查材料中，有多少材料在多大程度上反映调查对象的肯定方面，又有多少材料在多大程度上反映调查对象的否定方面，然后，在此基础上，得出较为客观公正的结论。

（二）系统研究、动态研究及概率研究方法

调查材料由于客观事物的变化发展性而具有了系统性、发展性、复杂性、随机性的特点，因此在对调查材料进行分析研究时就必须充分考虑调查材料这些方面的特点，而选用最合适、最有效、最科学的分析研究方法。

系统研究方法就是针对调查材料的系统性、复杂性特点，按照系统论的原则进行研究的方法，也就是从调查材料的整体以及各种材料的相互联系中，把握事物规律的研究方法。在研究中要求把同类事物按一定关系组成整体，而不是割裂开来看待。运用这种方法要求调查材料尽可能全面翔实，不能以偏概全，注重客观事物之间的内在联系，包括它们与其相关客观环境的研究。

动态研究是针对调查材料的发展性和连续性而采用的一种研究方法，那就是要把研究对象看成一个动态的、不断发展的对象来进行研究，因此要求分析研究者以发展的眼光看待客观事物，关注客观事物的历史、现在和将来，而不能用静止、僵化的观念把调查材料看成一个个静止不动的对象做凝固的研究。

概率研究方法是由调查材料的随机性决定的。客观世界中调查对象是繁多复杂的，由于人力物力的原因，在进行调查工作时，调查对象往往是随机抽取的，同时调查对象本身也具有很大的随机性，这就造成对同一对象的调查既可能得到这样的材料，也可能得到那样的材料，或者得到的材料可能是真实的，也可能是虚假的，具有极大的随机性。对于这样的材料就需要进行概率研究，也就是运用概率统计的方法，对已经获得的大量随机性材料进行统计研究，以揭示调查对象变化的统计规律性，从而找出事物的真正规律。

（三）综合比较与对比比较方法

客观世界的纷繁复杂决定了调查材料的芜杂，包括了调查对象的方方面面，而且客观事物的发展变化也是受多种因素影响和制约的，因此我们要想找出事物发展的本质规律，就不能不考虑到影响事物发展的相关因素，这时就需要采用综合比较与对比比较的分析方法。

综合比较是把对象放在材料的全体中进行比较，通过比较它在总体中所占比重的大小，反映对象的地位，综合分析各种因素之间相互影响的程度，从中发现对象对总体的影响程度，从而找出影响事物变化的主要矛盾。

对比比较就是把两个相互联系、相互制约的对象通过对比比较，找出它们的异同，理清它们相互影响的比重。比如在客观条件大致相同的不同单位，由于各种主观因素的影响，同一件工作的结果可能有较大的差异，通过对比分析的方法，就可以从中找出原因，做出适当的决策调整。

（四）其他分析研究方法

调查方法的多样性、调查对象的复杂性决定了调查材料的丰富复杂，对材料的分析研究方法也不是一成不变的，对一份具体调查材料采用什么样的分析研究方法应灵活掌握。除了以上介绍的几种分析研究方法外，人们常用的还有逻辑分析法、核对分析法、历史分析法、历史与逻辑相结合的综合分析法等。

三、对调查材料的处理

对调查材料的处理就是对信息资料进行加工整理的过程，它是调查研究工作中不可缺少的一个重要环节，包括一般处理、分析概括、撰写调查报告几个步骤。

（一）调查材料的一般处理

对调查材料的一般处理是分析研究工作的前奏和准备。从调查中得到的材料虽然丰富多彩，但往往还是处于一种自然状态中的原始材料，它们一般是感性的、零碎的、无序的和不系统的，并且在其中难免真伪相杂。只有对它们先进行一番分类、鉴别、筛选的一般处理，才能使之井然有序，为分析研究做好准备。

分类就是按一定的标准使材料条理化、系统化；鉴别是去发现材料的真伪；筛选是从大量的材料中选出有用的、可靠的材料。

（二）调查材料的分析和概括

经过分类、鉴别和筛选后的材料仍然还只是调查对象的客观记录，还只是一种感性认识，它还不能自然反映事物的本质规律，这就需要对它进行分析和概括，只有经过对调查材料的分析、归纳、判断，才能使对事物的认识从感性上升到理性，真正完成调查研究工作的任务。对调查材料的分析和概括必须使用科学的方法（具体方法见上文的介绍）。

（三）撰写调查报告的注意事项

调查报告是秘书人员用文字形式把调查研究的结果表述出来，是对整个调研活动的反映和总结。撰写调查报告是调查研究过程的最后完成阶段，调查研究的结果只有写成文字才能供有关领导决策时参考，调查研究的目的才能得到实现。

调查报告要能够完全地反映调查研究的全过程，突出调查研究的结果，因此在撰写调查报告时要注意以下事项：

1. 把握调研主题。具体调查工作可能涉及到的范围较为广泛，在写调查报告时应该抓住主要问题，突出调查研究的主攻方向，使主题集中、鲜明、深刻，这样才能主次分明，便于领导在决策时抓住重点。

2. 内容必须真实。调查研究的原则之一是实事求是，目的是为领导决策提供真实可靠的材料，所以报告的内容必须真实，符合事物的本来面貌，既不能以自己的好恶取舍材料，又不能以领导的意图下结论。

3. 简明扼要，注重时效。调查报告是给领导看的，而领导的时间精力有限，这就要求报告必须写得文字简洁、条理清楚，让阅读者能迅速把握主旨，达到报告的目的。另外，调查研究就是为了解决工作实践中随时发生的问题，调查研究的成果具有很强的时效性，因此调查报告不得拖拉延误，要抓紧时间，确保及时有效地反映情况、解决问题。

第六节　秘书的信息调研工作与参谋辅助职能

一、根据信息制定可行方案

调研的目的就是了解情况、收集信息，它们在秘书工作中占有重要位置，这是因为秘书部门是领导机构的办事部门，处于各单位枢纽的位置上，能够方便、快捷、全面地掌握各种信息，而社会发展的实践已经证明，信息是各单位掌握了解基本情况、制定方针政策、反馈情况、促进工作开展的依据，所以秘书部门在某种意义上讲，就是信息管理部门，秘书发挥领导的参谋辅助作用就体现在秘书部门调查研究、全面掌握信息上。秘书的这种利用信息发挥参谋辅助作用贯穿在整个决策、管理的全过程中。

客观世界是不断发展变化的，新情况、新问题、新经验、新事物不断涌现，领导机构实施决策和管理工作中要注意客观世界的不断发展变化，因此只有及时掌握各种信息资料，才能制定和运行真正切实可行的方案。而领导的精力是有限的，对信息资料的掌握就更多地依赖于秘书的参谋作用了。

（一）适变参谋

领导决策的过程，就是信息资料的收集、利用、反馈的过程。决策前通过掌握各种信息，在众多问题中抓住关键问题，尤其是及时掌握各方面的信息以适应不断变化的客观世界，才能适应社会变化的需要，制定出切合客观事物发展的决策。秘书在辅助领导决策前的一项重要工作就是要发挥信息资料准确及时的特点，实现适变参谋的功能。

（二）应变参谋

决策制定出来后，通过相应的渠道传递到基层去执行，基层在执行中发现的情况、产生的问题以及取得的成果，通过信息反馈的渠道反馈到领导机构的手中，而且很多工作由于历史的原因、客观的原因，事先的预测决策不一定能完全符合客观实际情况，决策过程中要随时做好应变的准备，秘书部门从辅助预测到检查决策实施的整个过程，都要注意信息资料的收集分析，为领导做应变的参谋。

（三）求变参谋

为了更加有效地推进工作的快速发展，领导机构不能总是被动地适应客观情况的变化，仅仅做适变、应变的决策，而是要主动地走在事情的前面，创造性地制定决策，以求变的方式来主动控制未来客观事物发展的方向，这是领导机构制定决策的更高境界的要求。

客观实际也已证明，主动创新是推动工作发展的强大动力，而创新就不能墨守陈规，而应该求新求变，主动出击，大胆改革。当然创新不是凭空想象，而是以各种反映客观实际的信息资料为依据，这时秘书部门的信息资料工作就需要有意识地关注变化，从求变的角度对信息资料进行加工整理，从而发挥信息资料在领导决策中求变的参谋作用。

二、根据信息补充优化决策方案

秘书部门通过自己不间断的信息资料工作，在领导决策中起到参谋辅助作用，具体表现在：

（一）对领导决策意图的补充优化

领导机构在做出决策前要对事情的发展趋势进行预测，以便能有效地指导未来工作，而这一预测需要以信息资料作为依据，这时领导就会把决策的意图告诉给秘书人员，要求他们根据这一意图收集整理相关信息资料，而此时秘书部门就可以通过提供给领导的历史资料、现实情况和科学知识等信息资料，起到补充和优化领导决策意图的作用。

（二）对领导抉择的辅助

为了保证工作的顺利展开，领导制定决策时往往会根据手头的信息资料提出各种方案，最后就需要在众多的方案中抉择最能符合客观事物需要，又最能有利于工作开展的一项方案，而这同样需要依赖于秘书部门的信息资料工作。通过秘书及时收集的信息资料，领导才能知道决策是否仍符合客观实际的需要，决策是否有相关的主客观因素来保证其实施。所以这时秘书的信息资料工作就起到了帮助领导抉择的作用。

（三）对实施决策的辅助

秘书部门信息资料工作对实施决策的辅助作用，主要表现为控制管理的工具，即决策做出后要实施，在实施的过程中要通过信息反馈系统来掌握、控制实施的情况，或指导加快步伐、或矫正实施的步骤、或补充完善决策的内容，只有通过秘书部门的收集整理、反馈信息资料的工作，领导决策在实施过程中表现出的种种情况才能及时回到领导手中，帮助领导根据需要对决策做出相应调整，保证决策实施得更好，能顺利完满地达到预期的目标。

三、根据信息在管理中拾遗补缺

所谓管理，就是按照某一目标对一个系统进行闭路控制，也就是从各方面获得信息资料，然后对这些信息资料进行加工，发出指令，作用于该系统，用以达到某一个既定的目标。所以，我们可以说信息资料工作是进行管理的必不可少的条件，尤其是秘书部门处在单位的信息枢纽，能够接触到领导都接触不到的各种信息，比如秘书部门通过值班工作可以接触到诸如反映情况的、告状的、请求处理突发事件的各种信息，这些事情看起来可能很小，但它都关系到管理工作的顺利进行，是对日常管理的一种拾遗补缺。

（一）秘书对管理活动拾遗补缺的有利条件

作为单位的枢纽部门，秘书部门是单位的信息中心，它联系上下左右、沟通四面八方，是大量种类繁多信息的集散地，另一方面秘书人员最接近领导，而他们本身并不是领导，这有助于他们深入群众、了解到更为真实可靠的信息，这些都是秘书对管理活动发挥拾遗补缺作用的有利条件。

（二）秘书拾遗补缺的主要途径

领导实现对单位、对工作的管理活动离不开秘书的信息资料工作，秘书部门日常的信息资料工作是领导制定决策、实施管理的依据，而在管理活动中发挥拾遗补缺的工作则更需要秘书人员有较强的观察能力、分析能力，即做到眼观六路、耳听八方，哪怕是很细微的信息，只要它关系到领导的管理工作都应该收集起来。这其中的主要途径有：

1. 在日常的接待工作、值班工作中注意收集有关信息。

2. 上传下达过程中听取群众的议论。

3. 对单位内外有关动向的了解。

4. 对生活中听到、看到的种种现象进行提取和分析。

总之，在信息资料的开发和利用已经关系到整个社会进步和经济发展的今天，信息资料工作的作用和地位越来越显著，它正越来越多地影响到人类社会活动的各个领域，作为单位承担信息资料收集整理工作的秘书部门，借助于信息资料工作能够发挥的作用越来越明显，因此秘书部门应特别重视做好信息资料工作，把它看成是发挥参谋辅助作用的重要手段，认真加以对待。

案例研习

案例7－1：运用所学知识观摩、研习以下案例，从中巩固对调查研究工作意义、方法等方面的认识和理解。

北京长城饭店是1979年6月由国务院批准的全国第三家中外合资合营企业。1983年12月试营业，是北京8家五星级饭店中开业最早的饭店，是北京的第一座玻璃大厦，北京80年代十大建筑之一。随着改革开放的深入发展，北京新建的大批高档饭店投入营运，饭店业的竞争日益加剧，据长城饭店一位销售经理的报告统计，目前北京饭店的总数已超过游客需求。长城饭店之所以能在激烈的竞争中立于不败之地，成为京城饭店的佼佼者之一，除了出色的推销工作和优质服务外，饭店管理者认为公共关系工作在塑造饭店形象上发挥了重要的作用。

一提到长城饭店的公关工作，人们立刻会想到举世闻名的里根总统的答谢宴会、北京市副市长证婚的95对新人集体婚礼、颐和园的中秋赏月和十三陵的野外烧烤等一系列使长城饭店名声鹊起的专题公关活动。长城饭店的大量公关工作，尤其是围绕为客人服务的日常公关工作，首先源于它周密系统的调查研究。

长城饭店日常的调查研究通常有以下几方面组成。

（一）日调查

1. 问卷调查。每天将表放在客房内，表中的32项内容涉及客人对饭店的总体评价、故地重游再来北京时再住长城饭店的可能性有多大、对十几个类别的服务质量评价如何、对服务员服务态度评价如何，以及是否加入喜来登俱乐部和客人的游历情况等。

2. 接待投诉。几位客户经理24小时轮班在大厅内接待客人反映情况，随时随地帮助客人处理困难、受理投诉、解答各种问题。

调查表和投诉意见，每天集中收回，由客房部与公关部进行统计整理，其结果当晚交饭店总经理，使决策层及时了解情况，次日早晨在各部门经理例会上通报情况。

（二）月调查

1. 顾客态度调查。每天按等距抽样向客人发送喜来登集团在全球统一使用的调查问卷。每日收回，月底集中寄到喜来登集团总部，进行全球性综合分析，并在全球范围内进行季度评比。根据量化分析对全球最好的喜来登饭店和进步最快的饭店给予奖励。

2. 市场调查。前台经理与在京各大饭店的前台经理每月交流一次游客情况，互通情报，共同分析本地区的形势。

（三）半年调查

喜来登总部每半年召开一次世界范围内的全球旅游情形调研会，其所属的各饭店的销售经理从世界各地带来大量的信息，相互交流、研究，使每个饭店都能了解世界旅游形势，站在全球的角度商议经营方针。

这种系统的全方位调研制度，宏观上可以使饭店决策者高瞻远瞩地了解全世界旅游业的形势，进而可以了解本地区的行情，微观上可以了解本店每个岗位、每项服务乃至每个员工工作的情况，从而使他们的决策有的放矢。

综合调查表明，任何一家饭店，光有较高的知名度是远远不够的，要想保持较高的“回头率”主要是靠优质服务，使客人满意。怎样才能使客人满意呢？经过调查研究和策划，喜来登集团面对竞争推出了“SGSS”方案。（Sheraton Guest Satisfaction System：中文直译为“喜来登宾客满意系统”，意译为“宾至如归方案”。）提出要在3个月内对该店上至总经理、下至一般服务员的1650名员工进行强化培训，不准请假，合格发证上岗。在每人每年100美元培训费基础上另设奖金，奖励先进，其宗旨就是向宾客提供满意服务，使他们有宾至如归的感觉。

随着这一方案的推行，饭店的服务水平又有了新的提高。

从以上材料中我们看到北京长城饭店能成为五星级饭店中的佼佼者、能在开业后的8年中面对激烈的竞争，赢得五大洲朋友99%的“回头率”，主要的原因就在于：

1. 他们高度重视信息采集与调查研究。当今世界正处在一个竞争非常激烈、科学技术发展非常迅速的时代，一场新的技术革命正推动人类社会向信息社会转变，信息技术作为20世纪70年代以后技术革命的两大突破之一，在企业管理中的作用越来越重要。长城饭店把自己的信息采集与处理工作放在新技术革命的大背景中，放到世界级的激烈竞争中去认识、去投入，因而他们的信息工作不同凡响。也正是在这种高度重视的基础上才会形成高质量的采集信息工作系统和高效、及时处理各种信息的能力。

2. 高质量地采集信息。长城饭店的调查卡不但外型设计精美、雅观，而且内容设计层次分明、逻辑性强，此外他们采集信息的方式具有起点高、系统化和全方位的特色。他们没有把眼光仅局限在每天到店的客人身上，而是注意到信息采集的空间扩展，看到影响客流量的多重因素，宏观立足于全市、全国、全世界范围内的信息采集与分析，微观至每位客人、每个岗位、每项服务，乃至每个服务员的情况全面了解。另外信息具有时效性，而长城饭店的信息系统对全年、半年、月、日等不同阶段的情况都加以监测，形成全方位立体交叉的信息网络，既保证了信息采集覆盖空间的广阔，又保证了及时、精确，因而保证了较高的科学预测能力和科学决策能力。

3. 及时、高效地处理信息。长城饭店可以说是天天搞调查研究，他们对调查问卷每天都及时进行统计分析，发现问题马上行动，对信息处理的效率非常高，他们的优质服务和日常公关活动也正是建立在这个基础上。

案例7－2：观摩、研习以下案例，结合自己所学知识，认识在社会生产实践中做好信息工作的重要意义以及做好信息工作的方法途径。

1. 1991年海湾战争打响后，国内许多企业就开始通过报纸电视密切关注战争的进程。当以美国为首的多国部队从科威特打败了伊拉克后，我们的企业就从这一信息中看到了战后科威特重建中蕴含的巨大商机，早早地做好了准备，后来果然在参与科威特油田灭火、重建等方面，中国企业从中争取到了较大的份额，给企业带来了巨大的经济效益。

2. 信息不仅有外部信息还有内部信息，做好企业与职工的信息交流和思想沟通，有效地协调和处理职工关系，是企业在竞争中赢得优势的内部因素。上海正泰橡胶厂利用黑板报的形式来传递信息与沟通思想，架起了企业与员工之间的信息传播渠道，全方位开放企业内部纵向和横向的信息交流网络，达到了上下左右之间的共识，取得了较好的效果。

复习思考题

1. 什么是信息？它与消息、知识等有什么区别与联系？
2. 怎样理解信息的特征？
3. 信息工作在秘书工作中占什么样的地位？
4. 做好信息工作的基本要求是什么？
5. 结合当前社会发展特点，谈谈秘书人员怎样才能收集到最新、最全面的信息？
6. 做好信息反馈的意义是什么？
7. 信息的传递有哪些需要注意的问题？
8. 调查研究在秘书工作中有什么样的地位和作用？
9. 秘书调查研究的内容和范围主要在哪些方面？
10. 进行调查研究时应遵循哪些原则？
11. 调查研究工作开始前要做哪些准备工作？
12. 调查研究的程序有哪些？
13. 常用的调查研究方法有哪些？
14. 典型调查与抽样调查各有什么长处和不足？
15. 做调查研究工作的秘书人员自身应具备哪些素质？

实训题

［实训 7－1］　假设你是一家有出口贸易业务的玩具生产厂的办公室文秘人员，对中国加入 WTO 前后的对外贸易情况，有哪些信息是你所需要收集的？从哪些途径收集？

［实训 7－2］　一家生产运动服装与器材的厂家，在 2008 年北京奥运会开幕前有哪些方面的信息值得收集？怎样发挥这些信息的作用？

［实训 7－3］　“十一”长假即将来临，作为旅行社的业务员，你需要做哪些搜集信息方面的准备？

［实训 7－4］　分析综合下列信息，并提出意见或建议。

1. 最近世界各大媒体不断报道，英国爆发牲畜“口蹄疫”疫情，接着法国、荷兰也相继发现“口蹄疫”疫情。

2. 世界各主要肉类进口国和畜牧业大国纷纷宣布不再进口英国、法国等国的畜牧产品。

3. 自 2000 年底至 2001 年初，新疆和内蒙古遭受特大雪灾袭击，畜牧业损失巨大。

4. 世界各大肉类和乳类加工企业开始关注中国畜产品销售市场，并积极寻求合作企业和畜产品资源。

5. 据报道，近几年来我国河南、山东、陕西等省，黄牛饲养业发展势头强劲，产销两旺，市场前景广阔。

实训要求：分组讨论，确定小组发言人；拿出书面总结，每小组一份。

［实训 7－5］　把以上几题所设情境下收集的信息编成一个《信息摘要》。

［实训 7－6］　你刚刚应聘担任某企业的办公室主任，发现该企业以往的信息资料只是有一份保存一份，没有任何顺序。你该怎样存储这些信息资料？

［实训 7－7］　你在某保险公司办公室担任秘书，刚刚收到中国人民银行关于降低存贷款利率的信息，公司领导决定利用这个时机使各分公司扩大业务，你从信息工作的角度该怎样开展工作？

［实训 7－8］　围绕“人类生存与环保”的主题进行调查研究，收集有关资料，写成调查报告。

［实训 7－9］　作为省教育厅大中专学生就业指导中心，对近 5 年来全省大中专

学校学生的就业情况进行调查，写出调查报告。

[实训7-10] 2002年6月北京“蓝极速”网吧发生火灾，造成几十人伤亡，产生了极坏的社会影响，引起全社会对网吧安全的关注，国家有关部门受命对各种形形色色的网吧进行彻底调查，拿出避免事故发生的对策。作为调查人员，你准备调查什么？从哪些方面入手？用什么调查方法？

[实训7-11] 深入政府机关、企业的调查部门，参与他们围绕某一课题所做的调查研究，把所学知识真正用到实践中去。

[实训7-12] 组织全班同学开展一次校内调研活动。

1. 题目：毕业生情况调查。
2. 内容：毕业生心态、工作去向、生活方式等。
3. 组织：分组进行，每小组写成一份调查报告，反映调查成果。

第八章

信访工作

学习目标

通过本章学习，了解信访工作的任务和意义，能够自觉遵循信访工作的原则和制度，严格按照信访工作的程序和要求去处理信访事务，提高信访工作水平。了解我国信访机构的设置原则及设置情况。

导读案例

电视连续剧《忠诚》：河阳市委书记高长河刚刚上任时，有一位老奶奶（老上访）要求反映一些问题，被秘书挡住了，但高书记亲自在会议室接待了她，并亲自给她泡茶。老奶奶非常有条理地提出她所要反映的问题，分十二项内容，每项内容又分几个方面，第一项没讲完就已经过去半个多小时。秘书一看情形不对，急忙想出一个办法，叫高书记接一个重要电话，然后自己去接着听老奶奶的反映。

导读：试分析该秘书的做法是否合理？对待群众的信访秘书应持怎样的态度？

第一节　信访工作的任务和意义

一、信访和信访工作

所谓信访，是人民来信和人民来访的简称，是一种约定俗成的说法。这里所说的信访，并不是泛指一般社会成员之间的相互通信和访问活动，而是特指公民、法人或者其他组织采用书信、电子邮件、传真、电话、走访等形式，向各级人民政府、县级以上人民政府工作部门反映情况，提出建议、意见或者投诉请求，依法由有关行政机关处理的活动。它是人民群众向社会组织求助的一种方式，也是向上级反映民意的一条渠道，同时也是行使民主权利，参加国家管理的一种形式。负责处理人民来信和接待人民来访的工作，简称为信访工作。它是各级党政府机关、人民团体、企事业单位的一项经常性工作，具有广泛的群众性、政策性、重要性、客观性、复杂性、前沿性等特点。

二、信访工作的基本要素和任务

（一）信访工作的基本要素

1. 信访者。即信访行为的主体和信访活动的发起者。就我国现阶段而言，信访者的范围十分广泛，其主体是我国的一切公民，也包括港澳同胞、台湾同胞、海外侨胞和外国人士，还有社会团体、民主党派、群众组织和基层单位等。信访者具有不确定性。

2. 信访受理者。即接受、处理人民来信来访的社会组织及其管理者。在我国主要是指党和国家的各级领导机关、企事业单位及其负责人。信访受理者具有相对确定性。

3. 信访形式。即信访者进行信访活动时所采取的方法、方式。信访形式一般以写信和面访为主。随着现代科学技术的发展，在上述两种形式的基础上又派生出了电话访问、利用互联网发送电子邮件信访等形式。

4. 信访内容。即信访者所反映的具体情况、问题、意见和建议等。信访内容十分广泛，涉及社会生活的各个领域，是一定社会关系的综合反映。

5. 信访结果。即信访受理者依照一定的原则和程序，对信访者提出的问题进行处理并做出处理结论。

（二）信访工作的任务

信访工作的基本任务是发扬社会主义民主，保障公民的合法权益，以全心全意为人民服务为宗旨，以实事求是为原则，依照党和国家的方针政策、法律和法令，及时恰当地处理好人民群众来信来访提出的问题，满足信访群众的正当要求，真实准确地反映群众的呼声，切实维护群众的民主权利，调动群众的积极性，为实现党的总方针、总目标服务。具体地说，信访工作的任务可归纳为以下几点：

1. 贯彻落实上级党委和政府有关信访工作的指示、规定。

2. 受理本地区、本系统（本机关、本单位）和上级领导机关交办的来信和来访任务，并负责日常的信访工作，这是信访部门的基本职能。

3. 向有关地区、部门和单位交办信访任务，并负责督促、检查，直到解决为止。对下级送上来处理信访问题的结果报告进行审查，并给予必要的指导和帮助。

4. 代表政府征集人民群众对改革开放和经济建设的意见和建议。定期分析、综合研究群众来信来访反映的重要情况和带倾向性、普遍性的问题，及时向有关领导部门和负责人反映，并提出解决问题的建议，供决策和解决问题时参考。

5. 根据党和政府的路线、方针、政策和领导机关的指示、决议，调查研究有关信访工作的方针，提出实施这些方针、政策以及处理信访问题的具体措施，经审查批准后贯彻执行。

6. 直接调查处理一些信访问题，协同有关地方或有关部门处理涉及几个部门的信访问题和疑难问题。

7. 协助党政领导机关检查本地区、本系统、本单位的信访工作，发现问题，解决问题；进行业务指导，组织经验交流；表彰先进，推进信访工作的开展。

8. 维护正常的信访工作秩序，保护信访者正当的民主权利。

9. 维护政府正常的信访工作秩序，会同有关部门处理、收容、遣送无理纠缠取闹的上访人员。

10. 建立健全信访工作制度，不断改进信访工作方法，努力提高信访工作水平。

近几年来，随着全党工作重点的转移和党的各项政策的逐步落实，信访内容已发生了很大的变化。因此，信访工作的任务也要适应这种变化。从接受一般的单件交办转变为主动协查一些大案、要案、难案；从简单地反映社情民意转变为加强信息工作，向领导提供信息反馈，收集、传递和处理信访信息；从一般地宣传解释国家的法律、党和政府的政策转变为捕捉线索，加强调研，提出建设性意见，更好地为领导机关的决策和指导工作服务。

三、信访工作的作用和意义

（一）信访工作是联系群众的桥梁和纽带

密切联系群众，是党的优良传统。尽管党和政府联系群众的渠道多种多样，但信访工作处在前沿地带，直接接触群众，构成党和政府联系群众的桥梁和纽带。通过做信访工作，可以为群众排忧解难，体察群众的疾苦，满足群众的合理要求，听取群众的意见，采纳有关的建议，接受中肯的批评，从而增强群众对党和政府的向心力，充分调动群众建设社会主义的积极性。无数事实表明，每当妥善处理了一件来信来访案件以后，群众同党就会贴得更紧了，党群、政群关系就更密切，党和政府的威信也更加提高了。

（二）信访工作是获取信息、体察民情的重要渠道

信访工作的特殊地位决定了它的特殊功能——社会信息的窗口、政策及其效果的沟通渠道。通过信访这个“窗口”和这条特殊的渠道，国家党政机关可以获取往往是文件上看不到、会议桌上听不到的重要信息。它数量众多，内容丰富，是文件和会议形式的重要补充。通过信访这个“窗口”和这条特殊渠道，国家党政机关可以及时、直接了解整个社会各个阶层群众的思想动态和要求，掌握群众思想脉搏的跳动，使党和政府的各项方针政策不脱离群众，更符合人民群众的利益。同时，通过信访渠道反馈信息，可以帮助领导正确估计领导机关工作的成绩和工作人员的素质。因此，信访工作成为检验党和政府的“测量表”，了解群众情绪的“温度计”。

（三）信访工作是实施民主监督、扶正祛邪的重要形式

群众性的信访活动是人民群众对执政党和政府、企事业单位及其工作人员实行自发的、直接的、公开的、有效的民主监督的重要形式之一。做好信访工作，可以帮助党政机关反对腐败，割除毒瘤，端正党风，严肃党纪政纪，搞好廉正建设；可以帮助党政机关克服官僚主义，改进机关工作作风；可以帮助公务人员增强公仆意识，服务观念，接受监督的自觉性和尊重民意的自觉性。

（四）信访工作还是群众参政、议政的重要手段

信访是人民群众行使自己的民主权利，参与国家管理的重要手段。随着党的各项方针政策的进一步贯彻落实，人民群众的参政意识越来越强烈。目前，信访内容发生了明显的变化，申告型的逐渐减少，参政型的不断增多。

此外，信访工作还可以发挥息讼止争、促进安定团结的作用。许多社会矛盾或纠纷往往通过信访渠道反映上来。秘书部门如果能及时地进行深入的调查、公正的调解、合理的处置，就能使矛盾双方平息纷争，从而有利于创造一个良好的社会环境和秩序。

综上所述，信访工作是各级党政领导机关不可缺少的一项长期的经常性的重要工作。作

为各级党政机关的秘书工作人员，应充分认识这项工作的重大意义。

第二节 信访工作的基本原则和制度

一、信访工作的基本原则

信访工作的原则是处理信访问题、开展信访工作必须遵循的一系列准则，它是做好信访工作的重要保证。信访工作的基本原则包括：

（一）严格遵照党和政府方针、政策、法令等办事的原则

党和政府的方针、政策、法令等集中反映了全党、全国人民的意志，代表了广大人民群众的根本利益。国家的法律是党和政府的政策、法令的规范化、固定化。政策和法律是处理信访问题的准绳，也是衡量信访工作质量的标志。信访工作人员应该成为政策和法律的体现者，这就必须树立牢固的政策观念和法制观念，依法办事，按政策办事，坚持在政策和法律面前人人平等，不徇私情，秉公办事。

（二）坚持调查研究、实事求是的原则

坚持实事求是、一切从实际出发是信访工作必须遵循的根本原则，搞好调查研究，则是做到实事求是的前提。人民群众来信来访具有广泛性和复杂性，只有采取实事求是的态度，才能正确、全面、客观地对待群众提出的问题，恰当合理地处理群众的信访问题。

（三）实行分级负责，归口办理的原则

"分级"指的是各级党政机关，"归口"指的是各主管业务部门。分级负责，归口办理，就是根据群众来信来访所反映的内容，按照各级党政机关和各个主管业务部门隶属关系的职责权限和管理职能，实行按级、按系统分工处理。"分级负责"，主要是从中央到地方各级党政机关"纵"的方面提出要求，要分级分工，各负其责，属于哪一级职权范围内的问题，由哪一级负责处理，不准上下推诿，矛盾上交。其中，中央和省、市、自治区机关，要转办结合，以转为主；地市级机关应转、办结合；县（市）一级机关，应多办少转；区、乡（镇）和企事业等基层单位的信访问题，基本上都要直接办理，不再下转。"归口办理"，主要是从各党委和政府的直属业务部门和企事业单位"横"的方面提出的要求，即按照信访人所属系统、单位或信访问题的性质以及各部门、各单位的业务范围和职责权限进行分工归口，不同的信访问题由有关部门和单位负责处理。各部门和单位应积极主动，认真负责处理好应由本部门（或本单位）解决的信访问题，不推不拖。对涉及其他部门和单位的问题，也应主动联系，帮助解决。"分级负责，归口办理"是信访工作的一条重要原则，也是一条得到历次信访工作会议肯定的行之有效的原则。坚持这一原则，有利于克服对群众信访层层照转、互相推诿的现象；有利于把各级各部门处理信访问题的职责制度化，增强各级领导同志和有关主管部门的责任心；有利于把解决信访反映的问题和业务部门的工作结合起来；也有利于使信访部门更好地协助领导，协调部门关系，检查督促和研究处理信访中的疑难问题。

（四）做到事事有着落、件件有结果的原则

这是指对每件群众来信来访所反映的问题，都由某一单位或部门认真负责，并将处理情

况和结果回告信访者本人，属上级交办的还要回告上级交办单位。这是每一个信访者的愿望和民主权利，也是受理信访的领导机关和部门、单位应尽的责任。坚持这一原则，是从根本上解决来信来访问题“石沉大海”和克服信访工作方面官僚主义的重要措施。

（五）就地解决问题与疏导教育相结合的原则

即把大量的信访问题解决在县以下基层单位。信访问题大多发生在基层单位，最终必须由基层单位处理落实。坚持在基层单位就地解决问题，有利于方便群众，避免群众往返奔波，劳民伤财；有利于减少群众盲目越级上访，减轻领导机关的工作负担；有利于防止矛盾激化，消除不安定因素；有利于改进领导作风，密切党群、干群关系。解决问题，是信访工作的一个核心，也是衡量信访工作好坏的一个主要标志。

（六）坚持各级领导人亲自处理重要信访案件的原则

加强领导亲自处理重要信访案件是做好信访工作的关键。信访部门是协助领导机关及其负责人处理信访的助手和参谋，要真正做好信访工作，离不开领导机关，离不开领导同志的亲自过问与处理。领导同志亲自接待群众来访或阅读群众来信，有利于信访工作的把关和问题的正确解决。

（七）解决实际问题与思想教育相结合的原则

信访工作的对象是人，群众来信来访中既有实际问题，也有思想认识问题。要从解决思想问题入手，解决信访者的实际问题，并在解决实际问题的过程中继续做好思想工作。

二、信访工作制度

（一）登记制度

无论是群众来信还是来访，均应单独编号登记并建立登记簿或登记卡片。一方面登记来信（来访）者的基本情况（包括姓名、性别、年龄、单位、职业、职务及地址等），另一方面简明扼要地摘记来信来访所反映的主要问题，并附上秘书归口处理的意见。登记需简明、准确。登记簿（卡片）的式样如表 8－1 所示。

表 8－1　　**信访登记卡（簿）**　　编号：

信访人		性别		年龄		信访人数	
单位及职务				地址			
初访时间				重访时间			
受理者							
反映的主要问题							
拟办意见							
领导批示							
处理结果							

（二）呈阅制度

所谓呈阅制度，就是信访工作人员在认真阅读人民来信或与来访人员耐心谈话的基础上，把握来信来访所反映的主要问题及其性质，做好内容摘要工作。注意选择带有政策性、普遍性、倾向性问题的重要来信来访材料，连同内容摘要、拟办意见，及时用呈阅笺（或称《要信［访］请示》、《要信［访］呈批表》）、《来信（访）摘要》、《信访简报》或专题报告等形式，呈送有关领导或有关部门阅批。呈阅制度是为了让领导部门尽快尽早地掌握群众中的动态，以使领导了解有关问题，及时抓好这方面工作，相应调整措施，防止不安定因素的积聚增长，防患于未然。

（三）交办制度

凡上级机关或领导阅批过的重要信访问题，信访部门要根据批示用发函的形式交给有关主管部门或单位调查核实和认真处理，并限期汇报办理结果（见表8-2）。

表8-2

（机关名称）交办处理便函

×信字（2010）第×号

（交办至机关、单位）：

×××等人来信（访）××件，关于×××××××××××××××××××××××××问题，现交由你们处理，希于××××年××月××日前将处理结果告诉我们。

此致

敬礼。

××信访办公室（公章）

××××年×月×日

（四）转办制度

对于一般的信访，受理机关可根据分级负责、归口办理的原则，除了属于本机关应直接处理的信访问题外，其他信访问题一般都应转交有关地区、部门或单位处理。但对属于检举、揭发、控告性质的信访材料应转给被揭发单位或个人的上一级领导机关处理，不能转给被揭发对象所在单位和本人（见表8-3、表8-4）。

表8-3

×××信笺

×信××字第××号

（转办至机关、单位）：

现转去×××等人来信（访）××件，请酌情处理。

（发信机关、单位）

（公章）

××××年××月××日

（揭发控告信件，请勿转被揭发单位或个人，以免打击报复）

表 8-4

信访介绍信存根	编号：
…………………………………………	
…………………………………………	
…………………………………………	
……………………×字第××号……………………	
×××介绍信	
（2010）××访字××号	
（转办至机关、单位）： ××单位×××等于××月××日来我处反映××××××××××××××××××××××××××××××××××××××。现介绍你处，请接谈处理。 （发信机关、单位） （公章） ××××年××月××日	
（限××日内有效，逾期、涂改无效）	

（五）催办、督办制度

各级信访部门要对本地区、本系统的信访工作和交办到各地、各部门处理的信访问题及时检查和督促办理，了解工作的进展程度、处理结果是否已答复信访者等。凡逾期不报告的，均应催办，其目的在于监督、督促有关部门及时而适当地处理信访问题。尤其对重大的造成严重影响的和情况紧急的群众来访案件，要及时进行督查。对督查的每一起来访，承办单位或部门要及时汇报开展工作，填写“信访案件督办单”，并及时上报交办机关或部门。对于影响社会安定或情况紧急的，要特事特办，急事急办（见表8-5、表8-6）。

表 8-5 信访催办单

案件名称		承办日期	
案号		交办日期	
催办人		单位及职务	
承办人		单位及职务	
案件内容摘要			
办理情况 承办人： 年 月 日			

表8－6　　信访案件督办单存根　　编号：

信访人		性别		年龄		人数		次数	
单位或住址				问题发生地					
承办单位									

经办人　　年　月　日

信访案件督办单　　编号：

信访人		性别		年龄		人数		次数	
单位或住址				问题发生地					
信访时间				反馈时间					
督办人姓名			单位及职务						
承办人姓名			单位及职务						
领导批示									
信访问题									
开展工作情况									

督办单位（盖章）　　承办单位（盖章）
年　月　日　　年　月　日

（六）回告制度

承办单位对上级机关交办和负责同志批办或要求查办的信访问题，或其他部门转发的信访问题应按要求及时处理，上报处理结果。若到期未能处理或正在处理中，则应该在回告中主动说明缘由或情况。

（七）审查结案制度

根据事事有着落、件件有结果的原则，原交办部门或单位要认真审查承办单位上报信访问题处理结果的回告材料，及时结案。结案的标准是：事实清楚，证据确凿，定性准确，处理符合政策，手续完备。在有上报结论和处理意见的回告材料中，必须有申诉者签署的意见。

（八）答复制度

对信访的处理结果，应分情况给来信来访者发函答复或口头答复。一般对要求解决问题的信访者，应将处理结果告诉对方；对提出建议或批评的信访者则应表示感谢。答复原则上由承办部门负责处理。发函要注意签署日期，加盖公章，留存底稿。口头答复则要做记录存档，以备查考（见表8－7）。

表 8-7　　　　信访回访单

信访人		性别		年龄		信访人数	
单位或住址			问题发生地				
信访时间		结案时间			回访时间		
回访人姓名			单位及职务				
信访问题							
结案处理意见							
信访人意见							
回访处理意见							

备注：回访对象主要是信访问题已经处理结案的信访案件；回访内容主要是看信访问题解决是否到位、信访者是否满意。

（九）信访归档制度

各级信访部门在信访工作中形成的、并作为历史记录保存起来的文件和资料（包括来信来访登记卡片和簿册、接访记录、案件调查处理报告、处理结果记载、统计报表等）、人民来信，均应按性质分类整理，立卷归档，建立信访档案或按规定向档案室移交（见表 8-8）。

表 8-8　　　××市信访局（办）××年××月来信来访分类统计表

填报日期：　　年　　月　　日

项目 数字 单位	来访总件数	来访总人数	来信	来访	来电	重访	集体访		1	2	3	4	5	6	7	8	9
							批次	人数	检举揭发	申诉	民事纠纷	经济纠纷	优抚救济	土地房产	批评建议	询问政策	其他
××市																	
××市																	
××县																	
××县																	
××区																	
××区																	
××区																	
××区																	
××区																	

（十）工作总结制度

信访工作要根据办理事项进展情况应适时进行小结，及时对某一阶段内的信访动态和信访工作动态做内容、性质、数量和工作方法上的比较鉴别、分析研究，以便于信访部门及时调整工作重心，制定下一阶段的工作目标，进一步推动工作的进展。同时，把总结研究后得出的结论及时通报给领导决策部门，为领导今后的规划、决策服务。特别是重大问题或重要情况的信访处理，结案后应立即进行总结。年终，也要认真总结，肯定成绩，找出差距，总结经验，使信访工作更好地发挥作用（见表8－9、表8－10）。

表8－9 **××月份信访工作情况**

（单位）（公章） 年 月 日

信访总数								领导干部			签定双向责任书数量	签定答复意见书数量	本月不安定因素排查情况及措施
件次数	案数	其中				集体上访		阅批件	接待来访				
		来信		来访									
		件数	案数	次数	案数	次数	人数		次数	人数			

表8－10 （信访简报或信访动态）

机密

信访简报

第××期

××××编　　　　××××年××月××日

×××××××

（标　　题）

（正文内容）×××。

报：×××××××

发：×××××××

校对×××　　　　打印×××　　　　共印××份

第三节 信访工作的程序和要求

一、办理群众来信的程序与要求

办理群众来信是党和国家机关及信访部门的一项经常性的工作。群众来信的内容广泛，涉及面广，信息丰富，政策性强，是信访工作的客观依据和工作基础。这项工作做得好坏，直接影响到党和政府同人民群众的关系。因此，办理群众来信应遵循下述基本要求：拆封及时，阅记认真，交办处理准确妥善，立案符合标准，复信高度负责。

办理群众来信，应遵循一定的工作程序，以利于提高效率，逐步实现规范化、制度化、科学化。其程序大致如下：

（一）拆封

当日来信，当日拆封，不能遗漏，不能错收，不能推拖。拆封后加盖收信章，并将来信浏览一遍，以便对急信、要信及时处理。拆封前后应注意几点：

1. 拆封前，首先要检查分拣来信，确认是否属于受理范围，以免拆错。若有误投，应立即退回或转投。

2. 拆封时要注意保持信封和邮票的完整，以便佐证投信的时间和地点。若发现原封无邮票，应注明。

3. 拆封后，要将随信寄来的证件、照片、现金、各种票证和其他物品逐一清点核对，专项登记，妥善保管，防止遗失。

4. 检查来信页码数，若发现缺张少页，应注明。

5. 拆封后要及时装订，以免时间一长而遗失。装订要求将信封与信纸一并装订，这样是为了保证信封信文不分开，便于今后查对，也为以后复信做好准备。上级交办或转办的来信，交办函、转办单及另有封套的也要一并装订。

（二）阅信

拆封后的信件应及时阅读，阅信要认真细致，要注意阅读信封、受信人正文、落款署名、发信日期、附记附件等内容，了解来信的起因、反映的情况、涉及的人物、发生的时间和地点、提出的要求、希望和建议。准确领会信意，在此基础上进行综合分析，把握信中反映的主要问题，弄清问题的性质，以便提出拟办意见。阅信时应注意不要在原信件上批语涂写，对于用外文或少数民族文字书写的信件，可请有关部门代译。若来信内容异常，则应向有关单位了解写信人的状况，再酌情处理。对重复来信，仍要认真阅读。

（三）登记（参阅“登记制度”）

所有的信件都必须做到逐一登记。在登记卡片（簿册）上扼要注明写信人姓名、职业、工作单位或家庭住址；来信寄出的时间、收到的时间；根据来信情况，言简意赅、准确无误地摘记来信内容（一般包括信中涉及的地点、主要问题和人物以及问题发生的时间）。如果来信有领导批示、上级发函，应该逐一登记。已有处理结果和已上报的，应注明。登记还要注意书写工具的使用，必须用钢笔或毛笔填写。文字书写要规范、清楚，以便日后查考。

（四）处理

阅信登记后，应根据来信内容将信件分别进行处理。除本单位直接进行查处外，重要来信以送原信、“摘报”、“呈阅笺”、“请示报告单”等形式呈送领导及有关部门阅批。其余的按“分级负责、归口办理”的原则，转给有关地方或部门处理。对转交给有关部门或单位的信件，应视不同情况，采用不同的处理方法。若有领导批示的，就根据批示意见转办，领导批示的内容可以复印、发函传达或派人直接向承办单位的负责同志传达；涉及几个部门的问题则应把有关部门的负责人召集到一起，进行传达，研究处理意见；对一般性群众来信，可直接转给有关单位承办；若属于反映对本单位领导有意见的信件，或对承办单位的处理不服的信件，应转送给批评对象的上一级领导机关处理；涉及一个地区、一个系统内、单位与单位之间的问题，原则上转给有关地区的党政机关或有关系统的领导部门处理，必要时也可以由上级有关部门处理；对检举揭发违法乱纪等问题的群众来信，转办时要填写专用转单，转给被告对象的上级领导机关处理，严禁把这类信件转交给被告对象所在单位或本人；对内容反动的信件，应直接转公安部门查处；对多次重复的来信，要区别情况，妥善处理。转办要做到及时、准确、恰当，注意减少运转环节。按政策规定，不能解决的、涉及全面性问题的来信，则应由受信单位直接办理。有必要再次指出的是，一些重大的、直接处理的信访案件，应坚持领导人亲自处理，这是处理好重要信访案件工作的关键（见表8－11）。

表8－11　　党政主要领导处理信访问题登记表

<table>
<tr><td colspan="2">领导职务、姓名</td><td></td><td>办理时间</td><td></td></tr>
<tr><td colspan="2">办理方式</td><td></td><td>处结时间</td><td></td></tr>
<tr><td colspan="2">信访人姓名</td><td></td><td>地址</td><td></td></tr>
<tr><td>信访内容摘要</td><td colspan="4"></td></tr>
<tr><td>查处结果</td><td colspan="4"></td></tr>
<tr><td>备注</td><td colspan="2">（领导人签名、盖章）</td><td colspan="2">（填报单位盖章）</td></tr>
</table>

（五）立案

对群众来信反映的重大问题，符合立案标准的，要立案查办。

（六）复信（参阅“答复制度”）

作为领导机关和处理群众来信的部门，在收到群众来信后，除匿名信、反动信外，原则上都应复信。对来信人的答复，原则上由承办部门负责。在答复中，要注意掌握政策，有的放矢，态度明朗，讲究礼貌，留有余地，内外有别，保守机密。复信范围一般包括：

1. 答复来信者的咨询。

2. 对来信者提出的批评、建议表示感谢，予以鼓励。

3. 告之来信者解决问题的途径及来信处理的去向，或来信所附证件、票证需要说明退回的情况。

4. 来信所反映的问题尚未说清楚，需要进一步了解。

5. 疏导来信者的思想认识。

二、接待群众来访的程序与要求

接待群众来访，是党和国家机关领导人保持同群众联系，直接同群众对话的一种重要方式和渠道。通过接待群众来访，认真听取群众的意见、要求和愿望，帮助群众解决各种问题，积极宣传党的路线、方针、政策，意义重大。接访工作的基本要求是：热情和蔼，举止文明，认真听记，坚持原则，耐心疏导，恰当处理，高度负责。

接待群众来访的程序大致如下：

（一）接待、登记

无论是对于来电者还是来访者，无论是初访者还是重访者，秘书人员都应给予满腔热情的接待。因为带着问题或困难来访的群众，大都是本着对组织的依赖，怀着公正解决问题的希望登门走访的。因此，负责接待来访群众的秘书人员，应端正接待态度和作风，热情、礼貌地接待来访群众，真诚主动，耐心周到，切不可简单急躁、生硬粗暴或敷衍应付、推托了事。应先以礼貌的迎接、让座、亲切的问候，使来访者在感情上得到安慰，平息他们的不安或过激情绪，这样有助于接谈时双方坦率地交换思想。等来访者情绪安定后，在“来访接待登记卡（簿）”上登记来访者的基本情况（与来信登记相同）。

这个环节的工作要注意几点：

1. 来访者带来的各种证件，看后应退还给本人，必要时可将有关证件复制一份留下。

2. 若发现来访者持伪造的文件，应予以揭穿、扣留，并做严肃处理。

3. 精神病患者来访，可通知有关部门或单位带回。

（二）接谈

这是受理来访工作的主要环节，要认真对待。通过交谈，把来访群众反映的问题搞清并记录下来。在交谈中，要集中精力耐心地倾听来访者的申诉和要求；对于来访者的叙述不论正确与否，先不要急于进行反驳或回答，让来访者把话说完，然后再进行必要的询问或修正；认真做好记录，复述记录的主要内容，征求来访者对记录的意见，防止因语言、方言上的偏差导致误解，并告诉来访者要对所反映情况的真实性负责；双方还要共同确认反映情况的内容摘要；接谈过程中，秘书人员应注意言谈举止要得体，态度要谦和、平易，语言要委婉，不可训斥责骂或讽刺挖苦。此外，还应该注意掌握政策，做好思想教育，对于来访者提出的要求，在调查证实之前，回答要慎重，凡属政策不允许或一时无法解决的问题，要耐心说服，做好疏导工作，不能敷衍了事。

（三）处理

根据党的方针政策和法规，对来访群众反映的问题或困难做好妥善处理，为群众排忧解难。具体要求是：如果来访者反映的问题简单明了，能当即答复的，应当即给予明确答复；所反映的问题应由所在地区或有关部门处理的，说明原因，介绍来访者到有关地区和部门去反映，但一般不表示具体处理意见，以免给转办单位的处理工作造成被动；遇到紧迫性问题或其他意外情况，应及时与有关单位联系，尽快弄清情况，妥善处置；来访中反映的重大的典型的问题要及时整理或编写“来访简报”或“信访案件摘要”等呈领导批办；对集体串联上访的群众，应做好说服动员工作，必要时也可请有关地区或部门的负责人来协同做工作；对少数无理取闹、扰乱社会治安和机关办公秩序而屡教不改的人，经报领导审批后，由公安、民政部门收容、遣送；对已处理结案的上访“老户”，要查阅过去的结案材料并统一口径之后再做答复，不能随意表态或许愿，以免给工作造成被动；对来访群众留下的申诉材料，要及时转办。此外，还应注意接待来访时不要轻易出具介绍信，对应出具介绍信的，也应严谨恰当，以防被个别心术不正者利用。

三、办理信访案件的范围、程序与要求

（一）信访立案的范围

信访工作中，需要立案的主要是信访部门在来信来访中发现的重大事件和问题，主要有：

1. 有关单位长期互相推诿，或拖着、顶着不办的信访问题。
2. 上级领导机关交办或本机关领导批办的信访问题。
3. 检举揭发干部违法乱纪情节较严重、造成恶劣影响或严重后果的。
4. 对所受处分或所作政治结论提出申诉并且理由正当，长期得不到解决的问题。
5. 重要统战人物、著名人士或者先进人物的来信来访和涉外问题。
6. 较重要的发明创造和批评建议。
7. 涉及群众生产、生活的重大问题等。

（二）办理信访案件的程序与要求

1. 立案交办或直接查处。需要立案的案件，先由承办单位人员提出书面的立案意见，经领导审定后立案，上级秘书部门（或信访部门）向下级交办案件时应发函，基层单位以发“交办单”为主。交办时要附原信或信访材料，或负责同志的批示意见。立案机关在交办函或交办单中，应写明信访者所反映的主要问题、情节（包括已处理的结案意见）、要求，以及立案负责人的批示意见、限期结案上报的时间。立案的信访案件要编号，按地区，按系统（单位或承办人）建立分户登记，以便分析研究，掌握工作进展情况，及时催办。对属本机关（单位）职权范围的信访案件，以及一些不宜转交下级机关或有关部门办理的案件，立案机关要直接派人调查处理。

无论是办理承接交办的案件，还是办理直接查办的案件，秘书人员都必须注意：一要实行“三定三包”岗位责任制（即定领导、定办案人员与任务、定结案时间。包调查、包处理、包做思想疏导工作）；二要深入调查研究、实事求是做出结论；三要认真落实党的政策，满足群众的正当要求；四要认真做好思想疏导工作。

2. 督促检查。对已立案的案件要督促检查，及时催办。督促检查是保证信访案件质量的重要工作，是使信访案件“件件有着落，事事有结果”的一项重要措施。督促检查的范围包括：逾期不报的信访积案；报而不结的信访要案；结而不报的信访老件；久办不决的信

访难案。督促检查，一要以信访案件目标管理的“目标值”为标准，确定办理信访案件工作的质量；二要实事求是，及时排除障碍，进行有效指导，奖罚分明，促使办案工作顺利开展。

3. 结案上报。结案标准见“审查结案制度”。

第四节 信访工作机构

一、信访机构的设置原则

党和政府的各级领导机关及其所属部门、人民团体、企事业单位，必须从实际出发，根据信访工作任务的大小，建立处理信访问题的相应机构，或配备必要的专职或兼职信访干部，以保证群众信访活动的顺利进行。信访机构的设置应遵循以下几项原则：

（一）方便群众

这是设置信访机构的出发点。信访工作每天都要同群众打交道，因此机构的设置必须从这一点出发考虑，使有问题、有意见要向领导机关反映的群众，不管找到哪一级组织，不论什么时候，也不管是投书还是面访，都能有专门机构或专人负责受理或接待。

（二）有利工作

这是机构设置的目的。建立健全的信访工作机构，配备得力的工作人员，是信访问题得以恰当处理的关键。信访机构的设置、干部力量的配备，一定要与信访任务相适应，有利于信访工作的开展和加强。

（三）机构精干

坚持机构精干的原则，有利于克服官僚主义，提高工作效率。要精干信访机构，一是必须配备比较强的领导干部和能胜任信访工作的人员，不能把信访部门作为安置老弱病残和其他不易安排干部的场所；二是明确各级信访部门及其工作人员的职责范围；三是注意充分发挥各职能部门和基层单位处理信访问题的的主动性和积极性；四是建立科学的信访工作制度，讲求工作效率。

二、我国信访机构的设置

就我国当前各级的信访机构看，基本设置模式是：

党中央、国务院、全国人大常委会设信访局；中央纪律检查委员会、最高人民检察院和最高人民法院设信访室（厅）；中央各部和国务院各部、委、直属局设信访处（室）。

省、市、自治区党委、政府、人大常务会都设有信访机构，有的分设信访处，有的联合设立信访局或信访办公室。

地（州、盟）市委和行署（州、盟政府）、市政府一般联合设信访局（办公室）或分别设信访办公室。局下科的设置原则以按县划分为宜。这样可以做到责任明确、有利工作。

县、县级市、市辖区党委和政府，多数联合设立信访办公室（或局），有的分设信访科（股）。尤其需要注意的是，从处理信访问题的实践看，一个省的信访工作搞得如何，关键看县一级的信访工作做得怎么样。因此，各县的信访机构的机构设置、人员编制，应由各县根据工作任务的需要确定。县级信访机构的责任上级应予明确。

乡、镇设信访办公室或设立信访工作领导小组，由乡、镇领导任小组长，成员可包括民政助理员、妇联主任、秘书等。日常工作可根据任务大小，设专职或兼职人员负责。

自然村的信访工作一般由村党支部书记或村民委员会主任负责，成立信访调解委员会，成员主要包括民政委员、妇联主任、治安委员等。这是我国最基层的信访工作，应注意尽量做到问题不上交，解决在本村。

乡、镇、村的信访工作，主要是调解民事纠纷，宣传党的方针政策、国家法规、法律常识，教育群众知法、守法，同社会主义精神文明建设及其他工作结合起来，减少发案率，保障正常的生产秩序和社会秩序。

今后，随着我国政治体制改革的不断深入，各级信访机构将会有所变动，其组织形式、机构规格也将随之发生变化。但就发展社会主义民主政治的需要来看，信访工作还应继续加强，长期存在。

案例研习

案例8-1：

信 访 登 记 卡（簿）

编号：120

信访人		性别		年龄		信访人数	25人
单位及职务	市副食品加工厂			地址	市世纪路39号		
初访时间	2010年3月13日			重访时间			
受理者	市信访局接访科　张力（科长）						
反映的主要问题： 孙庭涛等130余人原是市副食品加工厂职工。2008年该厂破产被市富荣集团整体收购，破产前应向市劳动保险处交纳职工养老保险金120余万元，直到现在仍未上交，请求市领导解决。							
拟办意见： 是否由主管副市长王进同志召开有关部门协调会，协商解决。 刘新义（信访局长）　2010.3.13							
领导批示： 3月14日召开由市信访局、市经贸委、富荣集团等单位负责同志参加的协调会，由刘新义同志负责组织。 王　进　2010.3.13							
处理结果： 副市长王进同志召开了由市信访局、市经贸委、富荣集团等单位负责同志参加的协调会，要求到会同志要加强对社会劳动保障的认识，特别是富荣集团负责人要克服一切困难，如数将拖欠的职工劳动保险金上交，使职工解除后顾之忧，安心生产，维护社会的稳定。 3月17日，富荣集团已将所拖欠的职工养老保险金如数上交市劳动保险处。							

案例 8-2：

党政主要领导处理信访问题登记表

编号：34

领导职务、姓名	县委书记　王建设	办理时间	2010 年 3 月 26 日
办理方式	领导包案	处结时间	2010 年 4 月 20 日
信访人姓名	群众	地址	富华县张家镇
信访内容摘要	张家镇部分学生家长反映，张家镇的学校存在危房现象，学生家长很担心，希望政府尽快维修。		
查处结果	此案由王建设书记包案，他要求县教委与张家镇政府对各学校认真检查一次，发现危房及时采取有效措施。 县教委与张家镇政府根据王建设书记的要求，对全镇校舍进行了专项检查，发现张家镇中学在原有 6 间危房的基础上又发现 12 间危房，当时 4 个班学生正在上课，镇政府对此非常重视，马上采取措施，将 4 个班的学生全部撤到了实验室上课，并责成有关部门尽快拿出危房修缮方案。 学生家长对领导的关心，表示满意。		
备注	（领导人签名、盖章）	（填报单位盖章）	

案例 8-3：以下是金山县信访办公室就县棉纺厂职工信访一案向市信访局督办的回复及县经贸委就案件办理情况向金山县委的汇报材料：关于县棉纺厂当前情况的汇报。

县委办公室：

2010 年 1 月 15 日上午，县棉纺厂 9 名企业职工到市政府上访，经劝回后，我委于当日下午研究了工作方案。17 日召集李翠青等 20 名失业职工到经贸委听取答复意见。

这次公开答复，不同往常，我委未对上访的具体内容提出具体处理意见，而采取了深入细致的思想政治工作方法，用动之以情、晓之以理的客观事实，感化教育上访职工，使他们认识到，当务之急是开展生活自救，打消依赖心理，任何等、靠、赖的思想，都是幼稚可笑的，天上不会掉馅饼。使他们认识到，这种集体上访，大都是浪费了时间，丢掉了挣钱的机会。有的职工听后深受教育，当场表示，原来没有认识到这一点，只是跟着他们瞎胡闹。上访以来，到现在什么也没得到，今后要积极配合厂里的工作，积极搞好生产自救。到最后，上访人员都情绪平和地离开了会场。

分析这次上访的原因，主要是上次群访以来，厂方给了每位职工书面具体的答复意见，并承诺兑付每项资金的具体时间，现在兑付时间已过，失业职工持答复意见书，只想奔市政府讨个说法。

原来上访的领头人李丽、王秀娟等 11 人，已在厂内恢复了工作，棉纺厂随着生产规模的扩大，正逐步吸纳原棉纺厂失业人员重新就业、上班。因此，随着生产的恢复，企业的发展，具体上访问题，会逐步得到解决。

当前，厂方已安排专人做工作，密切关注这部分上访人员的动态，防止串联活动，防止发生再次越级上访。

金山县经贸委

2010 年 1 月 20 日

信访案件督办单

编号：

信访人	李翠青等	性别		年龄		人数	9	次数	1
单位或住址	金山县棉纺厂	问题发生地							
信访时间	2010 年 1 月 15 日	反馈时间	2010 年 1 月 21 日						
督办人姓名	王小刚	单位及职务	市信访局接访科长						
承办人姓名	李刚	单位及职务	金山县信访办公室						
领导批示： （略）									
信访问题： 要求清欠工资问题。									
开展工作情况： 1. 根据棉纺厂目前的经营运行状况，暂时没有能力兑现原厂方与职工形成的协议，职工要对企业给予理解和支持，配合厂里工作，搞好生产自救。 2. 计划在春节前，棉纺厂有重点地走访、慰问特困职工，帮助解决生活实际困难。 3. 计划在春节后，原失业职工分期分批进厂就业，安排对应的工作，并逐步解决职工要求解决的问题。 4. 厂方安排专人做工作，防止再次上访，目前上访职工情绪稳定，表示理解企业的困难。									

督办单位（盖章）　　　　承办单位（盖章）

2010 年 1 月 15 日　　　　2010 年 1 月 21 日

案例 8-4：

信 访 回 访 单

信访人	张志刚	性别	男	年龄	51	信访人数	1
单位或住址	市经一路 32 号	问题发生地	金星集团工地				
信访时间	2010.5.24	结案时间	2010.6.26	回访时间	2010.7.25		
回访人姓名	王强	单位及职务	接访科长				
信访问题： 张志刚之子张忠良于 2010 年 4 月 3 日在金星集团工地进行装饰工程时，被火烧伤，确认为深二度烧伤。现张忠良伤势严重，要求转院治疗，并要求金星集团支付全部医疗费用。							
结案处理意见： 经与市劳动公司（金星集团主管公司）、金星集团负责同志协商，金星集团同意张忠良转院治疗，所需费用由金星集团支付。							
信访人意见： 基本同意。　　张志刚（章）							
回访处理意见： 张志刚上访，要求其儿子转院治疗，并要求金星集团支付全部医疗费用，已得到处理。其子现已转入省第一医院进一步治疗。							

备注：回访对象主要是信访问题已经处理结案的信访案件；回访内容主要是看信访问题解决是否到位，信访者是否满意。

复习思考题

1. 什么是信访工作，其重要意义是什么？
2. 信访工作主要有哪些任务？
3. 信访工作应当遵循哪些原则？
4. 我国的信访工作制度包括哪些内容？
5. 秘书人员应如何办理群众来信和接待群众来访？
6. 信访机构设置的原则是什么？

实训题

［实训 8－1］ 根据“案例 8－1”中提供的材料，拟出一份信访回访单。

［实训 8－2］ 根据以下提供的两个案例材料，分别制表填写信访登记卡（簿）、信访催办单、信访案件督办单。并练习拟写一份信访简报。

案例一：2002 年，云南省宣威市西宁街道办事处西苑居委会主任符玉林、马家山村村委会主任符开书与建筑包工头符德云非法破坏马家山村耕地 180 多亩，致使包会春承包 30 年的耕地被侵占。包曾多次到省、市国土局反映无人理睬。包会春到全国人大上访后，信访局致函云南有关部门，回报称：非法占用 27.65 亩耕地反映属实。政府部门对占地问题处理意见如下：一是立即停工，对毁坏的耕地，限期恢复耕种。二是对该违法占地行为按照土地管理法的规定依法处理。三是对打人的当事人，建议由有关部门查实依法处理。四是对该违法占地事件由宣威市国土资源局进行调查处理。

案例二：2003 年 12 月 30 日，辽宁省盖州市 70 岁的退休工人王淑媛，到全国人大常委会办公厅信访局接待室哭诉说，其子吴恩志为宋恩祥看守砂场，应得劳务费 7000 元，几经讨要，宋家拒不偿还。1991 年 5 月 5 日当其子再次向宋家讨债时，被宋恩祥之弟宋恩德用五连发猎枪打死。杀人者被依法判处死刑。1997 年王向盖州市人民法院提起诉讼，要求宋偿还债务。虽获胜诉，但时过 7 年未能得到执行。信访局向辽宁省人大常委会办公厅交办此案，要求依法督办。最后，在四级人大的过问下，盖州市法院终于在 2004 年 1 月 18 日将欠款 7000 元及利息共计 11000 元全部执行到位。

（资料来源：《人民日报》2004 年 8 月 4 日）

［实训 8－3］ 根据所给材料，列一份“党政主要领导处理信访问题登记表”。

赵晓妹是县第一百货公司退休职工，2005 年 11 月 3 日致信党同义县长，反映其大儿王志因患精神病住院治疗；其女王妹原在县肉联厂工作（现肉联厂被县造纸厂兼并），2000年患精神病。因当时肉连厂经营十分困难，所以其医疗费一直不能报销，生活得不到保障。请求领导帮助解决。

党同义县长仔细阅读了赵晓妹的来信，当即批示：赵晓妹一家的日子实在困难，应有一个解决的办法，我的意见请崔浩副县长牵头，由民政局、劳动局参加，研究妥善解决的办法。崔浩副县长召开了专题协商会议，研究了赵晓妹提出的困难，并到赵晓妹家中座谈，还去了县造纸厂调查，最后拿出了处理意见：

1. 由民政部门进行一次性救济450元，如今后家庭出现特殊情况，随时进行救济。

2. 由县造纸厂对其进行每年多次救济、补助、解决家庭困难。

3. 根据政策规定，该家庭不能享受城镇最低生活保障线补助，只能从社会救济和单位救助、补助中解决。这些情况已对赵晓妹讲明。赵本人表示理解，并对领导的关心表示感谢。

［实训8-4］ 到当地信访局（办公室），结合所学知识观摩、见习信访案件处理的过程。

第九章

协 调 工 作

学习目标

通过本章学习，了解协调的含义及作用，明确协调类型，掌握协调的原则、方法和技巧。对照协调人员应具备的职业素养严格要求自己，加强学习和训练。

导读案例

某市委接到省委、省政府《关于夏粮收购中不许向农民打白条的通知》。市委办公室根据《通知》精神，以落实省里的指示为内容发了一个文件。由于事前没有与市政府办公室取得联系，结果市政府办公室也发了一个同样内容的文件，而且对一些具体事项的口径与市委办公室的文件不完全一致，结果各县、区纷纷来电话询问："该按谁家的文件办?"造成了政出多门，下级无所适从的局面。

导读：作为党委的办事机关和综合协调部门，应注意与各家班子之间协调一致，行文办事考虑要周全一些。这一案例中，市委办如果事先与市政府办取得联系，以两家联合下文或统一认识后以党委办的名义发文，就不致出现"撞车"的局面了。

（该文章转载自无忧考网：http：//www. 51test. net）

第一节　协调工作概述

一、秘书的协调工作及其作用

（一）协调的内涵

协调，从管理学角度讲，属于基本管理职能之一，是将各种管理手段与各种管理要素连接成一个统一的整体，有效地实现管理目标的重要管理活动。顾名思义，协调就是协商和调节，即通过协商调节化解矛盾。

协调本身是领导的职能。任何领导，都必须对所从属的各职能机构及其人员，经常进行协调，才能使他们在各自的岗位上相互配合，同心协力，步调一致地朝着目标前进。

协调虽然是领导的任务，但领导不可能事无巨细地承担一切协调。除了那些事关全局、牵涉面大的协调外，大量的协调责无旁贷地落到他的助手——秘书人员的肩上。协调是秘书部门的重要职能。

（二）协调的作用

1. 协调可以统一步调，使政令畅通，保证决策顺利实施。由于人们所处位置和利益关系的不同，对上级政策和决策的认识必然会有分歧，导致行动上的失调、步调不一。秘书的协调能帮助大家深刻领会上级的方针政策，统一思想、统一认识，保证政令的畅通和决策的贯彻执行。

2. 协调可以使领导摆脱繁琐事务，集中精力抓大事、抓决策。机关单位日常事务千头万绪，各方面问题矛盾层出不穷。领导者被这大小矛盾事务缠身，事必躬亲，必然疲于应付。秘书代表领导出面协调，就能帮助领导摆脱具体事务，减轻工作负担，集中精力抓大事、抓决策，考虑全局性、战略性问题。

3. 协调可以化解矛盾、减少内耗，最大限度发挥单位整体效能。每个单位都由若干部门组成。部门与部门之间，难免在工作中发生矛盾冲突，这些矛盾冲突若不及时解决，极易发生部门之间扯皮、推诿现象，对工作造成损害。秘书的协调正在于消除这种互相扯皮的“窝里斗”的内耗现象，使局部利益服从于全局利益。使单位内部共同携手、齐心协力，发挥整体效能，为完成整体目标而奋斗。

4. 协调可以沟通感情，增进了解，推动秘书工作向深度发展。秘书部门由于其“桥梁”、“枢纽”地位，必然与各部门、各方面发生大量广泛的工作联系。这种工作性质本身要求秘书应建立良好的关系网，以保证工作渠道的畅通。秘书的协调促进了与各方面的感情沟通，为今后的工作带来极大便利。同时，种种协调也促使秘书接触许多新问题，学到许多新知识，掌握许多新的工作方法。所以，协调能提高秘书部门的整体素质，推动秘书工作向深度广度发展。

二、协调的类型

秘书部门的协调，涉及的范围比较广泛。在实际工作中可以说处处有协调、事事有协调。既有内部协调，又有外部协调；既有纵向协调，又有横向协调；既有常规性工作关系的协调，又有不可预见事务方面的协调。我们将这种种协调条分缕析，发现它们不外乎有两种：一是工作协调；二是关系协调。

（一）工作协调

1. 政策协调。主要内容包括：

（1）在领导形成决策之前，深入基层调查研究，征求各方面的意见和建议，使决策建立在全面了解情况，充分代表群众根本利益的基础上。

（2）在决策执行中，若发现决策方案的疏漏或偏差、发现执行单位的实际困难，应及时传递给领导，使领导对政策做及时必要的调整。当下级单位对领导决策意图尚未全面充分理解时，秘书有责任向其宣传领导意图，提高他们执行政策的主动性和积极性。

（3）在决策执行中，秘书应搞好督促检查，信息反馈。如发现执行不力的情况，应主动与相关方面协调。如确实属领导决策不当时，应及时反馈，使领导修改决策或完善补充决策。

2. 公文协调。主要内容包括：

(1) 草拟文稿的协调。一份文件的内容涉及多个部门，要事先征求他们的意见；涉及政策一致性、连续性的问题，要翻阅有关文件，思前顾后；涉及联合行文，要通过协商来办理。

(2) 发文的协调。先看这个文件是否需要发，如果需要，用什么形式发为好。再通过仔细校核，看是否符合现行政策。若不符，要与呈交单位进行协商。协商完毕后，秘书部门须提出拟办意见，报送上级机关批准。

(3) 文字和文书规范的协调。要把好文字关、格式关，若不符合要求，秘书部门要与呈文部门协商，修改后重新报送。总之，从公文起草到发出，每个步骤都需要协调。

3. 会议协调。会议协调在第六章“会务工作”中已详细阐述。

4. 事务协调。秘书要承办大量事务。除了办文办会外，还有其他日常事务工作方面都需要协调。如来访接待的协调、临时交办事项的协调、突发性事件的协调和领导活动安排的协调等。

(二) 关系协调

1. 上下纵向关系协调。主要内容有：

(1) 秘书与领导关系的协调。领导是秘书服务的主要对象，正确有效地协调与领导的关系，使二者工作和谐、心理默契、互相信任，这对秘书发挥其职能作用有关键性帮助。同时由于秘书人员是领导者的近身助手，对领导班子人员间的关系是比较了解的，应把维护领导班子的和谐和工作关系的协调作为自己的重要职责。所以，协调各领导之间的关系也应属于秘书协调的方面。

(2) 秘书与群众关系的协调。群众是单位的基石，做好群众工作乃是秘书工作的重要内容。协调好群众与单位的关系，使群众对单位有一种向心力、凝聚力和归属感，这就是群众关系协调的努力方向和目标。

2. 同级间横向关系协调。同级关系的协调，一是指秘书部门与本单位各职能管理部门之间的关系协调；二是指秘书部门的内部协调，即秘书部门内部的秘书人员之间，秘书与秘书部门负责人之间的关系协调。协调内容包括工作分配、分工与合作，中心工作与常规工作的安排以及秘书个人之间的人际关系协调等。

3. 内外关系协调。指的是不存在隶属关系的本系统与其他系统之间的关系，包括本单位与兄弟单位之间的关系，与友邻单位之间的关系，与协作单位之间的关系等。

三、秘书协调应遵循的原则

(一) 秘书协调的一般原则

1. 从属原则。从属原则是指秘书部门在协调工作中，始终要把自己的角色定位在从属位置上。秘书部门的地位和性质决定了秘书是为领导当参谋、做服务工作的，因此，秘书协调实际上是协助领导做好协调工作。这就决定了秘书部门协调工作的从属性质。秘书工作部门在协助领导从事协调工作时，必须摆正位置，做到既主动，又不越权。

2. 依法原则。依法原则是指秘书部门在协调中必须坚持原则，严格依照法律法规及政策规章处理问题。协调是消除分歧、化解矛盾、理顺关系、统一步调的过程，而不是无原则地搞调和，充当“和事佬”。依法原则要求在进行协调时，要用合不合法、符合不符合政策来作为判断是非、处理问题的依据；要以法律法规和政策为先导，把大家的意见统一到法令和政策的认识上来；用政策法令去疏导、说明和教育当事者，避免个人意志代替法律政策。

3. 调查研究原则。调查研究原则要求秘书部门在协调中要注意调查研究，坚持实事求是，一切从实际出发。调查研究是协调处理问题的基础，也是做好协调工作的基础。秘书工作部门在进行协调工作之前，必须认真调查研究，充分掌握情况，弄清矛盾的焦点及其来龙去脉，对各方面提出的意见、陈述的理由，都要本着实事求是的态度进行分析，然后才能提出协调意见，做出协调决定。情况不清，匆忙草率是不可能进行公正、行之有效的协调的。

4. 平等协商原则。平等协商原则是指秘书部门在协调中要平等待人，始终以平等协商的态度进行对话。切忌只用简单的、行政命令的方式去解决问题。同时，还要树立“服务对象第一”的意识，即使有意见分歧难以求得一致，也应该耐心解释、缓和冲突，帮助做好思想工作，努力调动协调对象的积极性，形成自觉配合、相互尊重、平等协作的气氛。

5. 原则性和灵活性相结合原则。做协调工作一定要坚持原则性，但原则性不等于死板，随机灵活掌握往往是协调成功的关键。比如说，有些政策规定有一定幅度，在这个幅度范围内可以灵活处理；有些政策规定比较原则，可以遵照政策的基本精神结合实际灵活掌握；有些问题是非原则性的次要问题，可以适当让步。在维护整体利益的前提下，可以允许有不同意见，允许保留不同看法，求大同，存小异。

（二）秘书协调与领导关系的原则

1. 服从领导、保持一致。秘书协调与领导关系的首要原则就是尊重和服从领导，不能取代领导、擅自做主，不能越位越权。要同领导保持思想一致，工作步调一致。

2. 维护领导、忠诚服务。秘书必须自觉维护领导集体所代表的根本利益，忠于职守、精心服务、任劳任怨、不计名利，通过自身的工作来维护领导所代表的组织的信誉。

3. 拾遗补漏、当好参谋。秘书对领导既要服务、服从，又要帮助、提醒，要敢于和善于为领导出主意、提建议。在领导工作中出现失误和疏漏时，秘书要从对工作负责的角度出发，拾遗补漏，帮助、提醒领导。

4. 照顾大局、维护团结。秘书为领导集体服务，必须协调处理好与领导集体中每位成员的关系，自觉维护领导集体的团结和威信，提高整体效率。

第二节　协调工作的方法和技巧

一、协调工作的方法

（一）秘书协调的一般方法

在协调上，有运用上级政策、行政手段等“硬协调”方法的，也有运用沟通商量、说服教育等所谓“软协调”方法的。秘书要善于运用这些方法，做到刚柔相济、软硬兼施，动之以情、晓之以理。

1. 政策协调法是指运用上级政策来协调本系统各平行部门之间存在的问题的方法，避免各行其是的现象发生，力求达到各平行部门动作和谐统一的目的。

2. 行政控制法即利用上级命令、领导决定进行协调。有的事情仅以秘书的身份进行协调，不太管用，别人不买账。此时就可采用这种方式，往往收到立竿见影的效果。

3. 会议协调法即由领导出面主持开会协商解决问题的方法，这是经常采用的一种重要的协调方法。它适用于涉及面较多的问题，当分别逐个解决不了时，就需要有关方面聚在一起，开会协商。会议协调，可采用定期的领导办公会议的形式由有关领导召集部门负责人参加；也可不定期召集专门的协商联席会议；还可由办公室牵头，约请有关部门或单位开会协商解决。

4. 文字协调法是经常采用的协调形式。如通过拟订工作计划、活动部署、订立制度、集体审订修改文稿等形式统一认识、协调行动，使单位内部上下各相关方面的工作协调运转；还可用征求文稿意见、会签文件、会议备忘录、会谈协商纪要等形式，协调组织与外部各方面的关系。这种形式具有规范性、稳定性，往往能使协调各方较长时间保持协调关系。

5. 信息沟通法。现实生活中的很多矛盾，是由于不了解情况、凭主观臆断、加上偏听偏信造成的。医治此症的良方，就是沟通信息。将有关部门、单位的人员召集起来，如实介绍情况，就能解除误会、消除隔阂。

6. 商谈协调法。协调者以平等的身份、商量的态度、探讨的口气对协调各方发表自己的意见，征求他们的看法，共同寻求解决问题的最佳办法，达到协调的目的。在重大问题未决策前，上下级之间、平级之间、部门之间，为了达成某种决议共同磋商，可以采用此协调方法。

7. 晓之以理法。协调工作不能光以势压人，而应以理服人。晓之以理，用大道理说服小道理。人总是服道理的。只要真正把道理讲清楚，也能达到协调的目的。

8. 感情激励法。协调方法众多，以攻心之法为上。最能打动人心的，莫过于一片人间真情和一颗赤诚的心。晓之以理，还要加上动之以情。人都是有感情的，往往一番肺腑之言或困境中的一次鼎力相助，就能起到联络感情、化解矛盾的作用。人与人之间如此，部门之间、单位之间也如此。

(二) 协调秘书与领导关系的方法

作为为领导服务的办公机构，秘书应主动处理好与领导的关系，要做到：

1. 维护领导成员的威信和形象。秘书人员维护领导成员的威信，主要是从工作角度出发，即使秘书本人因此受到误解和委屈，也应泰然处之。在工作中，应为领导补台，不拆台。当领导有某些疏漏和不足时，要积极采取补救措施，消除影响。同时，给领导提意见和建议时一定要注意场合，以维护领导的自尊。

2. 维护领导层内部的团结。维护领导层的团结，事关单位内部的稳定和有效运转，对此秘书人员负有义不容辞的责任。秘书人员作为领导的参谋和助手，经常活动于领导成员之间，并在领导层之间起着沟通的作用。反映互相之间的情况转达意见时要讲究方式方法，不利于团结的话、闲话、气话不能说。发现领导之间有误会，应寻找适当的机会帮助澄清、化解。切不可从中搬弄是非，将问题复杂化。秘书请示或汇报工作，应严格按领导成员职责分工进行，不越级请示。涉及全局的问题，要请主要领导人裁定，并通报其他领导成员。

为了协调好与领导的关系，秘书还应做到：一要善于总结领导活动规律，正确领会领导意图，在辅助领导工作的职能地位上，积极主动、及时周全地为领导服务；二要不折不扣地完成领导交办的事务，做到忠诚可靠。不假借领导的权威谋私，也不向领导献媚讨好；三要维护领导的威信，不背后议论。若发现领导工作中的失误和疏漏，坦诚地当面提出自己的建议和看法，做领导的诤友；四要设身处地地体谅领导。受到批评要虚心，受到误解不埋怨，找适当的机会向领导解释。

协调与领导的关系，对秘书来说是一个颇有难度的问题。秘书人员应认识到协调好与领导的关系对组织的作用。秘书人员的职能地位为协调工作提供了良好的条件和较多的机会，秘书人员应努力做好这项工作。

二、协调工作的一些艺术技巧

实际工作，协调的技巧艺术有很多。总之一句话，要善于运用一切办法，利用一切优势长处，使协调成功。下面简单介绍几种。

（一）适当让步艺术

在非原则的次要问题上，有时是可以让步的。要抓主干，看主流，避免在枝节问题上过多纠缠。

（二）模糊语言艺术

对协调过程中的无关大局的是是非非有时可以采取模棱两可的策略，持中庸之道，使用必要的模糊语言，如说圆场话、双关语、转变话题、佯装不知等。

（三）婉转迂回艺术

有时，采用直截了当的方式反而会造成欲速而不达的效果，甚至造成僵局。这时，不妨采用婉转迂回的方式。峰回路转，反而会“柳暗花明又一村”呢。

（四）寻找最佳时机艺术

在协调工作中，时机把握得好，可事半功倍；时机把握得不好，寸步难行。当协调对象精神愉快、工作顺利、心情平静时，容易接受别人的意见和建议；当矛盾明显、条件成熟、是非分明时，上级方针、政策有明确规定时，协调易于取得成功；各相关方面意识到为共同利益、共同目标的实现需要协调时，协调能很快取得成效。这就需要秘书人员敏锐捕捉时机，要培养观察问题、发现问题的能力，要善于发现线索，抓住有利时机和条件，并加以利用，进行协调。

（五）换位思考艺术

在实际工作中，由于各自所处的位置不同，看问题的角度也不一样，可能产生很大分歧。在这种情况下，协调者不要简单地重申或强调自己的看法和意见。要理解对方，想法使自己和有关方面的人员都平静下来。试着将自己置于对方的位置，以对方的处境、情感及观点来考虑和解释共同的问题，以期求大同存小异。

第三节　做好协调工作应具备的素养

协调工作既重要，难度又大。做好协调工作，应具备较高素养。

一、知识素质

知识是能力的基础。要具备协调能力，首先得具备相应的知识。这个知识，不仅是书本上的知识，还包括实践方面的知识。

（一）广泛的基础知识

要做好协调工作，人文学方面的知识应该广泛精深。不仅要精通公共关系学、管理学和心理学，而且要掌握历史、地理、哲学；不仅要了解经济学、社会学和行为学，而且要懂得新闻学、逻辑学和语言修辞学；更要掌握有关的政策、法律等各方面的知识。知识面一定要广泛，博学才能多才，博学才能多识。

（二）丰富的实践知识

要做好协调工作，还必须深入工作实践，了解各职能部门的工作任务、性质、特点、规律，加强对协调事务的历史、现状、政治、经济、业务、人事的深度认识。只有对这些心中有数，协调时才能得心应手。同时在工作实践中，要善于学以致用，多思索、多积累、多体验，提高自己综合分析能力和处理具体事务的能力，丰富自己的工作阅历，增长自己的工作才干。

二、道德素质

秘书人员由于其特殊的地位和特殊的工作职责，必须具备较高的道德素质，即公平正直、诚恳无私。公平正直，就是能从实际出发，实事求是，不夸大、不缩小；就是能严守政策法纪，始终站在公正的立场，处事不偏不倚；就是能说真话，敢于说出自己的观点，襟怀坦白。诚恳无私，就是能以诚待人待事，不弄虚作假，不玩弄花招，不隐瞒事实真相；就是能维护大局，坚持原则，一心为公，毫无私心。

三、能力素质

有人曾形容秘书人员应有“哲学家的思路，经济家的头脑，组织家的才干，政治家的度量，战略家的目光。”不是担任了秘书就都能搞好协调的，协调工作对秘书人员的能力要求相当高，包括以下方面：

（一）想象力和创造力

想象力和创造力既指在设计协调工作方案时，能预见协调活动中可能出现的情况和问题，制定多种对策和处理办法，有备无患；也指在具体的协调工作中，善于将灵活性和原则性相结合，采取灵活多变的协调方法和艺术技巧，优质高效地完成协调任务。

（二）组织能力

组织能力指在协调活动过程中成竹在胸、把握得当，既能驾驭大的场面，又能应付突发性的意外场面，还能控制整个局面，活动安排井井有条，整个协调过程秩序井然，各种异常情况都能妥善处理。

（三）社交能力

社交能力就是要善于交际和言谈。待人接物彬彬有礼、热情大方，使人乐于接近，乐于听取你的意见看法；语言谦和、委婉、诚恳，言之在理，才易打动人、说服人。注意真诚相待，取得对方的信任，产生感情上的共鸣，形成思想上的共识。

（四）专业技术能力

专业技术能力主要指文字表达能力和对与协调工作有关的专业技术知识的掌握。

四、心理素质

要做好协调工作，秘书人员应该加强心理素质的锻炼，培养机智、幽默、热情、活泼的性格，具备较好的心理承受能力；忌讳急躁、易怒、激动的性格。任何时候均应保持冷静、沉着、耐心，遇到协调对象有过激态度时不要针锋相对、毫不相让；要宽容大度、心平气和、和颜悦色。只有这样，才能很好地化解矛盾，使协调成功。

案例研习

案例9－1：下文选自于陆天明长篇小说《省委书记》，能帮助我们了解秘书的参谋助手作用以及协调作用。

晚12点多，贡书记在焦秘书的陪同下从会议室出来。几天来，他一直为中央要调走马扬的事愁眉不展……他来到办公室，回头见焦秘书跟了进来。

贡书记："焦秘书，你咋还不回去？"

焦秘书："我估摸今晚您有特别重要的事要我办。"

贡书记："哦？那你说说看，有什么特别重要的事？"

焦秘书："我试着猜一猜吧。中央要调走马扬，我想您需要起草一份给中央书记处的亲笔信，详述留下马扬的理由。"

贡书记："好。这信你来起草。今晚就别回家了，天亮前把信写好放在我办公桌上。"

焦秘书："是。"但仍不离开。

贡书记："你怎么还不走？"

焦秘书："我想此事您需要找前任省委书记潘祥民同志出面向中央说说。"

贡书记："唔。你马上给潘书记打个电话，告诉他，一会儿，我上他家去看他。"

焦秘书："改明天吧。都一点多了，老人家可受不了您这种电闪雷鸣的冲击……"

贡书记："那就明天吧，上午，改完你写的信稿就去。现在你该回去了吧。"

焦秘书："不，贡书记，我想您还需要我打电话，告诉您儿媳妇修小眉，让她明天在家等您。"

贡书记："我找她干吗？"

焦秘书："她今天打过电话来找您。您忙，我挡了驾。她说可能很快要去一趟香港。"

贡书记一震："去香港？"

焦秘书："是的。她说走以前一定要见您。"

贡书记："你马上打电话告诉她，没有我的同意她哪儿也不能去。顺便告诉家里其他人，明晚我回去开家庭会。"

焦秘书："建议不要说开家庭会，以免增加他们的心理压力，就说您好久没见他们了，回去跟他们共进晚餐，怎样？"

贡书记："好，就这样吧。这下你该回去休息了吧！"

焦秘书："不，贡书记，我想您还有件事要我去做。"

贡书记："哦？你说说看。"

焦秘书："大山子的经济大案眼看就要揭盖了。我想，您需要我通知省纪检委周书记、政法委陈书记、公安厅唐厅长开会研究行动部署。"

贡书记："好。你马上打电话通知他们，明天下午一点半到这儿来开会。"

焦秘书："下午吧。下午三点半，午觉以后。您自己也需要睡一会儿。"

贡书记："行，就这样吧。你先去写信。"

焦秘书："是。"这才离去……

案例 9－2：比尔·盖茨发怒以后

1980 年，美国微软公司刚出现"坏得不能再坏的局面"，盖茨为法院的官司疲于奔命，又拖欠了部分职员的工资，虽采取了一些措施，但组织内部的混乱局面并未得到好转，盖茨因此而变得失去理智，在总公司的一次会议上，盖茨大发雷霆，参加会议的 20 位年轻工程师个个吓得脸变色，只有一位华裔女工程师敢于直视盖茨，并两次打断了他的咆哮，平静地发表意见，最后盖茨也平静下来听她的意见，觉得她的意见可取并予以采取。

从该例可以看出，盖茨的情绪已处于失控状态，单靠他本人的自制力来扭转是力不从心的，面对这种情况，华裔女工程师不但敢于直陈自己的意见，而且充分发挥了常态下应有的情绪能力，从而使盖茨的情绪由负向的激情转入正常的平静，在这个过程中，华裔女工程师成功而有效地演奏了一首以柔克刚的"三部曲"。第一部，她敢于直视盖茨，这叫"以眼还眼"的非语言或无声交往，表示她很冷静、很坦然，无形中给盖茨以提醒、示范；第二部，她两次打断盖茨的咆哮，这是对盖茨的情绪洪水的两次截流，起到了"扭转乾坤"的作用；第三部，她平静地发表意见，这是对情绪正处于转化过程中的盖茨的进一步疏导。这样，盖茨终于平静下来，听取了她的意见。

案例 9－3：王工程师很善于开创新产品，某厂高薪聘请了他。可半年过后他并未有什么新发明。厂长让办公室主任去启发他。主任于是带着两本"专利资料"找工程师谈话，大意是说如果一时确实开创不出新产品，干脆从"专利资料"中选一两项开发也好，只要有行动厂里就会支持你。王工程师听后，很气愤，认为主任是小看他，对主任不屑一顾。但不久，王工程师却直接向厂长提交了一份关于试制某新产品的报告。厂长高兴地对办公室主任说："激将成功，你再去鼓励鼓励。"但办公室主任却反其道而行之，故意对王工程师说："你那个报告恐怕不现实，我们厂不具备这种科技力量。"王工程师一听，马上找厂长去申辩。这正中厂长下怀。结果，工程师很快组织力量，不久，该新产品试制成功。

复习思考题

1. 秘书协调的内涵是什么，作用有哪些？
2. 秘书协调的类型、方法有哪些？
3. 为什么要讲究协调的艺术技巧？
4. 秘书应从哪些方面培养自己协调的素质？

实训题

［**实训9-1**］　下面是2005年国家职业考试秘书四级情景录像题。至少指出15处正确与错误的地方。

宏远公司会议室。墙壁上的时钟指向8:20时，会议室环境幽静，桌椅排列整齐，桌面上有席卡。钟苗与初秘书边走边聊进会议室。

钟苗："我们8:00准时开会，今天的总经理办公会要重点讨论综合楼项目的资金筹措问题，我们请了投资方参会。录像机和磁带准备好了没有？还有，我来公司时间不长，认识的人也不多，请你把出席人员的座位图给我出一份。"

初秘书："桌上不是有席卡吗？"

钟苗："我坐在边上，有的人名不是看不到吗？让你帮点忙怎么话这么多？"

钟苗走到空调旁："初秘书，你不觉得这房子有点冷吗？"

初秘书："哦，是挺冷的，温度可能调得太低了。"

钟苗："我说怎么这么凉呢，温度都到15度以下了，以后调到20度左右就可以了。"

会议室开始有人陆续进场，并按自己的位置坐好。

王总："人都到齐了，下面我们开会。今天的会议内容很重要，关系到咱们综合楼项目建设的问题……"

电脑屏幕上显示一份宏远信息有限责任公司综合楼简介。

钟秘书办公室。钟苗正在电脑前打字。初秘书进来。

初秘书："钟秘书，苏经理让我来问总经理办公会上下发的文件都收齐了没有？"

钟苗头也没顾上抬，边敲键盘边答："我还没顾上呢，这样吧，等我把会议简报打完了再说。"

初秘书："哦，钟秘书，高经理后天要出差，急需这些文件资料，让我过来取一下。"

钟苗："会议文件的清退不用那么急，高经理要带的相关资料，我再给出一套。"

初秘书拿出一份材料给她，说："这是总经理办公室定下的第三季度各位领导的工作安排。请你编制第三季度的会议时间表。"

钟苗继续敲键盘："那你放着吧，我会尽快做出来。"

初秘书离开……

苏经理办公室。苏经理正在看材料。钟秘书推门而进。

钟苗："苏经理，你找我呀？"

苏经理："你那份第三季度会议材料编得有问题。你把7、8、9三个月各放在一个栏目中，是对的。但看不出第几周开会，也看不出谁去开会。你叫领导怎么根据这个计划来安排时间?"

钟苗："不好意思。我就是太忙了，没有仔细设计，我回去重新编一下。"转身就走。

苏经理："你先等一下。上次关于综合楼项目会议上下发的文件，为什么到现在还没收回呢?"

钟苗："有几个经理不知道文件放哪了，一时半会没找着。"

苏经理："文件的清退可涉及项目投标的秘密啊。"

钟苗："我回去一定尽快收齐，好吗？要是没别的事我走了。"

苏经理："就这样吧。"

钟苗办公室。她正拨电话。

钟苗："崔经理？你好。前两天你让我提供一份发文处理的流程图，我做了一份，现在传真给你，你们可以根据这个流程图做出相关的文件处理规定。"

对方："好的。"

钟苗开始将发文流程图传真。传真毕，拨号。

钟苗："崔经理，传真收到了吗？收到了。好，再见。"

钟秘书办公室门口，堆放了几个大箱子。

钟苗出办公室："哟，这是哪个部门的箱子呀，放在通道上多碍事呀。真缺德，放在别人门口怎么不放在自己门口呀。"（并用力把它推至门对面的消防器材箱下面）

[实训9-2] 闷闷不乐的老总

这天早晨上班，平时和蔼可亲的老总眉头紧锁，一言不发地进了自己的办公室，秘书跟他打招呼他爱理不理。秘书现在应该怎样做？有这么几种选择：

1. 既然老总烦，他肯定需要一个人独自呆一会，所以先不去管他。

2. 心烦归心烦，工作是工作。今天有一大堆事等他决定，所以拿上文件夹去找老总签字。

3. 找出老总的日程表，取消老总今天的一切约会安排。

4. 泡上一杯浓茶送给老总，问他是不是要先休息一会。

5. 马上跟着老总进去，问老总出了什么事。

以上几种选择，你认为哪种比较合适，并请说明理由。

[实训9-3] 谈谈你对下述事件的认识和理解

秘书于雪所在的公司位于北京，她的男朋友是公司市场部的胡毅。他俩的恋爱早已到了谈婚论嫁的阶段，准备在明年春暖花开的时节定百年之好。由于公司不允许员工之间谈恋爱，所以他俩的关系在公司内部至今无人知晓。

这天上午开董事会，讨论人事问题，于雪做会务。会上考虑胡毅单身无牵挂，决定把他调到人力紧缺的香港分公司。这天下班，于雪和胡毅又在那家幽静的小酒吧里约会。

“我想我们明年春天最好是去新马泰结婚。”胡毅说着，递给于雪一本精致的新马泰旅游小册子。他的目光清澈纯真，脸上泛着红晕，深深陶醉在蜜月旅行的幸福之中。于雪却十分苦恼，因为公司有规定，除非出差，公司外派人员半年内不得回京探亲，即使过不惯外地生活，也必须忍耐。这样，不仅明年春天结婚的计划可能泡汤，即使结了婚也得忍受两地分居的煎熬。此时此刻，于雪是否应该把在董事会上听到的消息告诉胡毅？

现在于雪有这么几种做法：

1. 你下个月就要调到香港分公司去了，我们的婚期可能得推迟。
2. 到时候再说吧。
3. 默默无语。
4. 胡毅，听说你们部门又来了一个漂亮的MM，是吗？
5. 好，我俩就去新马泰旅游。

以上几种做法，你认为哪种正确，并请说明理由。

——摘选自2005年10期《秘书》，作者：潭一平（有删改）

第十章

督 查 工 作

学习目标

通过本章学习，了解督查工作的特点、地位、意义、作用、内容和范围，掌握督查工作的要求，能够严格按照督查工作的程序，进行督查工作能力的训练，提高督查工作的质量。

导读案例

2006年年底，某县经反复论证，结合本县实际情况，制定了“一城四基地”的发展规划。“一城”就是把县城建设成为某市的卫星城。“四基地”是把该县建成糖业、建材、水果和畜牧水产基地，到2011年力争甘蔗种植面积达45万亩，原料蔗产量180万吨，产糖20万吨；水果总产18万吨；肉类总产3万吨；水产品产量1.38万吨。

为了实现上述目标，该县先后制定了关于加快甘蔗、水果和农业综合开发等三个决定，制定一系列政策和具体措施，鼓励农民、机关事业单位积极参与各项开发事业，促进基地的建立和发展。县委督查室则切实围绕县委的中心工作，协助县委抓好各项决策的落实。特别是把甘蔗生产作为重点，开展立项督查。一是将甘蔗生产任务落实到各乡镇，并层层签订责任状，向上级交纳风险抵押金。二是加强跟踪督查和情况反馈。在2007年内就组织有关部门开展了三次督促检查，并及时做好反馈工作。三是协调有关部门及时解决工作中出现的各种问题，推动了决策的落实。

该县的这次立项督查活动，由于重点突出，形式灵活多样，效果十分显著。2007年，该县蔗糖产量在全国即排位第10名。2008年甘蔗种植面积已达29万亩，原料蔗产量达120万吨，产糖7.38吨。甘蔗生产已成为全县经济发展的支柱产业，生产基地的规模已形成。

导读：督查工作也是秘书辅助领导工作的重要组成。

第一节 督查工作概述

一、督查工作的含义

督查工作是督促检查工作的简称，它是一种领导行为。科学的领导离不开督促检查，领导督查是决策落实的“第一推动力”。一般而言，实施科学领导应完成“科学预测——正确决策——督促实施——信息反馈——二次决策”等领导行为过程。督查是整个领导行为中的一个关键环节。

督查是由督与查两个方面内容构成的统一体。督，包括督促、监督乃至监控等三层意思；查，包括检查、追查、核查、查办等多层意思。

具体地讲，督查工作，是指秘书部门依据领导机关和领导人赋予的职权，对党和国家的路线、法律、方针、政策、重大部署安排及领导交办批示的重要事项，进行自上而下的督促检查，促进承办单位认真办理，落实到位的一项工作。

二、督查工作的地位、意义与作用

秘书部门的督查工作，是在顺应深化改革，经济建设，贯彻民主集中制，克服官僚主义、形式主义、分散主义，提高工作效率和保证政令畅通的情况下逐步发展和拓宽的。从“小查办”发展到了“大查办”。随着改革的深化和社会主义市场经济体制的推行，督查工作越来越为各级领导所重视，为群众所拥护和支持，发挥着重要作用。具体表现在以下五个方面。

（一）有利于促进党和政府的方针政策的贯彻落实

党中央为深化改革、扩大开放，开创社会主义现代化建设新局面，制定了一整套的路线、方针、政策。要把它付诸实施，变为实际行动，各级机关、团体和企事业单位就需要按照中央的政策制定自身的办法，贯彻落实。但是客观上存在工作有布置无检查或布置多检查少、“上有政策下有对策”以及形式主义地对上级文件照抄照搬等错误做法，因而只有通过督查工作才能使那些“有令不行、有禁不止”的分散主义和形式主义问题得到查处，使党和政府的政策落到实处。

（二）有利于保证领导决策的实施

领导实施科学管理，一般需要通过调查、咨询、决策、执行、监控、反馈等工作环节来完成。领导的决策在实施过程中，是否真正落到实处，只有通过秘书部门的督查工作才能得到反馈；也只有在督查过程中才能了解、验证决策是否符合实际，防止由于决策的失误而造成损失；督查工作还可以把督查中发现的新情况、新问题及时反映给领导，为领导机关进一步调整、完善决策提供可靠的依据。

（三）有利于克服官僚主义，转变机关工作作风

督查工作的开展，使各级领导和秘书人员深入到群众之中，体察民情，反映民意，倾听民声，落实政策，使督查工作成为领导机关联系群众的桥梁，受到群众的欢迎。通过督查，能够有效的克服领导干部“走马观花”、“人浮于事”等官僚主义态度和不良作风。

（四）有利于端正党风，转变社会风气

秘书部门除帮助人民群众解决急需解决的问题外，还要协助领导查办党内和社会上的不正之风，如干部以权谋私，大吃大喝，行贿受贿等。通过督查，强化监督职能，可以教育广大干部和群众，促进党风和社会风气的好转。

（五）有利于强化秘书部门的参谋助手作用

督查是秘书部门参谋助手作用强化的体现。通过督查，可以把查到的重大问题及时向领导汇报，使问题尽快得到解决；可以掌握第一手材料，便于分析研究，提出正确建议；可以发现新情况、新问题，及时反映，引起重视，把问题解决在萌芽状态；还可以结合督查信息与调研，预防解决一些倾向性问题。

三、督查工作的特点

（一）政策性

督查工作具有很强的政策性，凡是需要督查的事项，都应按照国家法律、党的政策和领导同志批示的要求，严肃查办，不能凭秘书人员个人的感情或某种关系办理，要做到件件有着落，事事有结果；督查的事项也要以国家的法律、法令和党的方针、政策为准绳，严禁损害群众的利益。

（二）时效性

督查事项中，有的是重大方针政策的贯彻落实，需要较长时间和过程，要分阶段督查；有的是基层出现的重大问题与突发事件，要及时报告情况或结果；有的则是上级领导批办的督查事项，要求限期回报督查结果。各种督查事项都有相应的时间要求，督查工作也就体现出较强的时效性，要求督查人员遵循“马上就办、一丝不苟、狠抓落实、及时反馈”的原则，做到“全年任务分月查，重大事项定期查，重点工作随时查，疑难问题现场查”。

（三）综合性

秘书部门的督查工作具有很强的综合性。秘书部门的督查事项涉及政治、经济、科技、文化、教育等各个领域，遍及一个地区的各方面工作，因而督查内容具有综合性；同时，督查人员在督查过程中搜集到的信息具有综合性，进行督查的方法也具有综合性，要求督查人员具有多方面的知识，具备较强的综合能力。

（四）权威性

督查工作是上级机关或领导同志对下级单位存在的重要问题发出的指示，秘书部门代表本机关并严格按照领导的意图督促其办理落实，这本身就包含着权威性；同时，督查工作是严格依法办理的，有国家的法律和党的方针政策作保障。

四、督查工作的原则

（一）坚持实事求是的原则

要深入实际，调查研究，尤其要重视听取当事人、关系人和持不同观点者的意见，掌握第一手材料，把事实作为查清问题的证据，公正处理，力戒主观主义和个人主义。要正确领会上级机关的查办意图和领导批示精神，坚持把党和国家的方针政策及国家的法律法规作为处理和解决问题的准绳。对于那些涉及面广、问题复杂、短期内难以办结的案件，要向上级机关说明原因，不要勉强拼凑材料，不负责任的草率结案。同时，还要防止和排除人情风和关系网的干扰，要敢于报忧、讲真话，维护督查工作的严肃性。

（二）坚持注重实效的原则

督查人员要树立全心全意为人民服务的思想，把为群众办实事、为群众谋利益放在首位。要树立“不唯上、不唯书、只唯实”的思想，说实话、重实际、办实事、求实效，不做表面文章，不搞形式主义。要树立“事事有结果，件件有回音”的思想，对每项督查事项都必须有办理结果材料，及时搞好督查情况反馈，使领导了解问题的处理情况。

第二节　督查工作的内容与方法

一、督查工作的内容和范围

（一）督查工作的内容

1. 专向查办。是指秘书部门针对领导批示或具体交办的事项进行催办，并向批办领导报告执行情况和落实结果的督查。它是督查工作的一个重要组成部分，也是一种领导意志和行为的体现。

2. 决策督查。是指秘书部门就党和国家的方针政策以及上级、本级领导机关的重大决策、重要部署的贯彻落实情况所进行的督促检查。

3. 要正确处理专向查办与决策督查的关系。专向查办的事项中有的也是决策的贯彻执行情况，而且已引起了有关领导的重视。决策督查的事项也往往成为领导批示查办的对象，因为领导不只要决策，还要关注决策的贯彻执行。专项查办与决策督查在对象上有一定的交叉。秘书部门既要重视专向查办，又要重视决策督查。

（二）督查工作的范围

随着改革开放、市场经济的发展，督查工作的范围不断拓宽，具体包括以下十项：

1. 党和国家的方针、政策和上级机关重要指示，以及有关重要规定的贯彻落实情况。

2. 上级机关通过发函或电话通知要求催办、查办、督办的事项。

3. 同级党委、政府决定组织实施的事项。

4. 同级人大及其常委会通过并决定由政府系统组织实施的重要事项。

5. 本级年度及半年工作计划、重要会议规定的工作任务、措施、要求的贯彻落实情况。

6. 本级的重要文件的贯彻执行情况。

7. 上级和本级领导同志批示交办的事项。

8. 本级或上一级人大代表、政协委员反映当地的重要问题。

9. 报刊、广播、电视等新闻舆论与人民来信来访中对本级及其有关部门突出问题的批评和建议，以及上级新闻单位转送党政部门需要核查的事项。

10. 其他临时交办事项，以及看到、查到、听到一些无人过问或解决不力的重大问题和几个部门相互扯皮、拖延不决的问题。

二、督查工作的方法

当前，督查工作面临人员少、任务重的困难，要解决这一困难，关键是要寻求一套科学的工作方法。根据有关经验，督查工作主要有以下五种方法。

（一）调查研究法

这是提高督查质量和办结率的有效方法。可通过座谈、暗访、抽查等形式调研：一要深入解剖，从多角度、多方面把握问题的深度，弄清问题的实质和原因；二要坚持实事求是，报喜又报忧，力求准确、真实、全面、完整地反映情况；三是对问题不够清楚、意见有分歧的要听取多方面的意见，进行综合分析研究，写出有价值的专题报告，为领导掌握真实情况，进行科学决策和正确处理问题服务；四要善于发现新问题、新动态。

（二）催报检查法

就是督查部门催促各个下级执行部门按要求报告落实情况，并从对上报材料的分析研究中检查工作的一种督查方法。领导决策机关下面的执行者层次多、范围广，一项重大决策涉及到方方面面，督查部门不可能亲自跑遍落实第一线，因而采用这种方法省时省力，可以提高工作效率。但是这种方法也有一些不足，一方面无法掌握第一手材料，另一方面也有可能受到下级部门的欺骗。

（三）重点检查法

督查工作面广量大，必须突出重点，区分轻重缓急，先重点后一般，查重点带一般，才能搞好。督查工作的重点是：围绕党和政府的方针政策、重大决策、中心工作和人民迫切关心的热点、难点问题，以及影响面大、涉及全局性、具有典型意义的事项进行督促检查。

（四）举一反三法

举一反三法就是“查办一件，带动一片”。可从三个方面进行：

1. 对一些具有一定影响的、涉及面较广的问题，可利用文件、内部资料、会议形式进行通报，引起有关单位的重视，避免类似问题发生。

2. 以一些查办事项中发现的带有倾向性、全局性和规律性的问题，向有关部门和领导同志提出解决同类问题的建议，抓出较大的成效。

3. 对具有典型意义的督查事项和办理结果，通过新闻媒介和表彰奖励等形式宣传，扩大影响，推动整个督查工作的发展。

（五）目标查核法

为了提高督查工作质量，出色完成工作任务，秘书部门要实行目标管理，严格考核。即根据当年计划，将督查任务落实到有关部门和人员头上，明确职责范围，年终考核，表彰奖励或批评处罚，做到奖惩分明、奖优罚劣，调动督查人员的积极性。

第三节　督查工作的程序及要求

一、督查工作的程序

督查工作是一项系统性很强的工作，有一套环环相扣、联系密切的工作程序，只有严格按照其工作程序工作，才能有条不紊，多而不烦，忙而不乱。督查工作一般包括立、办、结三大程序，即立项、办理、办结上报，在其程序之下又可分为若干环节。

（一）立项送审

立项送审，即接受批件或办件，登记立项提出拟办意见，报送领导审批。它包括来件登记和提出拟办意见、报送领导审批两个环节。

1. 来件登记。秘书部门收到上级机关或本级领导批示的督查事项后，要及时登记，写明来件机关、文号、日期、内容摘要、领导批示意见、承办单位、转办时间、转交文号、办结期限、反馈形式等。登记可采用分级登记、分类登记或分单位登记。

2. 提出拟办意见、送领导审批。根据上级或领导的要求，在分析查办事件基础上，提出拟办意见，即确定承办单位，明确办理方式，规定办理期限等。要注意立项的可操作性，做到具体实在、化虚为实，以便承办单位办理，然后报送分管领导审核阅示。有的督查事项已有明确批示意见，可直接转承办单位办理。

（二）办理

办理，即根据领导同志批示意见及时转办或自办，并进行催办或协办。

1. 转办。转办也称交办，即秘书人员所提的拟办意见经领导审定后，向承办单位转办。转办的方式有三：一是发函转办。适用于一般的督查事项；二是电话通知。适用于查办急件或地方较远的事项；三是会议布置。适用于交办一批重要的督查事项。转办中要注意以下五个问题：

（1）涉及保密内容时，要标明机密等级，也可根据情况采取摘录的形式，不全文转出或乱转。

（2）转办中要写明督查的内容、领导批示意见、明确办结期限及注意事项，转办意见应拟写两份，一份转交，一份存档，以便查办备用。

（3）凡需两个或两个以上单位共同办理的事项，应指定主办、会办单位，由主办单位牵头，会同会办单位共同办理。

（4）承办单位接到督查事项后有异议，可及时向负责转办的督查机构反映，如果转办单位核实，确认不属于该承办单位办理，要经分管领导重新批示后，可停止办理或另转其他承办单位办理。

（5）对有些内容不很重要或只需提请注意的事项，可以不要求承办单位上报结果。

2. 催办，即催促承办单位加快办理速度，提高办案效率。转办一段时间后，督查人员要适时采用相应方式催办。可采用打电话催办、发函催办、派人催办等方式。催办应注意以下六个问题：

（1）时效性强的要及时催办。急件要注意跟踪催办，可随时用电话催问办理情况，一般在转办一周后要询问查办件是否收到，了解需要进一步协调的地方和进展情况。

（2）时限性长的要分阶段催办。如对人民代表大会通过的《政府工作报告》的贯彻执行情况进行的督促检查，可采用年初分解立项，年中阶段性催办，年终综合催办和平时专题性催办。

（3）涉及部门较多的要联合催办。有些督查事项往往涉及面广，或问题复杂，或意见分歧，可由负责督查的机构会同有关部门联合催办，共同完成催办任务。

（4）难度大，问题复杂的事项，可派专人深入催办，与当地有关单位进行细致的调查、分析和研究，促进问题及时解决。

（5）涉及基层的，要依靠网络催办，可按照分级、归口管理的原则，充分发挥督查网络的作用，形成上下对口催办。

3. 协办或自办。对一些问题比较复杂，需要几个地区或单位共同办理的及在办理中各承办单位意见有分歧的，秘书部门要进行协办。协办要注意以下五个问题：

（1）在协办中，如果属于多头单位承办的，应明确牵头单位，其他单位配合。

（2）如果属于各承办单位看法有分歧的，应认真听取各方面意见，善于把不同的意见统一到党的政策原则上来。

（3）秘书部门协调不了的事情，可以请领导出面协调。

（4）有些问题一次协调不好，要组织多次协调，直到解决为止。

（5）协办虽然是解决问题的好形式，但不宜太多，多了不仅办不过来，而且会形成越俎代庖，不利于发挥职能部门作用和基层的积极性。

（6）对协办的情况要做好记载，以备查考。

（三）办结上报。

办结上报包括：督查事项办完后，承办单位向交办单位撰写办理报告，交办单位审核上报材料，办理情况反馈和办理材料的立卷归档等四个环节。

1. 撰写办结报告。督查事项办理完结后，承办单位要及时向交办机关写出专题报告。办结报告分为两种形式：一是正式文件式。对于重要问题要用机关、单位或办公厅（室）文件呈报，按正式文件的格式，编好文号，拟写标题，确定主送、抄送机关，撰好正文以及确定好附件等；二是公函式。对于一般性的问题，采用公函件呈报。撰写办结报告应注意以下六个问题：

（1）办结报告应是所查问题的全部情况和最终结果，不能是一部分，也不能是初步安排、计划、打算之类的东西，一定要落到实处。

（2）为了让领导掌握督查进程，对于某些最后办结需要较长时间的，应写中间报告，待事情全部办完后再写最后报告。

（3）上报结果材料原则上一事一文，文字力求简明扼要。

（4）对于复杂的重大案件，直接写报告内容篇幅太长，正文可只写情况概括、问题结论，处理意见，详细情况可采用附件形式。

（5）报告写完后，应送主管领导审批，重要事项要经单位领导集体审定后才能上报。

（6）对不符合要求的报告，要组织力量重新撰写。

2. 审核办结材料。秘书部门的督查机构收到承办单位办理结果报告后，应从以下七个方面进行审核：

（1）办结报告是否符合党的方针、政策和国家的法律、法令的规定。

（2）办理事实是否调查清楚，交办事项涉及的问题是否都回答完了。

（3）定性是否准确，处理意见是否恰当。

（4）领导同志批示是否落实，问题是否真正得到解决。

（5）是否有承办单位或领导的意见。

（6）文书处理是否规范。

（7）属于个人申诉的问题是否有本人意见。对那些事实不清、定性不准、处理不当、问题未最后解决或个别单位不负责任、应付差事的报告材料应退回承办单位，责其补办或重办，以保证质量。

3. 情况反馈。秘书部门对上报的办理材料严格审查后，要本着“事事有结果，件件有回音”的原则，搞好反馈工作。对办结事项的反馈方式有三种：

（1）专题报告。适用于上级机关或领导同志交办、批办的事项。

（2）编印督查信息简报。

（3）直接送领导阅示。

4. 立卷归档。对于督查形成的文件与图像材料，要按照公文立卷的要求进行立卷，转化为档案，以便于保管和利用。立卷归档要做到：

（1）形成的全部文件材料要收集齐全完整。

（2）分类要科学合理，要保持文件之间的历史联系。

（3）卷内文件排列要有序，可按文件重要程度或时间先后顺序排列。

（4）拟写案卷标题要准确揭示卷内文件内容，以便查阅。

（5）案卷装订要整齐、美观、方便保管。

（6）组成的案卷，要按规定交机关档案室集中统一保管。

二、督查工作的要求

（一）紧扣中心、突出重点

督查工作面广量大，事务繁多，必须紧扣中心、突出重点。督查工作必须紧扣改革开放和经济发展中的重点问题，紧扣领导关注和群众反映强烈的热点问题，紧扣决策落实中的难点问题等；同时，督查工作必须突出重点：各级党委的重大决策、重要工作部署的贯彻落实和进展情况，党委领导同志专项批示件的办理情况。

（二）严格工作程序，讲究工作质量

督查工作有一套系统性强、环环相扣、联系密切的工作程序，各个程序、各个环节不能颠倒、不能交错，只有严格按照其工作程序工作，才能有条不紊。同时，各个环节工作都必须认真细致，严格要求，规范操作，讲究质量，真正把督查工作落到实处。

（三）讲究方法，提高效率

督查工作不仅政策性、综合性强，而且范围广、事务多，因而必须讲究工作方法，才能完成督查任务，保证工作质量，提高工作效率。不只要讲究督查方法，还要完备督查手段；不但要用好静态的督查方法，而且要用好动态的督查方法；不光要注重已有的工作方法，还必须创新工作方法。

（四）加强制度建设，完善工作体系

执行制度是搞好工作的保证，督查工作也必须加强制度建设。比如建立健全岗位责任制度，登记、审查和报告制度，通报制度、检查评比制度以及奖惩制度等。督查工作也在随时代的进步、社会的发展而不断发展变化，已有的工作程序和体系有可能变得落后，因而必须不断完善工作体系，才能适应不断发展的督查工作的需要。

三、秘书督查工作的要领

（一）切忌浮光掠影，不求甚解

秘书检查督办的目的是明确的、清楚的，但遇到的实际情况往往比较复杂。秘书必须深入实际，以具体查看事实为依据，透过表象，了解下级单位对决策指令理解的程度、执行的情况和效果。如果浮光掠影，不求甚解，就很可能被假象迷惑，起不到检查督办作用。

（二）切忌孤军深入，脱离群众

最了解实际情况的是群众。秘书到下级单位检查督办，必须求得下级单位负责人和群众的理解、支持与配合。有了良好的群众基础，不仅能了解真相，收集到准确的决策反馈信息，而且能在检查督办中进行思想沟通，加深执行者对决策指令的理解，促进实施决策指令，提高检查督办的实际效果。

（三）切忌先入为主，主观片面

秘书在进行检查督办过程中，如果先入为主，从印象出发，观察了解事物就会带有片面性，就难以全面、真实地了解情况。秘书必须排除主观印象、主观情绪的干扰，客观、公正、有效地进行检查督办。

案例研习

案例 10－1：

中共××市委督查室督查事项通知

×市委督〔2010〕3 号

有关镇乡街道办事处党委、政府，有关市级部门党组（党委）：

按照市委要求，市委督查室、市政府督查室、组织部、宣传部组成督查组，于 6 月下旬对镇乡街道办事处、市级部门传达贯彻胡总书记视察××讲话、××市第二次党代会精神、在建市 20 周年庆祝大会上××市委书记××和××市委常委、组织部长×××讲话精神的基本情况以及重点工作目标任务半年完成进度情况进行督查，现将有关情况通知如下：

一、督查内容

1. 了解掌握各镇乡街道办事处、市级部门传达贯彻胡总书记视察××讲话和××市第二次党代会精神以及在建市 20 周年庆祝大会上××市委书记××和××市委常委、组织部长×××讲话精神的基本情况。重点了解各单位按照讲话和会议精神的要求，结合实际、解放思想、开拓创新，为确保经济和社会事业健康快速发展所采取的措施。

2. 2010 年市委、市政府重点工作目标任务半年完成进度，存在问题及原因，采取的措施。

二、督查单位

××办事处、××办事处、××镇、××镇、××镇、××镇、××镇、××镇、××镇、××镇、××镇、××镇、××镇；

××委、××委、××办、××局、××局、××局、××局、××局、××局、××局、××局。

三、督查方式

对镇乡街道办事处、市级部门进行抽查，由主要领导或分管领导汇报情况并提供书面材料，查阅有关资料。

四、督查组成员

市委督查室：××、×××、×××

市政府督查室：×××

市委组织部：×××

市委宣传部：×××

五、督查时间

6月20日至28日，督查各单位的具体时间由各组及时通知。

中共××市委督查室

2010年6月19日

送：市委常委，×××、×××副市长，组织部、宣传部、市政府督查室

案例10－2：

督查专报

第3期

中共××市委督查室　　　　2006年5月30日

关于镇乡、街道办事处

加强作风建设情况的督查报告

按照市委的要求，市委督查室与市纪委、市委组织部、人事局、财政局联合组成两个督查组，于×月×日至×日，集中半个月时间，对全市镇乡街道办事处贯彻落实党的十五届六中全会精神，加强干部作风建设的情况进行了督促检查。现将情况报告如下：

一、基本情况

党的十五届六中全会后，各镇乡、街道办事处党委在及时传达学习会议精神的基础上，按照“八坚持、八不准”的要求，结合班子和干部作风实际，采取有力措施，狠抓作风建设，取得了较为明显的成效。从督查的情况看，各单位主要抓了七个结合。

1. 转变作风与提高认识相结合。×××××××××××××××××××××××××××。

2. 转变作风与建立完善制度相结合。××××××××××××××××××××××××××。

3. 转变作风与深入开展调查研究相结合。××××××××××××××××。

4. 转变作风与坚持“××××”工作制相结合。××××××××××××××××××××。

5. 转变作风与开展夜访活动相结合。××××××××。

6. 转变作风与调整农业产业结构，推进百万工程项目，增加农民收入相结合。××××××××××××××××××××××。

7. 转变作风与为人民群众办实事、办好事相结合。××××××××××××××××××。

二、存在的主要问题

1. ×××××××××。

2. ××××××××××××××。

3. ××××××××××××××。

三、几点建议

1. ×××××××××××××。

2. ××××××××××××。

3. ××××××××××××××。

抄报：××市政府督查室

抄送：市委常委，×××、×××副市长

案例 10－3：雪中送炭

市信访局接到一封群众来信，反映灾后地里颗粒无收，一些灾民指望卖猪换钱救急，可肉联厂迟迟不给生猪款。政府再不管一管，我们只好来政府大院要饭吃了。经核查，情况反映属实。但因市罐头厂基建原因拖欠肉联厂 100 万元货款，肉联厂正在改建生产线，无力支付灾民的生猪款。这是令领导头痛的“三角债”。

市政府立即责令罐头厂在雨季停建办公大楼，抽出经费，归还肉联厂；信访局派专人坐在肉联厂办公室，监督该厂按收购生猪的登记簿挨家挨户通知农民来取款。

“你们这一手可真厉害，不然我们厂还打算拖一下，等新的生产线运作起来，再还灾民卖猪款。”肉联厂的财务人员笑着说。

“对群众要雪中送炭，锦上添花的事可以迟几天，灾民等米下锅，我们急啊。还得请你们多体谅。”信访局的同志诚恳地说。一场不安定事件终于化解。

分析：1. 群众来信内容是什么？

2. 接信后信访局的同志做了什么？

3. 市政府采取了什么措施？你是怎样评价的？

4. 信访局的同志为什么做阵肉联厂？

5. 肉联厂的打算，反映了什么类型的“偏差”？

6. 信访局同志的回答，反映了秘书工作的哪些性质？

——摘自：《秘书基础》高等教育出版社 2002 年 12 月

案例 10－4：举一反三

市长在一份《关于建设百汇土特产市场的调查报告》上批示“要把百汇土特产市场建设当成优化资源配置的大事，抓紧抓好。”市政府办公室全体人员认真学习了这个批示。认为这不仅是对一个市场建设的意见，对全市资源配置的优化都有指导性。在征得有关领导的同意下，办公室印发了《督查通知》，要求各单位根据实际情况，认真贯彻市长的批示精神，加速全市各专业市场的建设步伐。

经过各有关部门的紧密合作，督查通知收到了明显的效果，全市专业市场的建设加快了步伐，扩大了领导批示贯彻落实的效果。

市长对办公室人员在工作中能够举一反三非常满意。

试分析：

1. 一份文件上的一个批示，办公室是怎么对待的？表现了秘书部门工作上的一种什么特点？

2. “督查通知”既是通知，又是督办手段，对此你受到什么启发？

——摘自《秘书基础》，高等教育出版社2002年12月

复习思考题

1. 什么是督查工作？
2. 督查工作具有哪些特点，应遵循什么原则？
3. 督查工作的范围有哪些？
4. 督查工作有哪些方法？
5. 督查工作的程序是怎样的？

实训题

[实训10－1] 根据案例10－1提供的材料，概括出督查通知所包含的主要内容。

[实训10－2] 根据案例10－2提供的材料，归纳出督查专报的格式、写作方法及主要内容。

[实训10－3] 到当地政府督查室，结合所学知识观摩、见习督查工作的操作程序和办法。

第十一章

秘书的交际与公关

学习目标

通过本章学习，了解秘书工作中人际关系的重要性、人际关系应遵循的原则，掌握人际交往中的一些艺术技巧；树立良好的公共关系意识，能比较熟练地组织、安排一些公共关系的主要活动。

导读案例

秘书小李在一家国营企业的办公室工作，上班不久，他就先后碰上两件令他郁闷的事：第一件事是一家有合作关系的公司打电话过来询问有关上次商谈过的合作事宜，小李因为不了解这件事，在解释时说得不清楚，对方显得特别恼火，迁怒道："你们公司缺乏合作的诚意，这件事再谈吧。"气冲冲地挂掉了电话。第二件事是某车间的一个退休老工人因为医药费报销的事来找总经理，不巧的是几次都没有碰上，再来的时候怨气就比较大，正好让小李遇上了，被莫名地指责了一通。两件事都让小李感到很委屈，可是办公室王主任知道后没安慰他，还就此事给他上了一堂秘书交际与处理公共关系的课。

导读：从秘书所处的办公室工作岗位性质，分析秘书人员掌握人际交往技巧和处理公共关系的重要性。

第一节　秘书的人际关系

一、人际关系及其在秘书工作中的重要性

人际关系也称人群关系，是人们在进行物质交往和精神交往过程中发生、发展和建立起来的人与人之间的关系。

人际关系是人们在交往活动过程中直接形成的人与人之间的心理关系，它反映了人与人

相互间的信息沟通和心理上的距离，反映了个人或群体寻找满足需要的心理状态。因此，人际关系的变化和发展与双方各自从对方获得的满足程度（包括精神需要、物质需要和社会需要）相关。一般这种满足程度与心理接近成正比。相互满足程度较高，则心理关系就较密切；相互满足程度较低，则心理关系就较疏远。总之，关系的接近、亲密、疏远、敌对都是心理上的距离，统称之为人际关系。人际关系反映了生产关系，在一定程度上生产关系又制约着人际关系的交往和发展。

在秘书工作中，秘书要了解影响秘书工作的环境种类，特别要了解中观环境和微观环境，学习和掌握一些必要的人际关系知识，以适应和改善这些环境，提高工作效率。因为秘书在日常工作中要接待许多人，应付许多交往，从高级官员到外国贵宾，从普通干部到一般百姓，既有公事洽谈，又有日常应酬。这就要求从事秘书工作的人员每日在不同的场合、不同的环境和不同的社会成员面前扮演种种不同的角色，以处理好与上级、平级和下级组织，同领导、同事和广大群众的关系，建立起和谐融洽的工作环境和气氛，为最终履行好自己的参谋、助手、服务等职责，实现自己的工作目标而创造必要的条件，使自己的工作满足各种人的心理需要，使首长满意、上下级满意、当事人满意。所以，当好一个称职的秘书，不学习和掌握一定的人际关系知识是不行的，搞好秘书工作离不开良好的人际交往。

二、秘书处理人际关系的原则

在社会生活中，人与人之间的交往要遵循一定的原则。这些原则从某种意义上讲，既是人际交往的规范，又是人际交往的方法。运用好人际交往的原则，将有助于获得良好的人际关系。

秘书工作是一种服务性很强的工作，它要遵循的人际关系原则是由其自身工作性质决定的。在人际交往中，秘书人员不论是同上级领导交往，还是与下属的群众交往，无论是同本单位人员交往，还是同外单位人员交往，从本质上都是一样的，都是平等的同志式的合作关系。为此要遵守以下几项基本原则：

（一）平等相处，以礼待人

在人际交往中，平等相处、以礼待人是建立良好人际关系的前提。交往必须平等，这是人际交往的一个重要原则。要在人际交往中实现平等相处的观念，没有平等待人的观念，就难以实现平等的交往；不以礼待人，就很难得到别人的尊重。

在秘书工作中，秘书与领导、同事在政治上都是同事关系，虽然职务分工不同，人格上是完全平等的。无论是对上级领导或是下属，对同事或是来访者，都要一样地给予尊重。对上不点头哈腰，唯唯诺诺；对下不目中无人，趾高气扬。只有做到不卑不亢，不媚上欺下，尊重任何同自己交往的一方，才能获得别人的尊重。

尊重别人和被别人尊重最基本的表达方式是讲究礼节。礼节是道德品质的一种外在表现形式，它在人际关系的交往中有不可忽视的作用。秘书部门是交往的中心、单位的窗口，每一位秘书的行为都代表着一个部门、一个单位的文明风尚。因此，秘书在交往中，不可忽视礼节。秘书工作只有遵循了平等相处、以礼待人的原则，才能更好地发挥自己的窗口作用，获得良好的人际关系。

（二）亲切热情，笑口常开

人际交往中表现的热情，从某种意义上讲是对他人的感情。在秘书工作中，要学会用亲切、热情的感情去优化人际关系，和谐地把自己和对方联系在一起，为进一步的交往打下良好的基础。

在秘书工作中，亲切热情的最好的表达方式是使用微笑。微笑是世界上公认的最美好的语言。微笑是秘书心灵美的一种外在表现。真诚的微笑会给人一种亲切热情的感觉。它告诉别人，你是友好，易于接近的，是善于理解关怀别人的。秘书工作需要同各方面人打交道，一个真诚的微笑会立即解除初次交往时对方消极的戒备。秘书在交往中心情恬静，亲切温和，经常面带微笑，会处处受人欢迎，办事效率也会很高。同时，秘书的微笑是最有感召力的。秘书笑口常开，容易消除上下交往的隔阂，容易扫除内外联系的障碍。秘书笑口常开，能够增进单位内部人与人之间的友好情感，为一个部门、一个单位的群体间增添感情色彩，促使人们之间的心理相容，使人们在团结详和、轻松愉快的氛围中完成任务，提高工作效率。

（三）严于律己、宽以待人

秘书应当胸襟宽广，严于律己，宽以待人，在交往中学会控制自己的情绪，调节自己的行为，在任何时候、任何情况下都要保持冷静、镇定。不要过分计较别人的性格、知识、修养、能力等方面的缺点。当遇到对方态度反常、情绪激动、甚至大发脾气时，秘书不能跟着一起头脑发热、感情用事，而要以理智的头脑克制约束自己的言行，先设法稳定对方的情绪，然后告知自己的意见，心平气和地与人交换看法。平时不以自己长处去对照别人的短处，而要多让别人发挥优势。肯定别人的成绩，取人之长，补己之短。与别人合作中，把方便让给别人，把困难留给自己。取得成绩时，不与人争功；遭受挫折时，多承担责任。有时面对种种误解、埋怨、冷嘲热讽，难以一一解释说明时，只能顾全大局，委曲求全。“日久见人心”，时间长了，领导、同事、群众自会明白。当然，这里所讲的宽容不是懦弱和缺乏主见，而是具有自信、品德高尚和善于与人相处共事的表现。

坚持了严于律己，宽以待人的原则，秘书工作人员在自己的工作中往往能将原则性与灵活性有机地结合在一起，更好地实现自己的工作目标。

（四）讲究信用，信守诺言

讲究信用，信守诺言，是指在人际交往中，要说话算数，遵守诺言。它包括两个方面的含义：其一是在人际交往中说真话而不说假话；其二是在人际交往中遵守诺言，实践诺言，即古人所说的“言必行，行必果”。

讲究信用，信守诺言的原则，要求秘书人员在其工作中、在与他人交往时，必须讲信用，守诺言，不说假话，不欺骗与愚弄别人，对自己的言行负责，以自己对他人的信任换得他人对自己的信任。秘书要遵守诺言、实践诺言，说到就要做到，不可随便失约毁约、食言负人。可以说，讲究信用、信守诺言是每个秘书工作人员应该具备的品质。如果在秘书工作中言而无信，出尔反尔，自相矛盾，那只会招致别人的鄙夷和唾弃，使自己陷于孤立无援的境地。反之，如果遵守了这一原则，则必然会在公众和组织中树立起自己良好的形象，工作也可以顺利进行。

（五）作风正派，办事公正

在秘书工作中，秘书要尊重现实，实事求是。处理问题要坚持原则，公正无私。要具备作风正派、廉洁奉公的优良品质。对上级、同级、下级要一视同仁，不要搞亲疏之分。在协助领导工作中要秉公办事，不计较个人得失。在消除矛盾、协调关系时，既不偏袒谁，也不有意贬低谁，注意向有利于团结、有利于思想统一的方向努力。消除隔阂、促进友谊，不做不利于团结的事，不说不利于团结的话。身为秘书，更不可以在领导之间、干群之间挑拨离间，制造事端，为自己捞取好处。这样，久而久之，秘书就会被众人尊重，成为各方都信得过的人。

第二节　秘书人际交往的艺术技巧

人际关系的建立与维持，其目的不单纯是交往，而是通过相互交往的作用来影响对方的态度，让对方对自己产生好感，信任自己，愿意与自己交往，以此为目的来改变对方的行为，以符合自己的心愿和团体的利益。

秘书人际交往的目的性、实用性是很强的。秘书人员必须学会多种社会交际艺术并付之于行动，才能圆满地完成领导交给的各项任务，使自己在单位或部门中获得信任和尊重。

一、秘书的语言交际艺术技巧

秘书交际的语言，主要是指书面语言和口头语言两种。秘书的书面文字表达能力和技巧在其专业写作课中讲得很多，在此不再赘述。下面仅谈一下在口头语言的表达技巧方面，秘书应注意的几方面内容。

秘书在运用口头语言表达时，要注意其职业特点。因为秘书的说话往往具有双重意义。有时，话从秘书口中说出，既代表秘书个人在说话，其内容又代表着领导和团体的旨意；日常生活中秘书的语言又起到了单位、团体的窗口的作用。因此，秘书要准确地用口头语言进行交际，必须讲究口头语言艺术技巧。

（一）注意运用文明礼貌用语

秘书在日常交往中使用好文明礼貌的语言，能给人以文明、有教养的印象。

1. 见面称呼要得体。对于秘书来说，称呼是一个非常重要的问题。称呼对了，会使对方感到高兴；称呼错了，会引起对方的反感。因此，秘书在称呼上应十分注意才行。对领导和客人不要直呼其名，可在姓氏后面加适当的尊称或职务，如“王局长”、“张处长”、“张老师”、“林经理”等；对相交不深或初次见面的客人，应用“您”而不能用“你”，以表示敬意；对客人严禁称呼外号，也不要说那些容易使人联想到生理缺陷的词语；对于熟人或与自己年龄相仿的人，以及比自己年轻的人，不要总称“您”，以免让人感到生疏、拘谨；在日常工作中，对于同事或同一机关的人，可以根据年龄进行称呼，如年龄大的称“老李”、“老张”，年龄小的称“小李”、“小张”等；在党内，应尽量按规定称呼“同志”；在接待外宾时，一般可称男子为“先生”，对女子可视情况称呼“夫人”、“女士”或“小姐”。

2. 自我介绍要清楚、明白。自我介绍一般只是向对方介绍一下姓名、职业即可。介绍时要求吐字清楚，避免对方误解。在日常生活中，自我介绍吐字不清，不仅内容会引起人们的误会，而且也会给人一种自信心不强的印象。试想，一个连自己的名字都不敢或不能响亮清晰地说出来的人，怎么会是一个信心十足的人呢！同时，在适宜的情况下，可以采用一些形象生动的方法让对方对你的姓名进行形象的理解，这不仅可以给人留下较为深刻的印象，同时，也可以表现出你的自信和坚定。如可将姓名用字拆开解释以让对方清楚，例："李岚"，木子"李"，山风"岚"。也可将姓名按结构拆开解释，例："马涛"，万马奔腾的"马"，海涛的"涛"。还可以运用谐音、谐意的方法，将自己的姓名编成一句相关的语句，使对方在联想的过程中记住你的名字，例："王大鹏，就是大鹏之王的意思"，"高吉星，就是吉星高照的意思"，"尚柯，尚可，我这个人还算可以"等。

3. 多用礼貌语言。使用礼貌语言是人类文明的一种表现。它体现出对人的尊重，能使对方感到亲切、愉快。秘书在日常生活中运用好礼貌语言，有利于与交往对象在心理上接近、协调。例如：在问候致意时常用"您好"、"早上好"、"下午好"、"晚上好"等；在表示欢迎时常用"欢迎您"、"见到您真高兴"，等等；在表示礼请时常用"请进"、"请坐"、"请讲"，等等；在表示道谢时常用"谢谢"、"感谢您的帮助"，等等；在表示致歉时常用"对不起"、"实在对不起"、"麻烦您了"、"给您添麻烦了"，等等；在表示告别时常用"再见"、"回头见"、"明儿见"、"欢迎再来"等。

4. 多用赞美语言。赞美语言指夸奖称赞、肯定对方的言辞。人人都有自尊心，都希望得到别人的尊敬。秘书应当了解人们的这一普遍心理，交谈时对对方的成绩、良好品德、行为、态度予以肯定、称赞，让对方的自尊心得到满足，为交谈创造良好的气氛。俗话说："一句话能使人笑，一句话能使人跳。"同样一件事，使用赞美的语言评价和使用否定语评论，效果会截然相反。有时，赞美语不仅仅用来肯定对方的成绩、品德等，也常见于评价对方的容貌、仪表及其他方面。例如：对体胖的女性称作丰满，对体瘦的男性称为精神，对脸庞阔的客人称开朗，踏进客人住处时说一句："房间收拾得很干净"等，都易于被对方接受。只要不是肉麻的吹捧、不合事实的阿谀奉承，使用赞美语言就多多益善。

5. 多用鼓励语言。秘书在与人交谈中，不可直截了当地否定对方的话，如"你说得不对"、"你弄错了"、"这绝对不行"、"你说的太不像话了"等。这类语言会刺激对方感情，伤害对方的自尊心，使对方对你产生抵触情绪，对你下面的解释、说明再也听不下去。如果改成另一种说法，先对他说话中合理的部分加以肯定、鼓励，例如说："你说得话中有一定的道理"、"你所说的一些是事实"，然后再指出他讲话中的缺失，他就容易接受了。

6. 宜多用陈述语气表达。秘书在表达中，要使语气得当，在句型的使用上要注意选择。在一般性的秘书交往中，应以陈述句型为主，不要过多地使用反问句、祈使句、疑问句。在交往活动中过多使用反问句、祈使句、疑问句，会给人一种咄咄逼人、居高临下的感觉，容易引起不平等的受挫心理，使交往不愉快或中断。例如："你很细心，只是经费问题还没有考虑进去。"这是陈述句，虽然也指出了其中的问题，但语气平缓，易于对方接受。"我希望你细心一点，经费问题你应该考虑进去！"这是祈使句，虽然表达的是同一意见，但使用祈使句让人接受起来就不舒服。"你为什么不仔细一点，经费问题难道你不知道吗？"这里使用的是反问句，气势很盛，咄咄逼人，这种态度很难让别人接受，交往也就没有办法进行下去。

（二）要注意说话的不同语调，注意吐字清晰

说话的语调是指声音的高低变化和快慢轻重。交谈中语调不同，效果也会迥然不同。秘书同各方面的人交往，要因人因地运用不同的语调表达不同的情感，才能收到理想的表达结

果。如秘书在接待不同年龄、不同身份的来访者时，同是问候“早晨好”，但由于在语调的使用上有所不同，会使长者感到你对他的尊重，使同辈人感到你的热情，使有求于你的人感到你的亲切和诚恳。秘书不同语调的运用，主要是依据语言环境的不同来灵活掌握，总的要求应是轻松自如、亲切热情和富有感染力。同时，不管用何种语调表达情感，都要注意吐字的清晰，这是准确表达思想的基础。吐字不清晰，声音忽高忽低，都会影响正常的交往。吐字含糊不清是秘书业务不熟或缺少自信心的表现，往往会导致在人际关系中处于被动的地位。

（三）掌握时机，注意分寸

为了使语言高度有效，秘书应学会合理地掌握讲话的时机，知道在什么时候和什么情况下、怎样讲才能产生最好的效果。话讲多了就一般化了。空洞无物的话讲得越多越没有用。勤于讲话，并不等于善于讲话。善于讲话的人懂得吝惜自己的语言，不到“火候”不发表评论。高度有效的语言，往往是纲领性地概括了许多同类或相近的意义，可以使人举一反三地领悟问题。应该注意的是，在一般情况下，秘书的话往往都被看做是对政策权威的解释，他所用的语言也关系到他人对政策、指令的理解。因此在有关重要政策问题的交流时，秘书要有分寸地掌握语言，准确地表达意思，使别人准确地理解它。例：“这项政策即将公之于众，”是指近在眼前的事，而“这项政策将要公之于众”，是指一种对未来的打算。两句话只一字之差，但却有时间概念上的区别，反映了不同的语言分量，应用时应慎重选择。再如“此事一定要办好”一句表示态度非常坚定，而“此事非办好不可”则表明了坚定的信心。显然第二句所指的事情比第一句所指的事情要严重一些，亦应区别一定场合恰当选用方可。讲究分寸还要和上面所讲的文明礼貌相结合。在交谈时，要注意话语文明，措辞得体，要注意对方的情绪，伤害对方感情的话不讲，对方不爱听而又不涉及是非原则的话少讲，对方一时接受不了的话不急于讲。总之，对于秘书来讲，谈话掌握好时机，注意分寸，使语言得体，是非常重要的。

（四）要注意语言的逻辑性

秘书要使自己的语言高度有效，还须让语言具有较强的逻辑性。因为秘书在工作中经常会遇到辩驳和进行解释性的讲话，这就特别需要有逻辑力量。语言中的逻辑成分是逻辑思维的结果，运用演绎推理、归纳推理、直言推理、假言推理等方法，确立牢不可破的语义结构，使语言表达出一种正确的理念，形成内在的力度。如果把话讲得有条有理，无懈可击，就能令人信服；相反，则容易造成别人的追问、怀疑，产生不必要的争论。当然秘书满口“逻辑”，开口闭口都是“因为所以”的严谨腔调，又似乎会让人感到紧张，反而会带来不好的交际效果，这应当引起注意，并且应恰当处理好。

（五）运用一些艺术手法，优化语言，提高表达效果

1. 幽默法。幽默，是一种行为的特性，是以一种愉快的方式让别人获得精神上的快感。在交际中，幽默的言辞能使交谈富有情趣，增添欢声笑语，活跃气氛，化解尴尬局面，融洽双方关系，并且能给对方留下深刻而美好的回忆。因此，秘书在讲话时要善于运用幽默。试想，当你的下级面有难色地向你诉说苦衷时，你如果报以幽默的鼓励，那么他可能很快地重新振作精神；当大家被枯燥的工作弄得疲惫不堪的时候，你如果报以幽默的慰问，工作的劳累就会被欢笑所取代；当有人出了差错时，你如果报以幽默的批评，那么他会心悦诚服地接受你的指教。总之，在秘书工作中，经常使用一些幽默、生动的语言，会造成亲近、愉快的

气氛，促进思想感情的交流，使别人更容易接受自己的观点、主张和思想意图。

2. 委婉含蓄法。在交际场合中，秘书要尽可能把说话的主动权掌握在自己手中，可进可退，能攻能守。如果遇到某些复杂的事情或意料之外的事情，不可能一下子就做出确切的判断，就不妨用委婉含蓄、迂回曲折的语言来回答。如对某些很难一下子做出回答的要求和问题，常以“我们将尽快给你们回音”、“我们再考虑一下”、“最近几天给你们答复”等回答。这里的“尽快”、“最近几天”都具有灵活性，留有余地，可使自己避免盲目做出反应而陷入被动局面。同时，秘书在做思想工作、进行问题探讨、征求意见等时要尽量考虑到问题的性质和对方的特殊原因及表达的需要，而把不便或不想说的话隐藏不露，利用委婉含蓄的语言表达，给对方留下自我思考的余地。尤其是在交谈中，要时刻注意秘书工作的性质，当与客人谈到涉及组织机密的话题，就要注意既要保守机密，又要顾及到对方的自尊和感情，此时就更要软化语言，避免言语带有刺激性，而采用委婉含蓄的语言进行表达。

总之，秘书在使用口头语言进行交际时，一定要注意一些语言表达方面的艺术技巧。只有如此，才能使自己在交际中“能说会道，左右逢源”，有利于自己秘书工作的顺利开展。

二、秘书的非语言交际艺术技巧

秘书的非语言交际艺术技巧，即指秘书在交际活动中所表现出来的仪容、仪表、举止动作等。运用好在交际中的非语言交际艺术技巧，会帮助秘书选择最佳的感情交流环境，从而达到改善人际关系的目的。

（一）注意交际中的仪表仪容

我们这里所说的仪容仪表，主要包括秘书交际中的服饰穿戴、发型、化妆、卫生及面部表情，等等。

1. 秘书交际中的服饰。服饰指穿着的服装和佩带的饰物。秘书作为领导的助手，平时接触的大都是有身份、有地位的人士，朴素、大方、整洁、得体的服饰既显示出自己的修养、气质、爱好，也衬托出一个单位的精神面貌。如果秘书在交际中衣冠不整、穿着马虎、不修边幅，或奇装异服，都会使人产生反感。具体说来，宜注意以下几方面内容：

（1）秘书的服饰要根据性别、年龄、爱好、季节和场合的不同，选择不同的款式和色泽。一般说来，在平时工作中，男女秘书都穿便装，各种外衣、衬衫、西服、套裙都可以作便装穿着。要注意服装整洁、整齐，衣袖领口要保持干净。衣服要平整，衣裤上没有污迹，上下装的款式、色彩要协调。穿皮鞋要经常上油擦亮，穿其他鞋则要洗刷干净。根据我国的民族习惯，女秘书的服装以素淡典雅为宜；男秘书，尤其是中老年男秘书的服装则应给人以稳重诚实的感觉为好。

（2）秘书在参加比较重大的交际活动，比如在重要的社交场合、接待外宾等时，服装的穿着比平时要讲究一些，最好是穿礼服。男秘书的礼服，以颜色合时宜、衣料质地优良的西装为宜。穿着的西装要衣长过臀，四周下垂平衡，衬衣袖子要长出西服一些。西服的上衣扣子可以不扣，敞开衣襟，扣扣时切不可只扣下面一粒。西服上衣的胸口袋只插放装饰性的白手帕，不放其他物件。两只大口袋也不能放东西，作为装饰之用。西裤的两只裤袋也不可装物，以使臀部合适、裤型美观。一些必要的小巧物品可以放在上衣内侧的口袋里。穿西装还应配上领带，穿白色或素色衬衣宜配上有图案的领带，领带长度要适宜，领带系好后以大箭头垂至裤腰处为标准。穿西装应配上适宜的皮鞋，上油擦亮，配上深色的不透明的中长筒袜子，以免坐下时露出皮肤和腿毛。夏天，男秘书穿长袖衬衣时要将下摆塞进裤内，袖口不宜卷起。穿短袖衬衣，如系上领带，也应将衬衫下摆塞在裤内。女秘书参加交际活动时的礼服式样比男秘书多得多。上穿西装下配裙子，或连衣裙、旗袍，都可以作为礼服。夏天，长、短袖衫配上裙子也可作为礼服。裙子的长度要齐膝，能遮住袜口。裙子的质地要优良，不宜透明。出席庄重的社交活动时，还是以穿素色的长筒袜为宜，并避免露出袜口。

(3) 在陪同来宾、领导乘车船、乘机、散步或参观游览时，秘书可以穿上不同颜色的便装。但是，如果在启程前或抵达后有迎送仪式时，则应换上礼服。秘书在参加葬礼或吊唁活动时，男女均应穿深色服装，内穿白色或暗色衬衣。女秘书不应抹口红，不用鲜艳的围巾、手帕，不戴饰物。在社交场合，秘书的着装应既要体现出本人的精神风貌，也要考虑到尊重对方，不能喧宾夺主。进入社交活动举行的室内时，秘书要摘帽、脱去大衣、风雨衣等，送寄存处或挂好。男秘书在室内不可戴帽子、手套等，女秘书的纱手套、帽子、披肩、短外衣等则可以作为礼服的一部分，允许在室内穿戴。在室内一般不能戴黑色眼镜。

(4) 在佩戴饰物方面，交际活动中，秘书，尤其是女秘书佩戴适当的首饰，能显得典雅、美观，有助于赢得社交对象的好感。佩戴饰物的基本要求是雅而不俗、美观、大方。

2. 秘书的发型、卫生、化妆。秘书的发型、卫生、化妆等是秘书仪容的很好体现。其基本要求是整洁美观。整洁的仪容能使秘书增添风采，显得生气勃勃、充满活力，给人留下良好的印象，增强社交的效果。具体要求如下：

(1) 秘书首先要注意好个人卫生。男秘书都应经常洗头，清除头屑，及时理发，时常梳理，保持头发整洁、发型美观；女秘书应当根据自己的脸型、体型，选择合适的发型，注意以体现出东方女性特有的风采为宜。秘书要经常修剪指甲，男秘书不宜留长指甲，女秘书可以让指甲保持适当的长度，指甲油则以淡色的为好。男秘书要养成经常剃胡子的习惯，及时修面、剪去鼻毛。胡子浓的秘书，在会客或交际前应再剃一次，为此，最好随身带上电须刀备用。当然，不能当着客人的面使用，而应当在休息时或在洗手间中使用。秘书有病时应尽量避免参加社交活动。特别是脸部、手、臂等外露皮肤有病的人要避免对外接触，以免引起别人的反感。对于有狐臭等体臭的秘书来说，工作前一定要抹上香粉、洒上香水，掩盖体臭。由于牙齿疾病、消化不良和食用辛辣食物，人们口中会产生异味，为了交际的需要，秘书应治好牙病，饭后刷牙或漱口，保持好口腔卫生。在参加交际活动前最好别食用辛辣腥味食物，不得已的话，参加交际前可咀嚼口香糖或含上干茶叶来消除口中异味。在交际活动中不要当着别人的面擤鼻涕，掏鼻孔，搓泥垢，搓眼屎，打哈欠，修指甲，剔牙齿，挖耳朵等。咳嗽、打喷嚏时，应用手帕捂住口鼻，面向一旁，避免发出大声。无论男秘书还是女秘书，平时都要常洗澡、勤换衣，保持个人卫生清洁，皮肤光滑细润。这是保持仪容整洁的最基本要求。

(2) 在环境卫生方面，秘书应注意不要随地吐痰，不随地丢果皮纸屑。要保持好地毯、地板的清洁卫生。吸烟时，把烟灰弹入烟缸。吃食品时，把骨、刺、牙签、口纸等物放到盘中或桌上，不能随手丢在地下。个人的不洁物品应放入垃圾桶，或放入自己的手帕或口袋中。痰应吐入痰盂，或吐在口纸、手帕中装入衣袋。保持好桌椅、沙发的整洁，不要用脚踏。进入地面干净的室内，应先在门口踏擦鞋底后再进入。雨雪天应把雨具放在门外或前厅，不要把雨水、雪水等带入室内。

(3) 秘书交际时应注意适宜的化妆。特别对女秘书来说，无论是日常工作期间还是参加交际活动，化妆都是必要的，它能给人以清洁、健康、美丽的印象。但是，女秘书的化妆不宜浓妆艳抹，而应以素淡典雅、显示东方女性的特色为宜。女秘书在身上洒香水，要注意用量不能太多，避免香味浓烈，幽幽清香是最易使人接受的。

3. 秘书的面部表情。秘书的面部表情一般包括目光、笑容及相配的头部动作等。在交际活动中，秘书一定要注意自己面部表情的处理。正如前面我们所讲的，采用微笑等方式可以缩短人们之间的距离，收到比较好的交际效果。需要指出的是，在交际中应适当地运用面部表情提高对方的自尊心和信心，使人感到你能够理解他、尊重他。例如，倾听别人谈话时，要注视对方的眼睛（不可死死盯住对方的眼睛，那会使对方感到窘迫），不妨用认真听的表情适当配以点头赞许，给对方创造一种心情愉快地继续讲述的条件。切不可左顾右盼，心不在焉。只有这样，才宜于沟通与交际对象之间的感情，达到自己交际的目的。

（二）行为举止要文雅得体

在人际交往中，秘书的行为举止能够表现出他的修养、素质，会引起与之交往的人的不同感觉。得体的行为举止是构成秘书形象的一个组成部分。因此，秘书应该注意自己在交际中的行为举止，主要包括：

1. 握手。在日常人际交往中，互相致意是首先必须做的。由于文化、习惯的不同，互相致意的礼节丰富多采，诸如点头、鞠躬、拱手、拥抱、握手等。其中最常用的、最普通的是握手。握手时应注意下面几方面的要求：

（1）握手必须使用右手。如果你的右手在做某项抽不出来的工作时，要向对方特别说明一下，或者点头致意，取得对方的谅解，做完手中的工作，再热情招待。如果你戴着手套的话，应该把手套脱下，放好或拿在手里，再和对方握手。同时，要注意伸给对方的手应该是清洁的，如果你伸出一只脏手给对方，对方一定会在是握好还是不握好之间犹豫不决，在这难堪之中，留下一个不好的印象。如果你的手正在干着脏活，你应当立即洗净再握手。如果对方一手正在干着脏活，你应当谅解他，改一个方式向对方致意。

（2）握手要讲究次序。其基本的规则是，上级、长辈、主人、女士在先，下级、晚辈、客人、男士稍后，见对方伸出手后，再伸手与对方握手。若要与许多人握手，最有礼貌的顺序应该是：先上级、后下级，先长辈、后晚辈，先主人、后客人，先女士、后男士。如果两夫妇见面，先是女性互相致意，然后男性分别向对方妻子致意，最后男性互相致意。

（3）握手要热情。握手时要热情，面带笑容，双目注视对方。可以根据不同场合，配之以适当的敬语和问候语："您好"、"见到您很高兴"、"久仰"、"再见"等。同时身体可微微向前倾以示尊重，不可漫不经心地伸手给人家，并且在握手时东张西望。那样，不仅表现出你的失礼，而且还会使你的交际无功而返。

（4）握手要注意时间和力度。握手的时间通常以三五秒钟为宜，如果是亲朋老友或遇嘉宾，握手的时间可长一些。握手的力度因人而异。切不可有气无力，蜻蜓点水，也不可握得太紧。握手要握得全面，不要只是一抓手尖即撒开。当然，与女性握手最好轻握其手指即可，因为男性长久用力地握着异性的手不放是不礼貌的。

（5）握手除用于日常人际交往时人们互相致意的礼节外，还常常作为一种祝贺、感谢或相互鼓励的表示。如表彰会、庆功会、祝寿会、纪念会上，在颁发奖状奖品时，在发表祝词或讲话后，在赠送礼品、纪念品时均应握手，表示鼓励、祝贺和感谢。个人之间，祝贺取得成绩和进步，也常以握手表示。

2. 走姿。秘书要注意行走的姿态，要注意走出自信，走出风度，走出气魄，走出感情来。对男秘书来讲，走路时要注意身体重心稍向前倾，挺胸，收腹，直腰，双目平视，肩部放松，脸带微笑，上身正直，两臂自然地前后摆动，脚步既稳又轻；对于女秘书来讲，行走时除应注意以上几点外，还应注意两手摆动幅度要小，小步前进，步态自如、匀称、轻柔，既显示出自己的自信、气魄，又显示出自己女性的端庄、典雅、温柔。

3. 站姿。站立是秘书在交际活动中给人以深刻印象的举止之一。准确典雅的站姿，会给人以庄重大方、优雅礼貌、精力充沛、自信心强的感觉，可促使交际活动的成功。秘书站立时的基本站姿是：直立站正，抬头，颈直，嘴唇微闭，双目平视前方，面带微笑，双臂自然下垂，手指自然弯曲，两腿立直，两脚并拢或自然分开。从正面看，身体重心应从头部、脊柱、两腿中间着地，重心落在两只脚的前部。在此基础上，还可以适当有所调整，比如在站立过久疲劳时，一只脚可向前或后退半步，但上身必须保持正直，还可以将右手搭在左手上，放在腹部或臀部等。男秘书不妨将两脚的距离放大一些，双脚与肩的宽度相近，以显得挺拔伟岸。女秘书站立时，不妨使双脚呈“V”字型，给人以端庄文雅之感。

4. 坐姿。常言道：“站有站相，坐有坐相。”秘书的一个好的坐姿会给人以庄重优雅的感受。其基本要求是：轻稳入座，就座时应坐满椅子，人体重心垂直向下，腰挺直，两眼平视对方，嘴微闭，双脚平落地上。男秘书的双膝可稍作分开，两手分别放在膝上；女秘书的双膝要尽量靠拢，双手自然相握搁在两腿之间。如果女秘书穿裙装入座，应将裙幅向前收拢一下再坐下。起立时，右脚向后收半步，而后站起。坐的时间过长，可适当变换一下坐姿。但要注意无论采用怎样的坐姿，都应显示出你的庄重文雅。在处理坐姿时，一定要注意自己给交际对方的印象。例如，在倾听对方谈话时，你的上身稍向前倾，就会让对方感觉出你对他讲话的专注和敬重之情；而如果坐姿弯腰曲背，则给人的印象是你对谈话不感兴趣或感到厌烦了。如果你一边听人说话，一边摆弄手中的东西，则显示了你漫不经心的心理状态。还有，在比较庄重的场合坐得过于前倾后仰、歪歪扭扭，或跷起二郎腿、摇腿、跷脚、两腿过于分开等，都会给交际对象留下很不雅观、很不愉快的印象。

三、秘书的餐桌礼仪

在政务和商务活动中，安排用餐及陪同是一项重要的内容。餐桌上有许多应注意的礼仪需要秘书人员掌握。

1. 应等领导、长者坐定后，方可入座；如有女士，应等女士坐定后，方可入座。

2. 入座后姿势端正，脚踏在本人座位下，不可任意伸直，手肘不得靠桌缘或将手放在邻座椅背上。

3. 用餐时须温文而雅，从容安静，不能急躁。

4. 在餐桌上不能只顾自己，要时时注意关心别人，尤其要招呼领导、长者及女宾。

5. 口内有食物，应避免说话。

6. 自用餐具不可伸入公用餐盘夹取菜肴。取菜舀汤，应使用公筷公匙。

7. 自己手上持刀叉，或他人在咀嚼食物时，均应避免跟人说话或敬酒。

8. 切忌用手指掏牙，应用牙签，并以手或手帕遮掩。

9. 避免在餐桌上咳嗽、打喷嚏、呕气。万一不禁，应说声“对不起”。

10. 喝酒宜各随意，敬酒以礼到为止。

11. 遇有意外，如不慎将酒、水、汤汁溅到他人衣服，表示歉意即可，不必恐慌赔罪，反使对方难为情。

12. 如欲取用摆在同桌其他客人面前之调味品，应请邻座客人帮忙传递，不可伸手横越，长驱取物。

13. 食毕，餐具务必摆放整齐，不可凌乱放置。餐巾亦应折好，放在桌上。

14. 餐桌上不能谈悲戚之事，否则会破坏欢愉的气氛。

15. 用餐后，须等客人离席后方可离席。

四、名片的使用

名片主要用于自我介绍和建立联系之用，也可作为简单的礼节性通信往来，表示祝贺、感谢、辞行、慰问、悼念等。

（一）名片的格式

常见的名片规格是 9cm × 5.5cm 和 10cm × 7cm 两种。名片文字的排印有竖排和横排两种。横排时，一般左上角是任职单位和部门，姓名、职务在中间，通信地址、电话号码、邮政编码在右下角。竖排时，任职公司、部门写在右上角，姓名、职务在中间，通信地址、电话号码、邮政编码在左下角。

（二）名片的放置

随身携带的名片，应放在易掏出的地方，如衣服的上衣口袋。一般来说，名片最好放在专用的名片盒或名片夹中。存放他人的名片也应放入专用的名片簿中，既示尊重，又便于查找。

（三）名片的交换

用双手握住名片，站起来，注视对方，毕恭毕敬地递过去，注意使名片正面朝着对方。接受名片时，也要毕恭毕敬，双手捧接，接过后，一定要仔细看一遍，不懂之处当下请教。有时可以有意识地重复一下对方的姓名和职务，以示仰慕。绝对不可以用一只手去接名片，看也不看一眼就装进口袋或放到桌子上。若要把名片放在桌子上，千万不能在名片上压东西。

如果一次同很多人交换名片，且都是初交，那最好依照座次来交换，并默记对方的职务和姓名，以防弄错。

（四）名片的索要

向他人索要名片时，不要直接向对方要，而是要含蓄地向对方仔细地询问姓名、单位、地址、电话等。如“××先生（小姐），今后想向你请教，怎样能找到你?”、“××先生（小姐），今后怎样和你取得联系?”。若对方愿意，一定会送给你一张名片。

第三节　秘书的公共关系工作

一、公共关系与人际关系

（一）公共关系的含义

公共关系是指一个社会组织在运行中利用各种宣传和传播的手段，和它的公众相互了解或适应的一种活动或职能。它是社会组织运用合理的原则和方法，通过有计划和持久的努力，协调和改善组织机构对内对外关系，使本组织机构的各项政策和活动符合广大公众的需要，在公众中树立起良好形象，以谋求公众对本组织机构的了解、信任、好感和合作，并获得共同利益的过程。由此，我们可以归纳出公共关系包含的内容：

1. 公共关系是一个社会组织以传播作为工具和手段，有计划、有目的地使自己和公众相互了解，进行双向的交流，获得共同利益的工作。

2. 公共关系的组织是一个控制系统，它能根据信息的反馈，时刻调整自己的行为及其规范，达到与公众的进一步交流与合作。

（二）公共关系与人际关系的区别

公共关系与人际关系都与组织管理和经营、与领导科学和艺术有密切的关系，在其二者之间也有密切的联系。从某种意义上讲，公共关系是人际关系的进一步扩展，它将人际关系的管理从组织内部扩大到组织外部，发展了管理人际关系的范围和内容，并丰富了协调人际关系的手段，开拓了管理科学的领域。由于公共关系和人际关系的侧重点不同，二者又有些区别。

人际关系属于社会心理学范畴。它主要是指人们在社会生活的交往实践中所形成的个人与个人之间的心理关系。它的研究角度直接是社会群体中的个体关系，即从个体的角度，研究个体与他人、与群体、与社会之间的心理认同、情感关系和行为模式。

公共关系属于组织经营管理和组织传播学范畴。它主要是指一个社会组织在日常运转中所发生的各种内部和外部的社会信息沟通关系。公共关系的研究角度虽然也是组织的社会关系，但不局限于组织内部的人际关系，还包括组织外部的人际关系、组织之间关系以及各种社会关系。在协调人际关系方面要求做到内外结合，即内部人际关系和外部人事环境的和谐统一。公共关系虽然涉及一个组织广泛、复杂的内外关系，但不包含这些关系的一切方面，它的研究重点是信息的沟通关系、信息的传播关系，即组织与公众之间大范围、全方位的信息沟通。公共关系强调通过信息的沟通来建立良好的社会关系环境，通过信息的传播来形成良好的社会舆论环境。所以，公共关系与现代传播学有密切的联系，是在现代信息社会条件下的一种组织传播行为。

二、秘书工作的公共关系意识

（一）秘书工作与公共关系工作的联系

了解和掌握公共关系的有关知识和内容，对于搞好新进期的秘书工作具有非常重要的意义。因为在平时的秘书工作中，大量地渗透着公共关系的因素，包含有许多公共关系工作的成分，即秘书工作和公共关系工作存在着很大程度的共性。

1. 从两者各自的职责分析。公共关系工作是社会组织运用传播手段，使自己和公众相互了解、相互适应的一种管理艺术。其总任务是在开放型、网络型、竞争型的社会中，处理好组织上下左右、四面八方的公众关系，为组织的生存、发展创造一个良好的社会环境，达到组织内求团结、外求发展的目的。其具体职责归纳起来，主要有如下几项：

（1）树立组织的良好形象。即运用公共关系方法，建立和提高组织的知名度、美誉度，从而树立并保持组织的良好形象。

（2）处理各类公众关系。即处理好内部公众（包括领导和群众、上下级之间、下属部门之间)、外部公众（包括政府公众、社交公众、消费者公众、新闻媒介公众等）的关系，使组织取得内外公众的支持，也就是起协调作用。

(3) 建立信息网络。即建立起组织内部信息流通的模式，使上下沟通，相互了解，步调一致，同心同德；建立起组织与社会之间的信息传播网络，使组织和社会相互了解、协调，求取社会公众的支持。

(4) 监测社会环境。即不断监视社会环境的变化，广泛收集与组织有关的政府决策、立法、社情民意、市场状况等信息，予以筛选、甄别、提炼、归纳后，预测环境发展趋势，为领导决策提供依据。

(5) 公共关系工作要接待各方面公众，处理许多来信，调查研究，组织各种公共关系会议，承担会务工作，筹划参观、庆典、展览等种种形式的公共关系活动。

由此看来，秘书工作和公共关系工作在树立组织良好形象，收集、处理信息，处理来信来访，协调上下内外关系，办理会务，筹办各种公共关系活动方面的职责，在一定程度上是重合的。

2. 从公共关系工作和秘书工作的性质、作用的共性看。公共关系是一种公众关系，是一种传播活动，是一种管理艺术。公共关系部门起着信息收集、处理、储存、发布的喉舌作用，监测环境中心的作用，内外公众接待中心的作用。其收集、处理信息和监测环境就是起耳目、参谋作用，接待各类公众就是起协调作用。而秘书工作最明显的性质是辅助性，即辅助领导部门或领导人实施管理，参与政务，管理事务。在单位或组织中，秘书部门起着联系上下内外的枢纽作用，协助领导工作的助手作用，辅助决策的参谋作用，沟通合作的协调作用和调查研究、收集信息的耳目作用。可以说，在单位、组织的辅助管理性质及耳目、参谋、协调作用方面，两者具有共性。

3. 公共关系工作与秘书工作对工作人员的素质要求也很相似。公关工作人员和秘书工作人员都要具备一定的文化素养和业务能力，例如知识面要宽，要是“通才”和“杂家”；要有一定的口头表达能力，既能在一定的场合进行演说，又能和工作对象进行比较融洽的交谈；要能灵活地处理事务，对突然发生的事件要有应变能力等方面，要求也极为接近。

尽管公共关系工作与秘书工作有着共性，有很多相似之处，但两者的区别还是明显的。这主要表现在：秘书部门是综合部门，而公关部门是职能部门；秘书人员往往直接对领导负责，公关人员是对一个组织负责；秘书人员有许多日常行政办公事务，诸如起草各种文件和讲演稿、检查本单位的日常工作、完成领导的交办事项等，都是与公共关系工作人员的工作不相同的。

由此可见，公共关系与秘书工作有许多相似之处，两者之间存在着共性的特点。但从本质上讲，公共关系是一项具有自身特点的综合管理技术。公共关系不是秘书工作，不能将其与秘书工作简单地等同起来。同时，我们也不得不正视这样一种现实，当前，大部分企、事业单位、组织的公共关系工作有相当一部分自觉或不自觉地落在了秘书人员的肩上。在社会主义市场经济建设的今天，尤其是我国加入 WTO 以后，秘书人员就更应该树立起公关意识，主动、自觉地学习和掌握公共关系的有关理论知识，提高实务操作技术，这对于做好自己的秘书工作是大有裨益的。

(二) 秘书应树立的公关意识

秘书人员应树立较强的公关意识，在从事一项工作时，要遵循公共关系的一些原则，运用公共关系的一些技巧，通过自己的工作、言行、态度和仪容等去创造有利的舆论环境和活动条件，以取得尽可能多的公众的信赖和好感，为单位、组织树立良好的形象和信誉，从而取得公众的关心支持，圆满地完成工作任务。

秘书公关意识的具体内容是多方面的，在此，主要讲以下最基本的四点：

1. 秘书必须树立形象和信誉的意识。秘书客观上所承担的公共关系的职责之一是帮助组织塑造良好的形象，保持良好的信誉。要使外部公众对组织留下可以长期信赖的印象，让他们感到组织对公众、社会是可靠、负责的，是可亲可近的；还要使内部公众也对组织有好感，使他们具有主人翁的态度，人人关心组织，珍视组织信誉，与组织荣辱与共，为组织努力工作。为此，秘书要将塑造良好形象、保持良好信誉贯彻于从制定工作目标方针直到采取各种管理措施的全过程。当组织的形象和信誉一旦因外界原因或内在因素受到损害时，就必须在消除破坏因素的前提下，通过公关活动设法改善形象，挽回信誉。这应该是秘书公关意识中最基本的着眼点。

2. 秘书应树立传播意识，实现双向沟通。以传播为手段将组织与公众紧密联系起来，相互沟通，是公共关系的主要特征。当有什么有益于社会、有利于公众的决定和行动时，秘书首先要想到及时通过各种渠道和媒介手段对外传播，广为扩散；当然，如果发生丑闻或重大事故，也不能保持缄默或设法隐匿，而应和传播界真诚合作，公布事实真相，坦率承认差错并承担责任，取得公众的谅解。所谓“双向沟通”即指秘书一方面将组织的意见与行为向公众进行传播，使公众认识了解组织；另一方面又以传播的方法将公众的意见和要求反映给组织，以调整改善组织自身，达到信息的双向沟通，内外交流。

3. 秘书应树立与人为善、广交朋友的公关意识。公关的目的是争取支持，要求争取尽可能多的朋友，把对立面减少到最低限度。这就需要秘书人员在不违背原则的前提下，以理解为基础，而不是以循私手段去广交朋友。凡是工作中有接触、打交道的各种人物，都要运用各种公关手法，给人以熟识感、信赖感。待人要有长远观点，不可实用主义、急功近利，对我有用者，热情奉迎，对我无用者，冷言冷语；或眼睛朝上，对上司及权贵巴结奉迎，对普通民众，一付官腔。这种实用主义的近视眼、势利眼，必然会自觉不自觉地得罪公众，使你今后的工作荆棘丛生，行处艰难。只有注意了平时处处与人为善的“积累”，才能“行得春风有夏雨”，秘书工作也才能得以顺利进行。

4. 秘书要树立新形势下的信息意识。在上面我们讲的树立传播意识、实现双向沟通一段中讲到，公共关系工作为了使得组织在社会中生存和发展，要求该组织要善于明察周围环境各种因素的变化，准确、及时地采取相应的决策行动，以调节、平衡和协调组织与公众的关系，创造最佳的社会条件和环境。秘书部门是各单位、组织参与政务，掌管事务的综合性办事机构，担负着做领导“智囊团”、“思想库”的任务，为领导的决策提供咨询、信息和方案，辅助领导实现决策科学化。尤其是我国实行社会主义市场经济的今天，单位、组织要决策正确，指挥无误，必须有赖于秘书部门提供准确、完备、适时的信息。离开了信息，决策就会成为无源之水，无本之木。因此，秘书部门和秘书人员要加强信息工作，特别是加强信息预测、信息反馈和信息的综合处理，才能提高办事效率，密切各部门的联系，增强自己的参政能力。可以说，信息工作是做好秘书工作的基础和关键，也是做好公共关系工作的前提和手段。

第四节　秘书主要公关活动实务

公共关系活动是指组织为改善其公共关系状态的一系列具体工作，包括日常的公共关系和专门性的公共关系活动两大类。前者指为改善公共关系状态，人人都可以做到的那些日常活动，如谦虚有礼、诚实待人等，前面几章中我们已涉及到了；后者指有计划有系统地运用有关技术手段达到公共关系目的的专门性活动。根据公共关系的一些实践活动及国内外秘书的工作实践，在这里我们针对后者简单介绍几种主要公共关系活动中的秘书工作。

一、运用好新闻传播媒介

运用新闻报导的形式为公众提供信息，为组织制造声势，是公关传播中最常用的一种方法。公共关系技巧在很大程度上就是利用传播手段，来达到沟通的目的。利用新闻媒介开展公共关系活动是公共关系人员的基本功。因此，善于运用新闻媒介，也就成了秘书公关工作的基本功之一。

（一）做好新闻素材的挖掘工作

新闻素材的挖掘也叫“制造新闻”。它是公关部门为实践公关目标或为适应客户的需要，对组织内部具有新闻价值的东西进行挖掘、收集、筛选、整理的活动，是对新闻素材的观察、了解与发现。

秘书工作人员在进行此项工作时，首先要注意自己所挖掘的素材内容的范围与性质，对那些具有新闻价值、又与公关活动相关的事物，均可以当做新闻材料加以挖掘和选取；其次秘书人员要掌握挖掘素材的方法与做法。得到材料的方法主要有两种：其一是直接取材法，即通过直接采访，获得第一手资料；其二是间接取材法，即通过间接渠道获取信息，在综合整理的基础上编制新闻。采用直接取材法时，可进行个别访问、开调查会、参观访问、蹲点等做法，并要学会会听、善问、会记、善想等技巧；采用间接取材法时，可吸取各种文件报告、报刊杂志、广播电视、书籍资料、信函、电话等的有关信息和资料。

（二）做好新闻的撰写播发工作

新闻，狭义上可以理解为是最新的消息。它是一种以简洁的文字迅速反映新近发生的或过去未被人们认识的新鲜事物的报导。公关新闻是适应公关工作的需要，围绕公关计划、方案、目标、程序、工作等进行的宣传报道。

公关新闻写作上的结构技法与普通新闻写作相似，在写作及播发公关新闻稿件时主要应注意如下几个方面的内容：

1. 要注意新闻所提出的问题和体现的中心思想，即要明确所撰写的新闻的主题，做到意在笔先。

2. 要注意写好新闻的标题。标题是新闻的主要内容和主要精神的提要和概括，被喻为“新闻的眼睛”。写作时要求准确、新鲜、生动、鲜明。

3. 要写好新闻的导语。导语是新闻消息中的第一段或第一句，它用极简练、生动的文字写出新闻中最主要、最新鲜的事实，对整篇新闻起提示要点作用，以引起读者阅读的兴趣和欲望。导语要醒目、凝练、生动、开门见山，突出最新鲜、最重要的事实。导语的写作方式，一般可采用叙述式、提问式、结论式、评论式、描写式、对比式、悬念式、比喻式、引语式等。

4. 要注意新闻稿件的结构形式。通常新闻写作所运用的结构形式有倒金字塔式结构、金字塔式结构、倒金字塔和金字塔结合的结构、顺序结构、蒙太奇结构、自由式结构等。不管采用哪种结构形式，其总的要求是：要使新闻稿的结构严谨、逻辑性强、层次清楚、表达观点鲜明。

5. 在新闻稿的写作中要注意背景材料的运用。背景是新闻事件发生时的历史和现实环境，以及事件本身的内部联系。写好背景材料，可以清楚地交待出新闻事件发生的历史、环境和原因，解释事件发生或人物言行的实际意义，为烘托和发挥新闻主题服务。常用的背景材料类型有：对比性材料、说明性材料、注释性材料等。

6. 撰写新闻稿时，要注意新闻的来源。为使记者能进行详细的采访，寄送新闻稿时，要写明组织名称、组织所在地和联系人姓名。最好还要附加新闻照片，这对记者决定是否应该就该事件进行深入采访将会产生积极的效果。每张照片都应附上简短的说明，以免混乱。

7. 应事先确定将新闻稿寄往何处，要了解新闻部门编辑和出版的一些要求。手中应该备有一份新闻机构明细表，随时掌握各机构负责人、记者、编辑、广告业务人员的情况，甚至他们的个人具体情况。

8. 在新闻稿定稿后，应请组织负责人审阅后再寄送新闻传播机关，以防止记者来采访时因组织领导之间意见不一致而发生不必要的混乱。

9. 如果投寄的新闻稿未被采用，应检查一下：是否缺乏新闻性，不具备新闻的特点，不值得报道；是否内容过于专业化，与刊载的报刊、杂志的宗旨不符，或没有在电台、电视台播放的价值；是否写作方面不得要领，文字太差；是否广告气味太浓，宣传色彩太重；是否违背当前正在贯彻的方针政策，或者要求新闻媒介报道的动机不纯等。如果新闻稿件被采用了，应当总结一下成功的因素在哪里，使今后的工作更加自觉和主动。发表的新闻要剪报、录音或录像，总之要存档，以备今后连续报道和对比分析。对新闻媒介经常报道的组织，应专门登门求教，学习他们的公共关系部门运用新闻媒介的成功经验，以改进自己的工作。

（三）利用新闻媒介做好公共关系广告

公共关系广告是以广告形式开展公关工作的一种方法，它的直接目的是为组织树立良好的形象，增加公众对组织的信任，使公众对组织机构有整体的、全面的了解和信任，建立组织的声誉，扩大组织的知名度和美誉度。公共关系广告与一般商品广告是不同的。这主要表现在：

1. 商品广告直接宣传产品及其劳务；公关广告通常介绍的却是产品之外各种与公众有关的企业或组织的信息，向社会和公众提供一个组织的形象。商品广告是要大家“买我”，公关广告则要大家“爱我”。

2. 商品广告侧重于直接的促销，公关广告侧重于间接的促销和长期的市场效应，它跟商品广告的宣传模式不同。公关广告是要公众先认识组织，再认识产品等。公关广告往往以新闻报道或某种专题节目的形式出现，如专题新闻、专访、市场信息等。

3. 公关广告的作用要通过间接途径发挥，效果不像商品广告一样明显，它的公众色彩、社会色彩较浓，而商业色彩较淡。

总之，公共关系广告是一个组织花钱购买传播机会，向公众提出组织的观点，解释组织的政策，推销组织的善意和美誉，树立组织的形象，促进组织公共关系发展的一种实务活动。

了解了公共关系广告的特点，秘书工作人员在制作公共关系广告时就应注意如下几点：

1. 要注意公共关系目的的明确性。要有一个明确而清晰的主题，实事求是地反映本组织的情况。

2. 要选择适当的内容。有了明确的目的就要选择适当的广告内容。一般说来，可从组织的产品、服务对象、追求目标以及组织的经历、声望、信誉、财力和员工的素质等方面进行选择。

3. 要注意选择广告传播媒介和传播手段。广告的传播媒介和手段多种多样，在选择时，要按照以最少的花费、取得最大的公共关系传播效果这一原则，从媒介的特点、商品的特性、组织的特点以及公众和市场的不同、媒介的费用等方面来确定选择最佳的广告媒体。

4. 要注意掌握公关广告文稿制作时的一些技巧。如运用一些心理学原理，尽可能摸透公众的心理，选择适当的表现形式，"投其所好"，以吸引公众的兴趣和注意；在文稿中注意文稿的简练得体，易懂易记；注意突出商标、品牌或组织名称；尽可能将新闻稿制作得生动形象，新鲜有趣，引人注意等。

二、利用专题活动进行公关工作

为了强化公关效果，达到预期的公共关系目标，秘书人员还要学会编排多种多样的公共关系专题活动，以强化宣传效果，配合整个公共关系方案的实施。公共关系专题活动在国外常常被称为公共关系特殊事件。这些活动每次都有一个明确的主题和围绕这一主题的特殊活动方式。公共关系正是通过这些专题活动逐步积累，产生巨大效果的。下面介绍三种常见的专题活动的组织与安排：

（一）记者招待会

记者招待会，又称新闻发布会。它是一个组织直接向新闻界发布有关组织信息，解释组织重大新闻而举办的行动。它是组织直接与新闻界沟通，从而达到让新闻界和社会公众了解自己的一种积极的宣传形式。

记者招待会的组织，分为会前准备、会中引导、会后总结三个方面。就秘书而言，秘书在记者招待会的组织上，主要是会前准备工作及会后的检查工作，需要注意以下事项：

1. 确定举行记者招待会的必要性。在记者招待会准备工作中，必须对发布的消息是否重要、是否具有广泛传播的新闻价值进行分析，对新闻发布的紧迫性和最佳时机进行分析。换句话说，即是否具有专门召集记者前来予以报道的新闻价值，是否是新闻发布的最佳时机。

2. 确定好举行记者招待会的时间、地点、布置好会场。确定记者招待会的日期，一是要及时。在新产品、新政策出台前夕及时举行，或组织受到指责、误解时及时举行，以便让公众及时了解或澄清真相，挽回影响；二是要注意被邀请对象——记者的时间特点，尽量避开节假日和有重大社会活动的日子，以免影响招待会的效果。记者招待会的地点选择要根据会议的主题来确定。如果是一般情况，可在组织的会议室、接待室举行，或租用宾馆、招待所，或赴外地举行。如果是希望造成全国影响的，则可以赴首都或大都市租用场地举行。招待会的会场要选择一个很好的环境，室内气温、灯光要适宜，要有舒适的座椅，有先进的通讯设备。一般小型的记者招待会最好用圆形会议桌，以便创造一个平等、和谐的气氛。大中型的记者招待会，宜使用长方型桌子，并分别标明“记者席”、“主持人席”、“工作人员席”。主持人和工作人员应佩上写明姓名的胸牌，主持人、发言人还应设置标明职务的姓名牌，以便记者识别。如邀请的人颇多，还可以排定座次顺序，分清主次。注意照顾有代表性的新闻单位的记者，避免出现混乱和不愉快。同时准备好视听辅助工具及会中所用物品，如图表、画片、地图、放大照片、产品实物、模型样品、录音和录像设备、文具用品以及饮料、茶水等。

3. 选择确定好会议主持人和发言人。一般组织举行的记者招待会，由公关部门负责人或办公室主任、秘书长等主持。主持人负责介绍主题及基本情况、主持会议、创造气氛、引导提问等，在记者招待会中起着十分重要的作用。如果是秘书部门人员担任记者招待会的主持人，应注意：一要把握好会议的主题，别使招待会离题太远。二要等发言人讲完后，主持人能够引导记者踊跃提问；如遇冷场，能够用轻松幽默的语言活跃气氛，提高记者们提问的兴趣和勇气；遇到记者竞相提问时，应控制好提问的时间，提高会议的效率等。记者招待会的发言人可以是一位，也可以是几位，一般由熟悉组织全面情况、头脑机敏、语言表达能力强的人担任。一般单位的主要负责人员应作为主要发言人，介绍主要情况，回答主要问题，具有权威性。如果招待会安排几位发言人时，事先应讨论成熟，在重大问题上保持口径一致。

4. 确定好被邀请记者的范围。在邀请记者方面，要注意不同新闻机构的性质、特点等。覆盖面要适当广泛一些，要特别注意与本组织有密切联系的新闻机构的记者不能遗漏。邀请时，一般是先函告开会的时间、地点，然后，在开会前二三天，再用电话等形式对邀请进行具体落实。如果有未被邀请而来的记者，也要热情招待，提供适当的方便。

5. 要准备好发言提纲、报道和宣传材料。要组织专门的班子负责起草发言提纲和报道材料，事先归纳出宣传内容的要点和背景，再整理成详细的文字材料。材料编写要注意系统、简洁，要注意用事实说话，注意不要出现错别字和脱页现象。报道材料及其他材料要预先分发给出席招待会的记者，同时预备好回答记者提问的基本答案，供主要发言人参考。

6. 做好会议的组织参观和招待工作。在记者招待会召开前后，可以配合会议的主题，组织记者进行参观活动，增加记者对会议主题的感性认识。必要时还可在会后举行茶会、酒会、便餐等招待活动。这样做可为记者们提供相互沟通的场所和单独采访的机会，有利于增进与新闻界的友谊。

7. 记者招待会结束后，秘书要检查其效果是否达到了预期目的，为此，要做好几方面的工作：一要注意搜集各到会记者在报刊、电台和电视台所发的各类新闻稿件，分门别类地进行登记、分析，以便检查会议的效果，并检查一下是否有由于失误所造成的宣传偏差，若有，应立即设法采取补救措施；二要对照到会记者的名单看是否每个到会记者都发了稿，对参加会议而未发布新闻的记者，应礼貌地询问原因，便于组织日后改进工作；三要在会后做好追踪调查，了解到会记者的反应，以便检查在给记者提供方便上是否存在欠缺，进一步沟通与记者的关系，为以后召开新闻发布会打下基础。

（二）展览会

通过实物、文字、图表等来介绍展现组织的成果、成就、风貌、特征的宣传形式叫展览会。展览会是一种综合运用各种媒介和手段来推广产品，宣传组织形象或建立良好公共关系的大型活动。展览会的种类繁多：就规模而论，有大型、中型、小型之分，大到世界博览会，小到一家企业的产品展销；就方式而论，有固定展览、流动展览；就举办地域而论，有国内展览、国外展览；就展品内容而论，则大体上可分为综合性展览和专题性展览。无论哪一类展览会，都是一种多维、立体的传播媒介，都需要精心的设计和组织。秘书要充分认识到展览会的功能及重要性，做好每一场展览会的组织工作。为此，应注意以下几点：

1. 注意参展单位项目的确定和展览时间、地点的选择。根据不同层次、不同性质、不同规模的展览会，确定适宜的参展单位和项目。展览时间和地点既要方便参展单位，又要方便参观者。

2. 要确定好展览会的主题和目的。要围绕主题认真选择展品，精心布置陈列，不使用脱离主题的过份装饰和音响刺激，以免影响观展者对展品的注意。

3. 做好培训展览会工作人员的工作。展览会工作人员素质的好坏、是否掌握此次展览的技能，对整个展览的效果的影响很关键。因此，展览会的设计、美术制作人员要经过专业培训，解说员、接待员、服务员要经过礼仪与口才等的训练，才能满足展览会的要求，使观展者得到满意的服务。

4. 要做好新闻广告的宣传。最好成立一个专门对外发布新闻的机构，负责和新闻界进行联系的一切事务，向新闻界提供展览会的有关消息、信息。特别要将展览会的情况传至特定公众，争取最大的宣传效果。

5. 事先准备好辅助宣传资料。应事先准备好展览会所要用的各种辅助宣传资料，如拍摄介绍组织的幻灯片或录像带、各种小册子、展览会的目录表等。

6. 做好展览会的费用预算。要确定展览会的费用预算，具体列出展览会的各项费用，进行核算。有计划地分配展览会所需要的各项资金，做到心中有数。

7. 注意采用一些方式方法使展览会办得更生动活泼，别具一格。如不妨邀请有关的知名人士参与活动，并为参观者签名留念，以吸引更多的公众前往参观，也给记者提供好的题材；也可以同时安排一些与展览会相关的会议，以壮大展览会的声势，扩大展览会的影响。

8. 要做好展览会效果的测定、评价工作。展览会期间或会后，可采用有奖测验、调查问卷、查看观众的留言、召开座谈会或茶话会、登门访问等形式，及时了解和反馈公众对展览会的评价意见，以便测定效果，为今后更好地组织展览会总结和积累经验。

（三）庆典活动

庆典即庆祝典礼。它主要包括开幕式和节日庆典两种。开幕式用于组织开业、开工、竣工、新设施落成、奠基和各种展览会、展销会、文艺会演、运动会等拉开序幕之际，它是第一次与公众见面、具有纪念意义的事件，是隆重而又热烈的公关活动。节日庆典是在法定节日举办的庆祝活动，如国庆、元旦、春节和组织本身的纪念日等，也包括重要地区、民族、宗教节日的庆祝活动，如泼水节、开斋节等。它着重于制造喜庆气氛，常运用联欢会、团拜、宴请、文艺演出、舞会等形式进行。

庆典活动是提高组织知名度，扩大社会影响的重要公关活动。秘书作为组织首脑的助手、对外联系的代表，在庆典活动中实际上承担着具体设计、组织和礼宾的职能，对活动的成败起着重要的作用。因此，应当知晓、掌握这类活动的规范化要求。现着重就开幕式谈一下秘书的组织工作：

1. 拟定好来宾名单、发出请柬。考虑来宾名单时要全面周到，范围一般要包括上级机关和主管部门的有关负责人、平行兄弟单位和协作单位的负责人、新闻机关和新闻记者、社会团体代表、公众代表、员工代表等。名单呈领导审定后，准备好请柬，提前送至被邀请对象手中。

2. 拟定好开幕式程序和接待事项。必要的话可把开幕式的程序表印制出来。程序表中应选定致贺词宾客的人选，并提前通知他们做好准备，说明贺词的要求。为组织首脑拟好开幕词、答词。开幕词和答词要热情洋溢，言简意赅，切忌空泛冗长。组织好内部人员，分工明确，做好大会的准备及接待工作，宾客来临后，要有专人请他们签到。如有印制的程序表，可分发给来宾，宾客签名后，由接待人员引导至备有茶水、饮料的接待室，让他们稍事休息，相互结识。由专人做接待记者工作。

3. 安排好余兴节目。典礼完毕，宜安排一些余兴活动，以制造热烈欢快喜庆的气氛，如欢庆锣鼓、燃放鞭炮礼花、小型欢快歌舞，播放喜庆音乐等。余兴节目最好由组织的员工来进行，这有利于增强他们的主人翁意识和自豪感。

4. 准备好宣传资料和纪念品。准备好宣传资料和合适的纪念品，分发给来宾。这可使来宾更全面、深入地了解本单位情况，使开幕式产生较为持久的效果，还可以成为间接传播的工具。

5. 安排好参观及座谈等活动。典礼结束后引导来宾参观本单位的各种设施、陈列室等，让来宾更直接、更全面地了解本组织的有关情况。然后，利用留言簿、召开座谈会等形式，直接听取各界的意见和建议，起到进一步了解及以后沟通的作用。这样有利于社会各界对本组织更进一步的了解及以后工作的改进。

三、利用内部刊物进行信息传播

内部刊物的宣传报道，是组织与其内部公众进行沟通的最有效媒介之一，是组织团结内部员工的一根强有力的信息纽带，是内部员工之间沟通情感、交流认识的联络桥梁。它能有效地起到上情下达、下情上呈、部门间平行交流信息的作用，使组织首脑能及时、准确地将组织的政策、指令、经营状况、发展前景、人事变动、工资福利等情况和外部环境报告给全体员工，有助于增强员工的主人翁意识，与组织同心同德，产生凝聚力。它能将内部公众的意见和建议报告给组织首脑，使双方相互了解，信任合作。它能使部门、科室之间相互知晓对方的情况，便于协调、配合。总而言之，它有助于达到内求团结的公共关系目的。

组织刊物的种类很多，从刊物的形式上划分，主要有以下几种：

1. 杂志。根据组织宣传的需要，定期出版，分月刊、季刊、年刊等。

2. 报纸。分栏目刊载组织的各种新闻、特写、通讯、资料介绍、技术革新、小故事等，可采用不定期形式出版，也可以定期每周或每月出版一期。

3. 简报。可分综合简报、专题简报、会议简报等。定期或不定期出版，刊载一些内容比较简单的动态消息、情况交流等。

4. 墙报、黑板报。利用黑板报、墙报发布流入该组织的重大信息以及发生在本组织内部的各类事件，与职工进行信息交流。

5. 宣传资料。宣传资料形式比较多，包括传单、卡片、小册子、大型画册、宣传文集、说明书、海报、图片、影集、示意图等。这些宣传资料实际上是一份该组织的“名片”。它向公众介绍组织生产的产品或提供的服务。组织借助这种宣传资料把自身形象推向社会，而公众则通过这些宣传资料来了解组织的大体情况。

秘书工作人员在日常工作中，经常是以上组织刊物的参与者或直接主办者。在进行这些内部刊物的编辑和发行时，秘书人员应注意以下几点：

1. 要首先明确内部刊物的编辑方针。要确立为全体内部员工服务的意识，能够将主要的组织内部情况迅速及时地向全体内部员工通报。

2. 要注意在内部刊物上有针对性地反馈员工的各种思想、情感以及其他要求。这有益于组织领导层在决策时了解员工的真实感情和想法，参考和采纳员工反映的意见，使组织的意图能够和员工的需要和想法统一协调起来。

3. 要尽可能地动员组织全体员工关心、支持自己的报刊。办好组织的内部刊物有许多有利条件。它刊登的基本上都是每个员工所熟悉的身边事，每个员工都可以在报刊上发表自己的见解。在这种优势下，秘书人员还必须开辟更多的渠道，制定一些更为有效的措施来尽可能地动员全体员工关心和支持自己的报刊。

4. 处理好一系列技术问题，主要有：一要保证报刊发行的连续性、固定性，因此要落实好稿源，并备好足够的候补资料。二要根据内部刊物的不同形式确定其美工形式，配备相应的人员。三要对内部报刊的费用开支进行精确的预算。因为内部报刊一般是不盈利的，也无广告收入，因此一定要注意搞好财务管理。

以上，我们讲了一些秘书的公共关系工作。在新的形势下，秘书工作人员应适应新时期秘书工作的需要，更主动、更出色地完成这些与秘书工作不可分的公共关系工作。

案例研习

案例 11－1：某厂一车间主任受命指示一位青工：“那台机器坏了，你必须在明天早晨上班之前修好，不然，影响了明天的工作，就要扣你的奖金。”青工一听就跳了起来：“什么，一开口就扣奖金，口气好凶，老子不买你的账，明天就去请病假，看你能把我怎样！”一开口就谈崩了。厂办秘书知道后，马上去找那位青工，温和地微笑着对他说：“机器坏了，影响生产，大家都很着急。领导商量后认为，你最有把握修复它，所以让我转告你，请你辛苦一下，加班修好它。”青年听了，转怒为笑，爽快地答应道：“既然厂领导这样看得起我，那就请他们放心，明天上班前我一定修好它。”

试析案中秘书运用了怎样的语言技巧。

案例 11－2：某局在春节前几天接待了兄弟单位的一个参观团。在接待室就座时，一位客人将沙发前的茶几玻璃撞落在地上，摔成碎片，顿时，场面颇为尴尬。接待的秘书立即笑着说：“春节来临，要除旧迎新，客人们为我们带来了好兆头，明年我们看来一定会有新成就。”一句话说得全场一片欢笑，尴尬的场面被秘书这一句话轻易化解了。

试析案中秘书运用了怎样的语言技巧。

案例 11-3：某县根据工作的需要，将甲、乙两乡合并为镇。一时，干部群众围绕党委书记、镇长的人选纷纷猜测。有人找县委办公室的肖秘书打听。肖秘书回答道："如果本地有适当的人选就在本地选用，如果本地没有就会从外乡、镇调派，我想总是这两种办法。"打听者知道秘书是在保守机密，也就知趣地岔开了话题。

试析案中秘书运用了怎样的语言技巧。

复习思考题

1. 秘书人际关系的原则是什么？
2. 试述秘书交际中的口头语言艺术。
3. 秘书非语言交际艺术技巧主要有哪些？试举二三例进行说明。
4. 秘书工作中怎样利用好新闻传播媒介？
5. 秘书如何利用专题活动进行公关工作？试举二三例进行说明。

实训题

［**实训 11-1**］　教师拟定一记者招待会内容，要求学生按照记者招待会会前准备工作的要求，列出具体的准备方案。

［**实训 11-2**］　模拟组织一次中型的展览会，让学生列出展览会的组织过程。

［**实训 11-3**］　教师提供素材，让学生进行公关广告制作训练。

附录一

秘书国家职业标准

1. 职 业 概 况

1.1 职业名称：秘书

1.2 职业定义：从事办公室程序性工作、协助领导处理政务及日常事务并为领导决策及其实施提供服务的人员。

1.3 职业等级：本职业共设三个等级，分别为初级（国家职业资格五级）、中级（国家职业资格四级）、高级（国家职业资格三级）。

1.4 职业环境：室内、常温。

1.5 职业能力特征：具备较强的文字与语言表达能力、综合协调与合作能力、逻辑思维与分析能力等。

1.6 基本文化程度：高中毕业。

1.7 培训要求：

1.7.1 培训期限：全日制职业学校教育，根据其培养目标和教学计划确定。晋级培训期限：初级不少于250标准学时；中级不少于200标准学时；高级不少于150标准学时。

1.7.2 培训教师：具有本职业高级职业资格证书并要求具有本职业2年以上培训经验或具有中级以上专业技术职称的教师。

1.7.3 培训场地设备：在标准教室内。

1.8 鉴定要求：

1.8.1 适用对象：从事或准备从事本职业的人员。

1.8.2 申报条件：

——初级（具备以下条件之一者）：

（1）经本职业初级正规培训，达规定标准学时数，并取得毕（结）业证书。

（2）在本职业见习工作2年以上。

——中级（具备以下条件之一者）：

（1）取得本职业初级职业资格证书，连续从事本职业工作3年以上，并经本职业中级正规培训达规定标准学时数，取得毕（结）业证书。

（2）取得本职业初级职业资格证书后，连续从事本职业工作5年以上。

（3）连续从事本职业工作6年以上。

（4）取得经劳动保障行政部门审核认定的，以中级技能为培养目标的中等以上职业学校本专业毕业证书。

——高级（具备以下条件之一者）：

（1）取得中级职业资格证书后，连续从事本职业工作4年以上，并经本职业高级正规培训达规定标准学时数，并取得毕（结）业证书。

（2）取得中级职业资格证书后，并连续从事本职业工作7年以上。

（3）取得秘书专业或相关专业本科毕业证书后，并连续从事本职业工作1年以上。

（4）取得经劳动保障行政部门审核认定，以高级技能为培养目标的高等职业学校本专业毕业证书。

1.8.3 鉴定方式：本职业采用理论知识考试和技能操作考核；考试（考核）均采用百分制，皆达60分以上者为合格；涉外秘书加试外语，考试时间为60分钟，鉴定方式分为笔试和听力，满分100分，60分以上者为合格。

1.8.4 考评人员与考生配比：理论知识考试：20∶1；技能操作考核：10∶1。

1.8.5 鉴定时间：各等级的理论知识考试为90分钟；各等级的技能操作考核为120分钟。

1.8.6 鉴定场所设备：

设备：

（1）微型计算机及打印机；（2）复印机；

（3）录音机、录像机；（4）传真机；

（5）照相机、摄像机；（6）投影设备；

（7）电话机。

场所：

标准教室、模拟办公室。

2. 基本要求

2.1 职业道德：

2.1.1 职业道德基本要求。

2.1.2 职业守则：

忠于职守，自觉履行各项职责；

办事公道，热情服务；

兢兢业业，甘当无名英雄；

服从领导，当好参谋；

实事求是，讲究时效；

奉公守法，不假借领导名义以权谋私；

遵守纪律，保守国家机密；

谦虚谨慎，文明礼貌；

刻苦学习，努力提高思想、科学文化素质；
钻研业务，掌握秘书工作各项技能；
2.2 基础知识：
2.2.1 汉语有关知识：
2.2.1.1 现代汉语常识：
（1）遵照国家正音标准，推广标准音；（2）正确使用汉字；
（3）词汇的规范化；（4）句子和句子成分；
（5）标点符号。
2.2.1.2 古代汉语常识：
（1）古汉语常用词的用法；（2）几种特殊的文言句式；
（3）古汉语中几种固定结构。
2.2.1.3 修辞知识：
（1）几种常见的修辞格；（2）公文的语词修辞；
（3）公文的语句修辞；（4）公文的语段修辞；
（5）公文的修辞格。
2.2.2 办公自动化知识：
2.2.2.1 计算机基础知识：
（1）计算机系统组成；（2）Windows98 操作系统。
2.2.2.2 Word97 中文版：
（1）文本录入与编辑；（2）表格制作；
（3）图文混排；（4）打印输出。
2.2.2.3 计算机网络常识：
（1）计算机网络基本知识；（2）Internet 的使用。
2.2.2.4 办公设备的使用知识：
（1）常用办公设备的使用；（2）其他办公设备的使用。
2.2.3 速记基础知识：
2.2.3.1 速记与文字。
2.2.3.2 速记在秘书工作中的应用。
2.2.3.3 创制快速记录法的规则。
2.2.4 法律与法规：
2.2.4.1 公司法的基本内容：
（1）公司与公司法；（2）有限责任公司；
（3）股份有限公司。
2.2.4.2 合同法的主要内容：
（1）合同与合同法；（2）合同的订立；
（3）合同的履行；（4）违约责任。
2.2.4.3 劳动法的基本内容：
（1）劳动法及调整对象；（2）劳动合同；
（3）工资与工时制度；（4）劳动安全与卫生制度；

（5）社会保障与福利制度；（6）劳动争议处理制度。

2.2.5　经济管理：

2.2.5.1　管理概述：

（1）企业和企业管理；（2）现代企业制度的基本内容。

2.2.5.2　管理的组织结构：

（1）管理组织功能；（2）企业组织模式和结构；

（3）企业组织的关系和创新。

2.2.5.3　外商投资企业管理：

（1）三资企业的特点；（2）三资企业的管理。

2.2.5.4　现代企业文化：

（1）现代企业文化的内涵和特征；（2）现代企业文化的建设。

（涉外秘书外语要求另行规定）

3. 工　作　要　求

本标准对初、中、高级的技能要求依次递进，高级别包括低级别的内容。

3.1　初级

职业功能	工作内容	技能要求	相关知识
一、接待工作	接待准备	1. 能够做好接待环境准备 2. 能够按照接待要求做好有关物质准备 3. 能够做好接待工作心理准备	1. 日常交往中礼貌、礼节基本知识 2. 交际心理基本原则
	接待礼仪	1. 对预约或未预约的来访者热情友好，亲切接待 2. 待客周到，接物与递物举止不失礼仪 3. 能够按照礼仪规格以礼送客	1. 仪容、仪表、仪态礼仪常识 2. 交际常用礼貌用语
二、档案工作	档案收集	能够通过实施立卷归档制度和采取其他补充措施，确保档案齐全完整	1. 档案的特点、作用、种类 2. 档案工作的内容和意义 3. 我国档案工作的基本原则
三、文书拟写与处理	通用文书的拟写	能够拟写一般的请示、报告、通知、函	请示、报告、通知、函的写作基本知识
	企业事务文书的拟写	1. 能够拟写意向书 2. 能够根据需要拟写邀请信、请柬、感谢信	意向书、邀请信、请柬、感谢信的写作知识
	文书处理	1. 能够对文书进行收发、登记和分送 2. 能够对文件进行系统整理、编目、归档	1. 文书处理基本知识 2. 文书整理方法
四、会议组织	会议前的准备	1. 能够草拟会议通知 2. 能够按计划准备会议文件 3. 能够按要求准备会议的各种用品	会议的种类与作用

续表

职业功能	工作内容	技能要求	相关知识
四、会议组织	会议服务工作	1. 能够按计划做好会场的环境布置 2. 能够按要求发放会议用品 3. 能够完成签到工作 4. 能够协助完成会场各种设备的操作 5. 能够协助完成与会人员的食宿安排 6. 能够协助组织会议期间的娱乐活动	1. 会场选择与布置的基本要求 2. 会议签到工作的基本要求
	会议文书工作	1. 能够按要求分发会议文件 2. 能够按要求收集会议文件和资料	会议文件分发、资料收集的基本要求
五、办公室日常事务	办公环境和办公用品管理	1. 能够完成办公室环境管理 2. 能够按要求进行办公用品的发放管理	一般管理知识
	领导交办事项	能够独立完成上级交办的一般事项。	
	值班、信访及活动	1. 能够按要求处理值班日常事务 2. 能够处理一般来信、来访 3. 能够草拟一般的活动安排	1. 值班工作的基本内容和要求 2. 处理一般信访的要求 3. 活动安排的基本内容和要求

3.2　中级

职业功能	工作内容	技能要求	相关知识
一、接待工作	接待计划	1. 能够清楚地了解来访者的基本情况 2. 能够根据来访者的要求和本单位实际情况，制定出接待计划	1. 日常交往礼仪知识 2. 少数民族礼貌礼节基本知识
	接待咨询	1. 能为来访者提供有关本单位的基本情况，做好咨询工作 2. 能够妥善地处理或解决来访者的要求和意见	接待工作中的主要任务
二、档案工作	档案管理	1. 能够对档案分类、检索并实施科学管理 2. 能够对档案进行鉴定，确定合理的保管期限 3. 能够对档案进行安全保管	档案整理、检索、鉴定和保管的概念、内容和意义
三、文书拟写与处理	通用文书的拟写	能够根据要求拟写决定、指示、通报	决定、指示、批复、通报写作基本知识
	企业事务文书的拟写	1. 能够拟写企业计划、简报 2. 能够拟写贺信、慰问信	1. 计划、简报、贺信、慰问信的写作要求 2. 企业计划有关知识
	文书处理	能够对公文执行情况进行催办和督办	文书处理基本知识
四、会议组织	会议筹备	1. 根据会议议题草拟会议方案，提出会议预算、会议议程和日程安排、与会人员安排、会场布置方案及后勤保障方案 2. 能够协助领导起草会议文件并能协助领导完成文件的修改审核工作 3. 能完成会议文件的印制与分发工作	1. 制定会议方案的基本要求与方法 2. 拟定会议文件有关的写作知识

续表

职业功能	工作内容	技能要求	相关知识
四、会议组织	会议期间的文书与服务	1. 能够编写会议简报 2. 能够收集、编发会议信息 3. 能够组织拟写会议纪要 4. 做好会议的值班工作与保密工作 5. 协助领导做好会议总结工作 6. 做好会议结束后的反馈工作	拟写简报、纪要、总结等写作知识
五、信息工作	信息的收集、分类、存贮	1. 能运用常用方法收集信息 2. 能按主题或专题对信息分类整理 3. 能对信息进行有序存贮	1. 信息工作的基本概念 2. 信息工作的基本原则 3. 信息收集、分类、存贮的基本要求
六、办公室日常事务	保密工作	能够按有关规定制定保密措施	保密工作的内容和基本要求
	活动	能够制定多种活动方案并组织实施	
七、协调工作	上下级关系、纵向人际关系的协调	能够运用协调的一般方法对上、下级关系、纵向人际关系进行协调	1. 协调工作的基本概念 2. 协调工作的基本类型 3. 协调工作的基本原则

3.3 高级

职业功能	工作内容	技能要求	相关知识
一、接待工作	涉外接待	1. 能够安排好领导与外宾会见与会谈 2. 根据涉外礼节、外宾所属国文化传统、民族习惯安排好迎送外宾工作	1. 涉外礼仪基本规范 2. 国外主要宗教及主要节日知识 3. 国外有关特殊习俗的基本知识
二、档案工作	档案利用	1. 熟悉档案利用的一般方式 2. 能够开展档案信息的深层次开发 3. 能够针对领导工作特点提供档案服务	档案利用的概念和意义
三、文书拟写与处理	通用文书的拟写	能够根据要求拟写通告	通告的写作知识
	企业事务文书的拟写	能够拟写市场调查报告、可行性研究报告	1. 市场调查报告、可行性研究报告拟写要求 2. 企业经营管理有关知识
	文书处理	能够对文稿进行全面的文字审核	文书处理基本知识
四、会议组织	会议筹备的方案	能够制定大型专业会议的筹备方案	制定会议方案的要求
	会务协调	能够组织各类会议会务工作的协调与安排	会议协调与安排的要求与方法
五、信息工作	信息的筛选、整理、传递、反馈	1. 能对信息进行科学筛选 2. 能对信息进行科学整理 3. 能够结合实际选择正确的信息传递方式 4. 能够利用信息反馈指导工作	1. 信息筛选的基本知识 2. 信息整理的基本知识 3. 信息传递的基本知识 4. 信息反馈的基本知识
六、办公室日常事务	督查	能够组织督查落实有关事项	督查工作的基本原则、方法和要求
	处理突发事件	能够制定处理突发事件的应急预案件并组织实施	处理突发事件的原则和要求
七、协调工作	内外关系、横向人际关系的协调	能够运用协调的一般方法对内外关系、横向人际关系进行协调	1. 横向协调的基本知识 2. 几种协调方法的基本知识

附录二

国务院办公厅《关于进一步推进全国政府系统办公自动化建设和应用工作的通知》

国办发［2000］36号

各省、自治区、直辖市人民政府，国务院各部委、各直属机构：

《国务院办公厅关于建设全国行政首脑机关办公决策服务系统的通知》（国办发［1992］25号）下发以来，经过各地区、各部门的共同努力，以国务院办公厅为枢纽，联接各省、自治区、直辖市人民政府和国务院各部委、各直属机构以及副省级市的全国政府系统办公自动化网络已基本建成。绝大多数地区、部门建立了机关内部的办公业务网络，有些地区的办公自动化网络延伸到了市（地）、县，有些部门已建成全系统的办公自动化网络。与此同时，各地区、各部门领导和机关工作人员的信息化意识大大增强，办公自动化建设和应用工作快速发展，办公业务领域的计算机应用不断普及，信息资源迅速增长，公文、信息处理的效率进一步提高，一支既懂办公自动化技术又熟悉办公业务的专业队伍已经形成。办公自动化建设和应用已成为各地区、各部门机关一项不可或缺的重要工作。

当前，信息技术和信息产业飞速发展，继续推进全国政府系统办公自动化建设和应用工作，充分利用现代化办公手段，进一步转变工作方式，提高工作效率，已经成为一项十分紧迫的任务。各地区、各部门务必高度重视，抓紧抓实。为此，经国务院领导同志同意，现将有关事项通知如下：

一、办公自动化建设和应用工作的原则及目标

办公自动化建设和应用工作要继续遵循以需求为导向，以应用促发展的原则，网络建设、信息资源建设与应用开发并重，相互促进、协调发展。要加快建设和应用工作的步伐，用3至5年的时间，不断完善各地区、各部门的办公业务网和以国务院办公厅为枢纽的全国政府办公业务资源网，逐步建立面向社会的政府公众信息网和门类齐全、内容丰富、更新及时的政府办公业务信息资源数据库，最终建成以“三网一库”为基本结构的全国政府系统办公自动化网络，实现机关办公业务的电子化、自动化和网络化，共享政府办公业务信息资源，使政府行政管理、应急指挥和快速反应的能力进一步提高，高效率、高质量地为国务院

和各地区、各部门宏观管理、科学决策服务。

二、办公自动化建设和应用工作的要求

（一）统一规划，相互协调，稳步推进。国务院办公厅根据全国政府办公自动化系统建设和应用情况制定总体规划，并协调、指导规划的实施。各地区、各部门要结合实际，充分发挥主观能动性，制定具体方案并付诸实施。同时，要继续发挥全国政府系统办公自动化协作网络和技术咨询组的作用，加强交流与合作，稳步推进建设和应用工作。

（二）积极推进信息资源的开发利用和共享。要重视和保护已有的信息资源并加强开发利用。同时，要继续扩充和积累信息资源，保证网络信息资源不断丰富，及时更新。要采取切实可行的措施，充分调动和保护信息资源共享的积极性，逐步建立信息共享机制，更好地为各级领导和政府机关提供信息服务。

（三）加强应用开发和培训工作。要紧密围绕政府办公业务，主动捕捉和发掘需求，加大应用开发力度。积极开发和推广通用软件，进一步拓宽应用领域，最大限度地满足各级领导和政府机关的应用需求。要加强机关工作人员应用技能的培训，不断提高应用能力，为应用开发工作提供动力。

（四）切实加强管理，确保网络安全。各地区、各部门都要按照总体规划的要求，制定严格的业务规范和统一的技术标准，建立健全各项管理制度，促进系统管理的制度化和规范化。要增强安全意识，提高防范能力，认真做好全国政府系统办公自动化网络的安全保密工作。各地区、各部门的办公业务网和政府公众信息网，必须由本级办公厅（室）负责建设和管理。全国政府办公业务资源网及各地区、各部门的办公业务网，必须在物理上与国际互联网完全隔离。在政府公众信息网上发布政务信息，要严格审核把关，确保党和国家秘密信息的安全。

（五）加强建设和应用工作的组织领导。全国政府系统办公自动化建设和应用工作由国务院办公厅统一负责，日常工作由国务院办公厅秘书局承担。各地区、各部门务必进一步加强对本单位办公自动化建设和应用工作的领导，把这项工作作为办公厅（室）的基本职能并进一步强化，要有专门机构，保证必要的经费，确保系统总体建设目标的实现。

（六）下大力抓好队伍建设，提高技术和管理水平。要抓好技术人员的业务培训和知识更新，不断提高他们的专业技术和管理水平。要关心技术人员的工作和生活，保持队伍的稳定。

二〇〇〇年五月二十三日

附录三

标点符号的标准用法

中华人民共和国国家标准

国家技术监督局　1995－12－13　批准发布　1996－06－01　实施

1　范围

本标准规定了标点符号的名称、形式和用法。本标准对汉语书写规范有重要的辅助作用。

本标准适用于汉语书面语。外语界和科技界也可参考使用。

2　定义

本标准采用下列定义。

句子 sentence

前后都有停顿，并带有一定的句调，表示相对完整意义的语言单位。

陈述句 declarative sentence

用来说明事实的句子。

祈使句 imperative sentence

用来要求听话人做某件事情的句子。

疑问句 interrogative sentence

用来提出问题的句子。

感叹句 exclamatory sentence

用来抒发某种强烈感情的句子。

复句、分句 complex sentence，clause

意思上有密切联系的小句子组织在一起构成一个大句子。这样的大句子叫复句，复句中的每个小句子叫分句。

词语 expression

词和短语（词组）。

词，即最小的能独立运用的语言单位。短语，即由两个或两个以上的词按一定的语法规则组成的表达一定意义的语言单位，也叫词组。

3　基本规则

3.1　标点符号是辅助文字记录语言的符号，是书面语的有机组成部分，用来表示停顿、语气以及词语的性质和作用。

3.2　常用的标点符号有16种，分点号和标号两大类。

点号的作用在于点断，主要表示说话时的停顿和语气。点号又分为句末点号和句内点号。句末点号用在句末，有句号、问号、叹号3种，表示句末的停顿，同时表示句子的语气。句内点号用在句内，有逗号、顿号、分号、冒号4种，表示句内的各种不同性质的停顿。

标号的作用在于标明，主要标明语句的性质和作用。常用的标号有9种，即：引号、括号、破折号、省略号、着重号、连接号、间隔号、书名号和专名号。

4　用法说明

4.1　句号

4.1.1　句号的形式为“。”。句号还有一种形式，即一个小圆点“.”，一般在科技文献中使用。

4.1.2　陈述句末尾的停顿，用句号。例如：

a）北京是中华人民共和国的首都。

b）虚心使人进步，骄傲使人落后。

c）亚洲地域广阔，跨寒、温、热三带，又因各地地形和距离海洋远近不同，气候复杂多样。

4.1.3　语气舒缓的祈使句末尾，也用句号。例如：请您稍等一下。

4.2　问号

4.2.1　问号的形式为“?”。

4.2.2　疑问句末尾的停顿，用问号。例如：

a）你见过金丝猴吗?

b）他叫什么名字?

c）去好呢，还是不去好?

4.2.3　反问句的末尾，也用问号。例如：

a）难道你还不了解我吗?

b）你怎么能这么说呢?

4.3　叹号

4.3.1　叹号的形式为“!”。

4.3.2　感叹句末尾的停顿，用叹号。例如：

a）为祖国的繁荣昌盛而奋斗!

b）我多么想看看他老人家呀!

4.3.3　语气强烈的祈使句末尾，也用叹号。例如：

a）你给我出去!

b）停止射击!

4.3.4　语气强烈的反问句末尾，也用叹号。例如：

我哪里比得上他呀!

4.4　逗号

4.4.1　逗号的形式为“,”。

4.4.2　句子内部主语与谓语之间如需停顿，用逗号。例如：

我们看得见的星星，绝大多数是恒星。

4.4.3　句子内部动词与宾语之间如需停顿，用逗号。例如：

应该看到，科学需要一个人贡献出毕生的精力。

4.4.4 句子内部状语后边如需停顿，用逗号。例如：

对于这个城市，他并不陌生。

4.4.5 复句内各分句之间的停顿，除了有时要用分号外，都要用逗号。例如：

据说苏州园林有一百多处，我到过的不过十多处。

4.5 顿号

4.5.1 顿号的形式为“、”。

4.5.2 句子内部并列词语之间的停顿，用顿号。例如：

a）亚马逊河、尼罗河、密西西比河和长江是世界四大河流。

b）正方形是四边相等、四角均为直角的四边形。

4.6 分号

4.6.1 分号的形式为“；”。

4.6.2 复句内部并列分句之间的停顿，用分号。例如：

a）语言，人们用来抒情达意；文字，人们用来记言记事。

b）在长江上游，瞿塘峡像一道闸门，峡口险阻；巫峡像一条迂回曲折的画廊，每一曲，每一折，都像一幅绝好的风景画，神奇而秀美；西陵峡水势险恶，处处是急流，处处是险滩。

4.6.3 非并列关系（如转折关系、因果关系等）的多重复句，第一层的前后两部分之间，也用分号。例如：

我国年满十八周岁的公民，不分民族、种族、性别、职业、家庭出身、宗教信仰、教育程度、财产状况、居住期限，都有选举权和被选举权；但是依照法律被剥夺政治权利的人除外。

4.6.4 分行列举的各项之间，也可以用分号。例如：

中华人民共和国的行政区域划分如下：

（一）全国分为省、自治区、直辖市；

（二）省、自治区分为自治州、县、自治县、市；

（三）县、自治县分为乡、民族乡、镇。

4.7 冒号

4.7.1 冒号的形式为“：”。

4.7.2 用在称呼语后边，表示提起下文。例如：

同志们，朋友们：

现在开会了。

4.7.3 用在“说、想、是、证明、宣布、指出、透露、例如、如下”等词语后边，表示提起下文。例如：

他十分惊讶地说：“啊，原来是你！”

4.7.4 用在总说性话语的后边，表示引起下文的分说。例如：

北京紫禁城有四座城门：午门、神武门、东华门和西华门。

4.7.5 用在需要解释的词语后边，表示引出解释或说明。例如：

日期：10月20日至11月10日

时间：上午8时至下午4时

地点：北京朝阳区工体东路16号

主办单位：中国图书进出口总公司

4.7.6　总括性话语的前边，也可以用冒号，以总结上文。例如：

张华考上了北京大学，在化学系学习；李萍进了中等技术学校，读机械制造专业；我在百货公司当售货员，我们都有光明的前途。

4.8　引号

4.8.1　引号的形式为双引号"“”"和单引号"‘’"。

4.8.2　行文中直接引用的话，用引号标示。例如：

a）爱因斯坦说："想象力比知识更重要，因为知识是有限的，而想象力概括着世界上的一切，推动着进步，并且是知识进化的源泉。"

b）"满招损，谦受益"这句格言，流传到今天至少有两千年了。

c）现代画家徐悲鸿笔下的马，正如有的评论家所说的那样，"神形兼备，充满生机"。

4.8.3　需要着重论述的对象，用引号标示。例如：

古人对于写文章有个基本要求，叫做"有物有序"。"有物"就是要有内容，"有序"就是要有条理。

4.8.4　具有特殊含义的词语，也用引号标示。例如：

a）从山脚向上望，只见火把排成许多"之"字形，一直连到天上，跟星光接起来，分不出是火把还是星星。

b）这样的"聪明人"还是少一点好。

4.8.5　引号里面还要用引号时，外面一层用双引号，里面一层用单引号。例如：

他站起来问："老师，'有条不紊'的'紊'是什么意思？"

4.9　括号

4.9.1　括号常用的形式是圆括号"（　）"。此外还有方括号"［　］"、六角括号"〔　〕"和方头括号"【　】"。

4.9.2　行文中注释性的文字，用括号标明。注释句子里某些词语的，括注紧贴在被注释词语之后；注释整个句子的，括注放在句末标点之后。例如：

a）中国猿人（全名为"中国猿人北京种"，或简称"北京人"）在我国的发现，是对古人类学的一个重大贡献。

b）写研究性文章跟文学创作不同，不能摊开稿纸搞"即兴"。（其实文学创作也要有素养才能有"即兴"。）

4.10　破折号

4.10.1　破折号的形式为"——"。

4.10.2　行文中解释说明的语句，用破折号标明。例如：

a）迈进金黄色的大门，穿过宽阔的风门厅和衣帽厅，就到了大会堂建筑的枢纽部分——中央大厅。

b）为了全国人民——当然也包括自己在内——的幸福，我们每一个人都要兢兢业业，努力工作。

4.10.3　话题突然转变，用破折号标明。例如：

"今天好热啊！——你什么时候去上海？"张强对刚刚进门的小王说。

4.10.4　声音延长，象声词后用破折号。例如：

“呜——”火车开动了。

4.10.5　事项列举分承，各项之前用破折号。例如：

根据研究对象的不同，环境物理学分为以下五个分支学科：

——环境声学；

——环境光学；

——环境热学；

——环境电磁学；

——环境空气动力学。

4.11　省略号

4.11.1　省略号的形式为“……”，六个小圆点，占两个字的位置。如果是整段文章或诗行的省略，可以使用十二个小圆点来表示。

4.11.2　引文的省略，用省略号标明。例如：

她轻轻地哼起了《摇篮曲》：“月儿明，风儿静，树叶儿遮窗棂啊……”

4.11.3　列举的省略，用省略号标明。例如：

在广州的花市上，牡丹、吊钟、水仙、梅花、菊花、山茶、墨兰……春秋冬三季的鲜花都挤在一起啦！

4.11.4　说话断断续续，可以用省略号标示。例如：

“我……对不起……大家，我……没有……完成……任务。”

4.12　着重号

4.12.1　着重号的形式为“.”。

4.12.2　要求读者特别注意的字、词、句，用着重号标明。例如：

事业是干出来的，不是吹出来的。

4.13　连接号

4.13.1　连接号的形式为“—”，占一个字的位置。连接号还有另外三种形式，即长横“——”（占两个字的位置）、半字线“-”（占半个字的位置）和浪纹“~”（占一个字的位置）。

4.13.2　两个相关的名词构成一个意义单位，中间用连接号。例如：

a）我国秦岭—淮河以北地区属于温带季风气候区，夏季高温多雨，冬季寒冷干燥。

b）复方氯化钠注射液，也称任—洛二氏溶液（Ringer - Locke solution），用于医疗和哺乳动物生理学实验。

4.13.3　相关的时间、地点或数目之间用连接号，表示起止。例如：

a）鲁迅（1881—1936）中国现代伟大的文学家、思想家和革命家。原名周树人，字豫才，浙江绍兴人。

b）“北京—广州”直达快车。

c）梨园乡种植的巨峰葡萄今年已经进入了丰产期，亩产1000公斤~1500公斤。

4.13.4　相关的字母、阿拉伯数字等之间，用连接号，表示产品型号。例如：

在太平洋地区，除了已建成投入使用的HAW—4和TPC—3海底光缆之外，又有TPC—4海底光缆投入运营。

4.13.5　几个相关的项目表示递进式发展，中间用连接号。例如：

人类的发展可以分为古猿—猿人—古人—新人这四个阶段。

4.14　间隔号

4.14.1　间隔号的形式为“·”。

4.14.2　外国人和某些少数民族人名内各部分的分界，用间隔号标示。例如：

列奥纳多·达·芬奇

爱新觉罗·努尔哈赤

4.14.3　书名与篇（章、卷）名之间的分界，用间隔号标示。例如：

《中国大百科全书·物理学》

《三国志·蜀志·诸葛亮传》

4.15　书名号

4.15.1　书名号的形式为双书名号“《》”和单书名号“〈〉”。

4.15.2　书名、篇名、报纸名、刊物名等，用书名号标示。例如：

a）《红楼梦》的作者是曹雪芹。

b）你读过鲁迅的《孔乙己》吗？

c）他的文章在《人民日报》上发表了。

d）桌上放着一本《中国语文》。

4.15.3　书名号里边还要用书名号时，外面一层用双书名号，里边一层用单书名号。例如：

《〈中国工人〉发刊词》发表于1940年2月7日。

4.16　专名号

4.16.1　专名号的形式为“＿＿＿”。

4.16.2　人名、地名、朝代名等专名下面，用专名号标示。例如：

司马相如者，汉蜀郡成都人也，字长卿。

4.16.3　专名号只用在古籍或某些文史著作里面。为了跟专名号配合，这类著作里的书名号可以用浪线“﹏﹏﹏﹏”。例如：

屈原放逐，乃赋离骚，左丘失明，厥有国语。

5　标点符号的位置

5.1　句号、问号、叹号、逗号、顿号、分号和冒号一般占一个字的位置，居左偏下，不出现在一行之首。

5.2　引号、括号、书名号的前一半不出现在一行之末，后一半不出现在一行之首。

5.3　破折号和省略号都占两个字的位置，中间不能断开。连接号和间隔号一般占一个字的位置。这四种符号上下居中。

5.4　着重号、专名号和浪线式书名号标在字的下边，可以随字移行。

6　直行文稿与横行文稿使用标点符号的不同

6.1　句号、问号、叹号、逗号、顿号、分号和冒号放在字下偏右。

6.2　破折号、省略号、连接号和间隔号放在字下居中。

6.3　引号改用双引号“『』”和单引号“「」”。

6.4　着重号标在字的右侧，专名号和浪线式书名号标在字的左侧。

附录四

国家行政机关公文处理办法

（2000 年 8 月 24 日　国务院国发［2000］23 号发布）

第一章　总　　则

第一条　为使国家行政机关（以下简称行政机关）的公文处理工作规范化、制度化、科学化，制定本办法。

第二条　行政机关的公文（包括电报，下同），是行政机关在行政管理过程中形成的具有法定效力和规范体式的文书，是依法行政和进行公务活动的重要工具。

第三条　公文处理指公文的办理、管理、整理（立卷）、归档等一系列相互关联、衔接有序的工作。

第四条　公文处理应当坚持实事求是、精简、高效的原则，做到及时、准确、安全。

第五条　公文处理必须严格执行国家保密法律、法规和其它有关规定，确保国家秘密的安全。

第六条　各级行政机关的负责人应当高度重视公文处理工作，模范遵守本办法并加强对本机关公文处理工作的领导和检查。

第七条　各级行政机关的办公厅（室）是公文处理的管理机构，主管本机关的公文处理工作并指导下级机关的公文处理工作。

第八条　各级行政机关的办公厅（室）应当设立文秘部门或者配备专职人员负责公文处理工作。

第二章　公 文 种 类

第九条　行政机关的公文种类主要有：

（一）命令（令）

适用于依照有关法律公布行政法规和规章；宣布施行重大强制性行政措施；嘉奖有关单位及人员。

（二）决定

适用于对重要事项或者重大行动做出安排，奖惩有关单位及人员，变更或者撤销下级机关不适当的决定事项。

（三）公告

适用于向国内外宣布重要事项或者法定事项。

（四）通告

适用于公布社会各有关方面应当遵守或者周知的事项。

（五）通知

适用于批转下级机关的公文，转发上级机关和不相隶属机关的公文，传达要求下级机关办理和需要有关单位周知或者执行的事项，任免人员。

（六）通报

适用于表彰先进，批评错误，传达重要精神或者情况。

（七）议案

适用于各级人民政府按照法律程序向同级人民代表大会或人民代表大会常务委员会提请审议事项。

（八）报告

适用于向上级机关汇报工作，反映情况，答复上级机关的询问。

（九）请示

适用于向上级机关请求指示、批准。

（十）批复

适用于答复下级机关的请示事项。

（十一）意见

适用于对重要问题提出见解和处理办法。

（十二）函

适用于不相隶属机关之间商洽工作，询问和答复问题，请求批准和答复审批事项。

（十三）会议纪要

适用于记载、传达会议情况和议定事项。

第三章　公文格式

第十条　公文一般由秘密等级和保密期限、紧急程度、发文机关标识、发文字号、签发人、标题、主送机关、正文、附件说明、成文日期、印章、附注、附件、主题词、抄送机关、印发机关和印发日期等部分组成。

（一）涉及国家秘密的公文应当标明密级和保密期限，其中，“绝密”、“机密”级公文还应当标明份数序号。

（二）紧急公文应当根据紧急程序分别标明“特急”、“急件”。其中电报应当分别标明“特提”、“特急”、“加急”、“平急”。

（三）发文机关标识应当使用发文机关全称或者规范化简称；联合行文，主办机关排列在前。

（四）发文字号应当包括机关代字、年份、序号。联合行文，只标明主办机关发文字号。

（五）上行文应当注明签发人、会签人姓名。其中，“请示”应当在附注处注明联系人的姓名和电话。

（六）公文标题应当准确简要地概括公文的主要内容并标明公文种类，一般应当标明发文机关。公文标题中除法规、规章名称加书名号外，一般不用标点符号。

（七）主送机关指公文的主要受理机关，应当使用全称或者规范化简称、统称。

（八）公文如有附件，应当注明附件顺序和名称。

（九）公文除“会议纪要”和以电报形式发出的以外，应当加盖印章。联合上报的公文，由主办机关加盖印章；联合下发的公文，发文机关都应当加盖印章。

（十）成文日期以负责人签发的日期为准，联合行文以最后签发机关负责人的签发日期为准。电报以发出日期为准。

（十一）公文如有附注（需要说明的其他事项），应当加括号标注。

（十二）公文应当标注主题词。上行文按照上级机关的要求标注主题词。

（十三）抄送机关指除主送机关外需要执行或知晓公文的其他机关，应当使用全称或者规范化简称、统称。

（十四）文字从左至右横写、横排。在民族自治地方，可以并用汉字和通用的少数民族文字（按其习惯书写、排版）。

第十一条　公文中各组成部分的标识规则，参照《国家行政机关公文格式》国家标准执行。

第十二条　公文用纸一般采用国际标准 A4 型（210mm×297mm），左侧装订。张贴的公文用纸大小，根据实际需要确定。

第四章　行文规则

第十三条　行文应当确有必要，注重效用。

第十四条　行文关系根据隶属关系和职权范围确定，一般不得越级请示和报告。

第十五条　政府各部门依据部门职权可以相互行文和向下一级政府的相关业务部门行文；除以函的形式商洽工作、询问和答复问题、审批事项外，一般不得向下一级政府正式行文。

部门内设机构除办公厅（室）外不得对外正式行文。

第十六条　同级政府、同级政府各部门、上级政府部门与下一级政府可以联合行文；政府与同级党委和军队机关可以联合行文；政府部门与相应的党组织和军队机关可以联合行文；政府部门与同级人民团体和具有行政职能的事业单位也可以联合行文。

第十七条　属于部门职权范围内的事务，应当由部门自行行文或联合行文。联合行文应当明确主办部门。须经政府审批的事项，经政府同意也可以由部门行文，文中应当注明经政府同意。

第十八条　属于主管部门职务范围内的具体问题，应当直接报送主管部门处理。

第十九条　部门之间对有关问题未经协商一致，不得各自向下行文。如擅自行文，上级机关应当责令纠正或撤销。

第二十条　向下级机关或者本系统的重要行文，应当同时抄送直接上级机关。

第二十一条　“请示”应当一文一事；一般只写一个主送机关，需要同时送其他机关的，应当用抄送形式，但不得抄送其下级机关。

“报告”不得夹带请示事项。

第二十二条　除上级机关负责人直接交办的事项外，不得以机关名义向上级机关负责人报送“请示”、“意见”和“报告”。

第二十三条　受双重领导的机关向上级机关行文，应当写明主送机关和抄送机关。上级机关向受双重领导的下级机关行文，必要时应当抄送其另一上级机关。

第五章　发文办理

第二十四条　发文办理指以本机关名义制发公文的过程，包括草拟、审核、签发、复核、缮印、用印、登记、分发等程序。

第二十五条　草拟公文应当做到：

（一）符合国家的法律、法规及其他有关规定。如提出新的政策、规定等，要切实可行并加以说明。

（二）情况确实，观点明确，表述准确，结构严谨，条理清楚，直述不曲，字词规范，标点正确，篇幅力求简短。

（三）公文的文种应根据行文目的、发文机关的职权和与主送机关的行文关系确定。

（四）拟制紧急公文，应当体现紧急的原因，并根据实际需要确定紧急程度。

（五）人名、地名、数字、引文准确。引用公文应当先引标题，后引发文字号。引用外文应当注明中文含义。日期应当写明具体的年、月、日。

（六）结构层次序数，第一层为“一、”，第二层为“（一）”，第三层为“1.”，第四层为“（1）”。

（七）应当使用国家法定计量单位。

（八）文内使用非规范化简称，应当先用全称并注明简称。使用国际组织外文名称或其缩写形式，应当在第一次出现时注明准确的中文译名。

（九）公文中的数字，除成文日期、部分结构层次序数和在词、词组、惯用语、缩略语、具有修辞色彩语句中作为词素的数字必须使用汉字外，应当使用阿拉伯数字。

第二十六条　拟制公文，对涉及其他部门职权范围内的事项，主办部门应当主动与有关部门协商，取得一致意见后方可行文；如有分歧，主办部门的主要负责人应当出面协调，仍不能取得一致时，主办部门可以列明各方理据，提出建设性意见，并与有关部门会签后报请上级机关协调或裁定。

第二十七条　公文送负责人签发前，应当由办公厅（室）进行审核，审核的重点是：是否确需行文，行文方式是否妥当，是否符合行文规则和拟制公文的有关要求，公文格式是否符合本办法的规定等。

第二十八条　以本机关名义制发的上行文，由主要负责人或者主持工作的负责人签发；以本机关名义制发的下行文或平行文，由主要负责人或者由主要负责人授权的其他负责人签发。

第二十九条　公文正式印制前，文秘部门应当进行复核，重点是：审批、签发手续是否完备，附件材料是否齐全，格式是否统一、规范等。

经复核需要对文稿进行实质性修改的，应按程序复审。

第六章　收文办理

第三十条　收文办理指对收到公文的办理过程，包括签收、登记、审核、拟办、承办、催办等程序。

第三十一条　收到下级机关上报的需要办理的公文，文秘部门应当进行审核。审核的重点是：是否应由本机关办理；是否符合行文规则；内容是否符合国家法律、法规及其他有关规定；涉及其他部门或地区职权的事项是否已协商、会签；文种使用、公文格式是否规范。

第三十二条　经审核，对符合本办法规定的公文，文秘部门应当及时提出拟办意见送负责人批示或者交有关部门办理，需要两个以上部门办理的应当明确主办部门。紧急公文，应当明确办理时限。对不符合本办法规定的公文，经办公厅（室）负责人批准后，可以退回呈报单位并说明理由。

第三十三条　承办部门收到交办的公文后应当及时办理，不得延误、推诿。紧急公文应当按时限要求办理，确有困难的，应当及时予以说明。对不属于本单位职权范围或者不宜由本单位办理的，应当及时退回交办的文秘部门并说明理由。

第三十四条　收到上级机关下发或交办的公文，由文秘部门提出拟办意见，送负责人批示后办理。

第三十五条　公文办理中遇有涉及其他部门职权的事项，主办部门应当主动与有关部门协商；如有分歧，主办部门主要负责人要出面协调，如仍不能取得一致，可以报请上级机关协调或裁定。

第三十六条　审批公文时，对有具体请示事项的，主批人应当明确签署意见、姓名和审批日期，其他审批人圈阅视为同意；没有请示事项的，圈阅表示已阅知。

第三十七条　送负责人批示或者交有关部门办理的公文，文秘部门要负责催办，做到紧急公文跟踪催办，重要公文重点催办，一般公文定期催办。

第七章　公文归档

第三十八条　公文办理完毕后，应当根据《中华人民共和国档案法》和其他有关规定，及时整理（立卷）、归档。

个人不得保存应当归档的公文。

第三十九条　归档范围内的公文，应当根据其相互联系、特征和保存价值等整理（立卷），要保证归档公文齐全、完整，能正确反映本机关的主要工作情况，便于保管和利用。

第四十条　联合办理的公文，原件由主办机关整理（立卷）、归档，其他机关保存复制件或其他形式的公文副本。

第四十一条　本机关负责人兼任其他机关职务，在履行所兼职务职责过程中形成的公文，由其兼职机关整理（立卷）、归档。

第四十二条　归档范围内的公文应当确定保管期限，按照有关规定定期向档案部门移交。

第四十三条　拟制、修改和签批公文，书写及所用纸张和字迹材料必须符合存档要求。

第八章　公 文 管 理

第四十四条　公文由文秘部门或专职人员统一收发、审核、用印、归档和销毁。

第四十五条　文秘部门应当建立健全本机关公文处理的有关制度。

第四十六条　上级机关的公文，除绝密级和注明不准翻印的以外，下一级机关经负责人或者办公厅（室）主任批准，可以翻印。翻印时，应当注明翻印的机关、日期、份数和印发范围。

第四十七条　公开发布行政机关公文，必须经发文机关批准。经批准公开发布的公文，同发文机关正式印发的公文具有同等效力。

第四十八条　公文复印件作为正式公文使用时，应当加盖复印机关证明章。

第四十九条　公文被撤销，视作自始不产生效力；公文被废止，视作自废止之日起不产生效力。

第五十条　不具备归档和存查价值的公文，经过鉴别并经办公厅（室）负责人批准，可以销毁。

第五十一条　销毁秘密公文应当到指定场所由二人以上监销，保证不丢失、不漏销。其中，销毁绝密公文（含密码电报）应当进行登记。

第五十二条　机关合并时，全部公文应当随之合并管理。机关撤销时，需要归档的公文整理（立卷）后按有关规定移交档案部门。

工作人员调离工作岗位时，应当将本人暂存、借用的公文按照有关规定移交、清退。

第五十三条　密码电报的使用和管理，按照有关规定执行。

第九章　附　　则

第五十四条　行政法规、规章方面的公文，依照有关规定处理。外事方面的公文，按照外交部的有关规定处理。

第五十五条　公文处理中涉及电子文件的有关规定另行制定。统一规定发布之前，各级行政机关可以制定本机关或者本地区、本系统的试行规定。

第五十六条　各级行政机关的办公厅（室）对上级机关和本机关下发公文的贯彻落实情况应当进行督促检查并建立督查制度。有关规定另行制定。

第五十七条　本办法自2001年1月1日起施行。1993年11月21日国务院办公厅发布，1994年1月1日起施行的《国家行政机关公文处理办法》同时废止。

主要参考书目

[1] 袁维国．秘书学［M］．北京：高等教育出版社，2005.

[2] 陈合宜．秘书学［M］．广州：暨南大学出版社，2006.

[3] 邓乃行、曾昭乐．秘书与写作［M］．广州：暨南大学出版社，2003.

[4] 中国就业培训技术指导中心．秘书国家职业资格培训教程［M］．北京：中央广播电视大学出版社，2006.

[5] 史玉峤．现代秘书学［M］．青岛：青岛出版社，2001.

[6] 杨剑宇．秘书公关技巧［M］．北京：中国档案出版社，1994.

[7] 臧宣衡．现代文秘写作实用范例［M］．青岛：青岛出版社，2002.

[8] 史玉峤．现代秘书写作［M］．青岛：青岛出版社，2002.

[9] 郑孝敏．现代企业文秘学［M］．北京：中国商业出版社，1995.

[10] 徐瑞新、李欣、李登柱．中国现代秘书工作基础［M］．北京：高等教育出版社，1989.

[11] 熊源伟．公共关系案例［M］．合肥：安徽人民出版社，1994.

[12] 林鸿举等．当代秘书的观念与实务手册［M］．上海：学林出版社，1990.

[13] 陈琳．商务秘书项目教程［M］．北京：机械工业出版社，2009.

[14] 杨光汉、王瑞成．商务秘书教程［M］．北京：科学出版社，2008.

另外还参考了《秘书》、《秘书之友》等杂志。